꿈틀 중학 문학

Ⅰ

교재 개발에 도움을 주신 모든 선생님들께 깊이 감사드립니다.

강미영 목동	강영애 일산	강은주 수원	강지수 부산	고경은 일산 탄현
고민석 전북 정읍	고여옥 경기 김포	고영옥 서울 마포	곽정숙 경북 포항	구민경 대구
구해수 파주	권성환 경북 영양	김경애 서울 성북	김광철 광주	김나경 경기 과천
김라희 부천	김명선 인천	김미정 부산	김민경 서울 구로	김민석 창원
김서준 서울	김서현 대구	김선미 세종	김성태 경기 이천	김소솜 서울 노원
김영대 경기 수원	김영웅 충남 천안	김옥경 강원 원주	김원석 대전	김윤서 경기 김포
김윤정 경기 남양주	김은옥 서울 강남	김정욱 용인 수지	김종극 경북 경산	김종덕 광주
김지은 인천 논현	김채연 일산	김형준 서울 서초	김 흙 분당	노수정 세종
노현선 인천 김포	문성현 광주 수완	문소영 경남 김해	박가연 부산	박세진 서울
박소영 인천 송도	박수미 안산	박유경 서울	박윤선 광주	박은영 전남 나주
박은정 서울 성북	박주환 인천	박하섬 경남	박향화 경기 안산	박호현 대구
배호영 서울	백승재 경남 김해	서가영 서울 대치	서보람 충남 천안	성태진 강원 태백
송경님 판교, 이천	송은진 대전	신경애 대구	신영수 서울 광진	신혜영 부산
신혜원 경기 군포	안소연 용인 죽전	안소현 인천 논현	안정광 순천, 광양	안혜지 부산
양예라 성남, 분당	양주영 천안	양회영 서울 반포	엄정은 서울 중랑	엄현진 대구
오은정 서울	오지희 제주	유미정 안양, 과천	유승기 경남 양산	유진아 대구 달서
윤기한 광주, 나주	윤인희 서울	이강국 경기 평택	이경원 청주	이기연 원주
이도실 순천	이상명 인천 연수	이성우 경기 일산	이수진 용인, 경기 광주	이순형 경기 평택
이애리 경남 거제	이영지 경기 안양	이유림 울산	이은애 성남, 분당	이은주 일산
이은희 서울 강남	이주연 경기 의정부	이준미 덕소	이지훈 전북 전주	이지희 서울 강남
임인순 서울 강서	임지혜 경남 거제	임지혜 서울	장수진 청주	장연희 대구
장지연 강원 원주	전준호 충남 부여	전혜숙 대전	전희재 경기 죽전	정서은 부산 동래
정세영 베트남 호찌민	정세형 광주	정재현 은평, 일산	정정철 경남 함안	정지윤 평촌
정해연 전남 순천	정희숙 서울	조동윤 경북 고령	조섭안 광주 광산	조용아 서울 목동
조은예 전남 순천	조혜정 대치, 구성	조효준 서울, 천안	지상훈 대구	지영은 서울
차주원 서울	채송화 서울, 제주	천정은 세종	최보나 서울	최수연 인천 남동
최원용 수원	최윤석 경기 남양주	최홍민 경기 평택	표윤경 서울	하영아 창원, 김해
한광희 세종	한상철 충북 청주	현정대 제주	홍경원 서울 성북	홍보영 서울, 구리
홍선희 인천 부평	홍재진 광주	황성원 경기 부천		

꿈틀 중학 문학

I

구성과 특징

중학교 문학 공부의 길잡이가 되는 책

- 문학 공부를 시작하는 중학생에게 꼭 필요한 개념을 빠짐없이 수록!
- 중학생이 읽어야 할 대표적인 작품들 제시!
- 문제를 풀어 보며 단기간에 문학의 기초를 완성!

필수 개념 학습

알자! 알짜 개념
문학 갈래별로 꼭 알아야 할 주요 개념을 익힘으로써 갈래의 기초를 충실히 공부할 수 있습니다.

개념 확인 문제
공부한 개념을 확인 문제를 통해 바로바로 확인하고 점검할 수 있습니다.

알자! 알짜 개념

1 시의 개념
마음속에 떠오르는 생각이나 느낌을 운율이 있는 언어로 한 문학을 말한다.

2 시의 특징
① 말의 가락과 리듬을 통해 음악적인 효과를 준다.
② 시어는 사전에 풀이된 뜻과는 다른 새로운 의미를 가
③ 여러 가지 표현 방법과 압축된 형식을 통해 깊은 의미를

3 시의 종류
(1) 형식에 따라 나눌 때
① 정형시 : 정해진 형식에 맞추어 쓴 시

표현

개념 확인 문제
1 시의 특징에 대한 설명으로 알맞은 것은? (정답 2개)

① 말의 리듬을 느낄 수 있다.
② 인물, 사건, 배경으로 구성된다.
③ 압축적인 언어로 깊은 의미를 전달한다.
④ 글쓴이의 경험과 느낌이 사실적으로 드러난다.
⑤ 시어를 통해 사전적 의미를 정확하게 전달한다.

대표 작품 학습

작품 원문 읽기
교과서 수록 빈도가 높은 대표 작품들을 감상할 수 있습니다.

작품 들여다보기
작품의 핵심 내용과 특징을 요약적으로 살펴봄으로써 작품을 더욱 잘 이해할 수 있습니다.

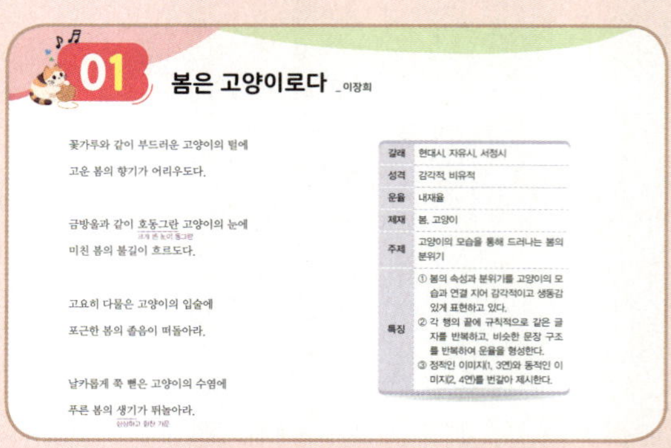

01 봄은 고양이로다 _이장희

꽃가루와 같이 부드러운 고양이의 털에

고운 봄의 향기가 어리우도다.

금방울과 같이 호동그란 고양이의 눈에

미친 봄의 불길이 흐르도다.

고요히 다물은 고양이의 입술에

포근한 봄의 졸음이 떠돌아라.

날카롭게 쭉 뺀 고양이의 수염에

푸른 봄의 생기가 뛰놀아라.

갈래	현대시, 자유시, 서정시
성격	감각적, 비유적
운율	내재율
제재	봄, 고양이
주제	고양이의 모습을 통해 드러나는 봄의 분위기
특징	① 봄의 속성과 분위기를 고양이의 모습과 연결 지어 감각적이고 생동감 있게 표현하고 있다. ② 각 행의 끝에 규칙적으로 같은 글자를 반복하고, 비슷한 문장 구조를 반복하여 운율을 형성한다. ③ 정적인 이미지(1, 3연)와 동적인 이미지(2, 4연)를 번갈아 제시한다.

문제 풀며 확인

문제
여러 유형의 문제를 풀어 보며 작품을 꼼꼼하고 깊이 있게 공부하고, 내신에도 대비할 수 있습니다.

스스로 정리 노트
작품 이해에 도움이 되는 내용, 기억해야 할 내용을 간단하게 확인하거나, 스스로 메모해 볼 수 있습니다.

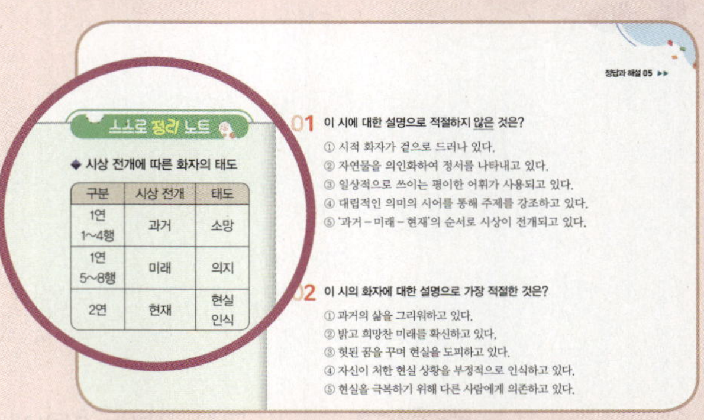

한눈에 정리하기

작품별 핵심 포인트를 모아 한눈에 살펴봄으로써 중요 사항을 머릿속에 완벽히 정리하고 기억할 수 있습니다.

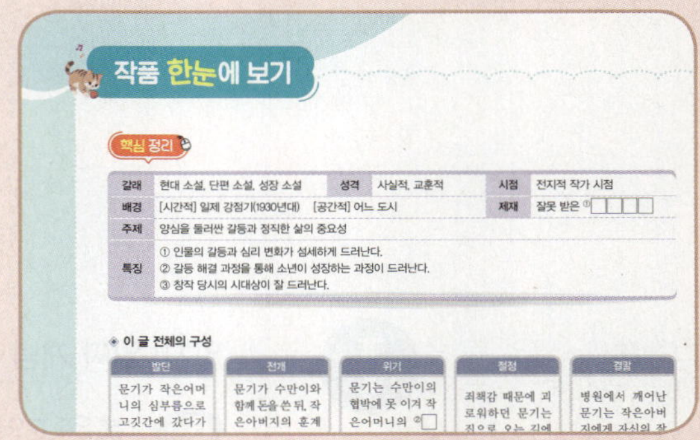

스스로 어휘 학습

‘이야기 고사성어’, ‘주제별 속담 익히기’, ‘헷갈리는 단어 한자로 확인’ 등을 통해 어휘를 재미있게 살펴보며 중학교 국어 학습의 바탕을 다질 수 있습니다.

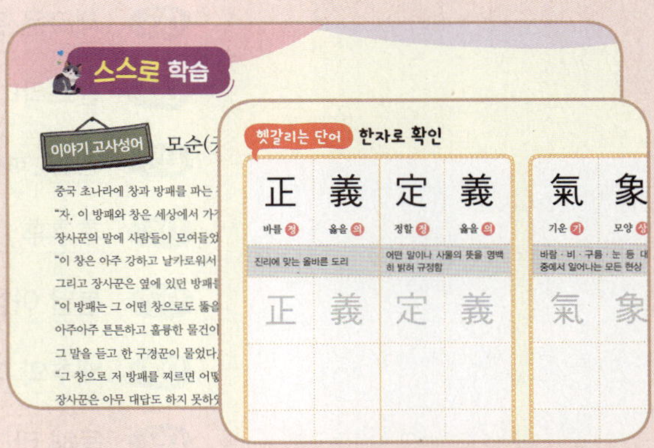

정답과 해설

문제에 대한 해설과 오답 풀이를 살펴봄으로써 학습한 내용을 점검하고 잘못 이해한 부분을 바로잡을 수 있습니다.

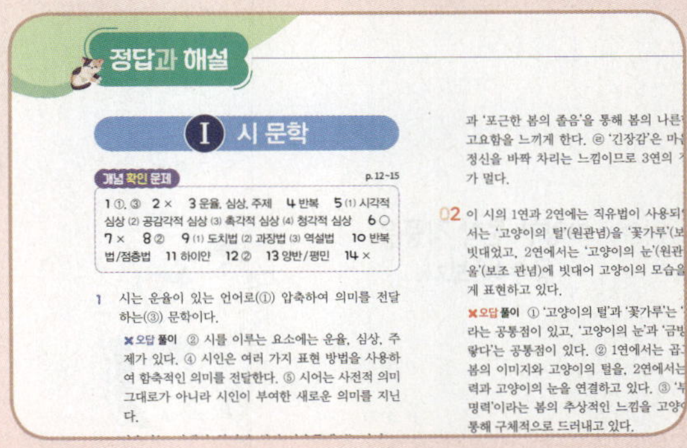

차례

중학교 문학 공부 안내

- 문학 공부는 이렇게 06
- 중학교 문학에서 자주 쓰이는 용어 08

I 시 문학

알자! 알짜 개념 12

01 봄은 고양이로다 _이장희 16
02 서시 _윤동주 20
03 새로운 길 _윤동주 24
04 맨드라미 _김선우 28
05 성장 _이시영 32
06 후후후 _성미정 36
07 봄날 아침 _최일환 40
08 배추의 마음 _나희덕 44
09 동해 바다 _신경림 48
10 오우가 _윤선도 52

II 소설 문학

알자! 알짜 개념		58
01 하늘은 맑건만 _현덕		62
02 멍키 스패너 _진형민		72
03 자전거 도둑 _박완서		82
04 동백꽃 _김유정		92
05 고무신 _오영수		102
06 꿩 _이오덕		110
07 홍길동전 _허균		118

III 수필 문학

알자! 알짜 개념		128
01 괜찮아 _장영희		130
02 막내의 야구 방망이 _정진권		136
03 어느 날 자전거가 내 삶 속으로 들어왔다 _성석제		142

IV 극 문학

알자! 알짜 개념		148
01 베토벤 바이러스 _홍진아 · 홍자람		150
02 라이벌 _권기경		156
03 토끼와 자라 _엄인희		162

문학 공부는 이렇게

① 기본 개념을 익히자

시의 화자, 소설의 서술자, 주제, 문체 등 문학의 기본 개념들을 정확하게 이해하고 기억해야 한다. 이러한 기본 개념은 작품을 이해하고 문제를 풀기 위해 반드시 필요하다.

시적 화자 시의 표현 방법 시의 운율과 심상	소설의 시점 인물, 사건, 배경 내적 갈등과 외적 갈등
수필의 특성 경수필과 중수필 수필과 소설의 차이	극의 특성 극의 구성 단계 해설, 대사, 지시문

② 어휘의 의미를 파악하자

어휘의 의미를 알아야 작품의 내용을 제대로 파악할 수 있다. 문제를 풀 때도 물음이나 선택지에 쓰인 어휘의 의미를 알아야 정확한 답을 고를 수 있다. 그러므로 잘 모르는 어휘는 바로바로 그 의미를 찾아 확인하자.

> 하루는 길동이 어머니의 침소에 가 울면서 아뢰었다.
> "소자가 모친과 더불어 전생의 연분이 중하여 이번 세상에 모자가 되었으니, 그 은혜가 지극하옵니다. 그러나 소자의 팔자가 사나워서 천한 몸이 되었으니, 품은 한이 깊사옵니다. 장부가 세상에 살면서 남의 천대를 받는 것이 불가한지라, 소자는 자연히 설움을 억제하지 못하여 모친 슬하를 떠나려 하오니, 엎드려 바라건대 모친께서는 소자를 염려하지 마시고 귀한 몸 잘 돌보시옵소서." – 허균, 〈홍길동전〉

이 부분의 분위기로 가장 적절한 것은?
① 서글픈 분위기
② 따뜻한 분위기
③ 역동적인 분위기
④ 신비로운 분위기
⑤ 향토적인 분위기

③ 갈래의 특성을 고려하여 작품을 감상하자

문학은 시, 소설, 수필, 희곡 등 여러 갈래로 나뉘고 각 갈래마다 특성이 있다. 그러므로 문학 갈래에 따른 특성을 이해하면, 그 특성에 주목하여 작품을 세밀하게 감상할 수 있다. 이를 통해 작품을 더 깊이 있게 이해하고 갈래에 따른 특성을 묻는 문제도 잘 풀 수 있다.

내를 건너서 숲으로

고개를 넘어서 마을로

어제도 가고 오늘도 갈
나의 길 새로운 길

    – 윤동주, 〈새로운 길〉

S# 13 매점(낮)
  보비, 화장실에서 들은 얘기를 옥림이에게 이르고 있다.

보비 : 옥림이 네 시가 유치하다고 선생님한테 얘기해서 잘라 버린대.
옥림 : 뭐?
보비 : 그리고 네가 단순해서 목소리가 큰 거래.

④ 문제의 지문과 〈보기〉를 잘 읽자

문학 문제는 대부분 작품 지문이 주어지고, 어떤 경우에는 〈보기〉가 제시되기도 한다. 답의 근거는 지문이나 〈보기〉에 있다는 점을 꼭 기억하자.

옥림: 싫다. 너나 그 엉터리 연주하지 말고 다시 연습해 와.
세리: 어우, 쩍쩍 갈라지는 네 목소리는 얼마나 듣기 싫은지 알아?

  서로 노려보는 옥림이와 세리.

세리: (피아노 덮개를 꽝 내리는) 너랑은 더 이상 못 해!
옥림: 누가 할 말씀. 나도 너랑은 안 해!

  옥림, 휙 돌아서 쿵쾅쿵쾅 걸어 나간다. 뒤에 남아서 씩씩거리는 세리. (ⓐ)

    – 권기경, 〈라이벌〉

ⓐ에 〈보기〉와 같은 지시문을 추가할 때 사용할 수 있는 용어는?

┤ 보기 ├
  두 사람의 속마음을 나타내듯 쿵쾅거리는 피아노 소리가 배경음으로 흐른다.

① E.   ② S#   ③ C.U.
④ O.L.   ⑤ 내레이션

⑤ 다양한 유형의 문제를 풀어 보자

문학 문제는 단순히 작품 내용을 알고 있는지 확인하는 것 외에 알고 있는 개념을 적용하거나 종합적으로 사고하는 것을 요구하는 문제도 출제된다. 다양한 유형의 문제를 풀어 보며 작품을 깊이 있게 공부하고 시험에도 대비하자.

중학교 문학에서 자주 쓰이는 용어

◆ 글의 종류와 관련된 용어

용어	풀이
운문	시의 형식에 따라, 운율이 드러나도록 쓴 글
산문	율격과 같은 규칙에 얽매이지 않고 자유로운 문장으로 쓴 글
희곡	공연을 목적으로 쓴 연극의 대본
수필	일상생활에서 경험하고 느낀 것을 일정한 형식에 얽매이지 않고 쓴 산문 형식의 글

◆ 글의 구성과 관련된 용어

용어	풀이
주제	글쓴이가 글을 통해 나타내고자 하는 중심 사상
소재	글쓴이가 주제를 드러내기 위해 사용하는 글의 재료
제재	가장 중심이 되는 소재
핵심어	글의 중심 내용을 압축적으로 담고 있어 글의 내용을 파악할 수 있는 단어

◆ 문체와 관련된 용어

용어	풀이
문체	글쓴이의 개성이 드러나 있는 문장의 특성
운문체	운율이 겉으로 드러나는 문체
산문체	운율이 드러나지 않는 문체
간결체	짧고 간결한 표현으로 내용을 분명하게 드러내는 문체
만연체	많은 어구를 이용하여 반복, 수식, 설명함으로써 문장을 길게 표현하는 문체
강건체	굳세고 힘찬 문체
우유체	부드럽고 우아하고 순한 문체
건조체	꾸미는 표현이 없거나 적고, 내용을 충실하게 전달하는 것을 목적으로 하는 문체
화려체	여러 가지 표현 방법을 사용하여 화려하고 아름다운 느낌을 주는 문체
문어체	일상적인 대화에서 쓰는 말이 아닌, 문장에서만 쓰는 말을 이용하여 쓴 문체
구어체	문장에서만 쓰는 말이 아닌, 일상적인 대화에서 사용하는 말을 이용하여 쓴 문체

◆ 자주 쓰이는 표현

용어	풀이
허구적	현실에 없는 일을 있음 직하게 꾸며 만드는 성질
함축적	말이나 글 속에 어떤 뜻이 감추어져 있거나, 글쓴이가 만들어 낸 새로운 의미를 담고 있는 (것)
서정적	글쓴이의 정서나 감정이 잘 드러나는 (것)
비유적	어떤 현상이나 사물을 직접 설명하지 아니하고 다른 비슷한 현상이나 사물에 빗대어 설명하는 (것)
상징적	눈에 보이지 않는 추상적인 개념이나 사물을 구체적인 사물로 나타내는 (것)
감각적	감각을 자극하는 (것)
묘사적	있는 그대로의 모습을 그림으로 그린 듯이 자세하게 보여 주는 (것)
우의적	직접 말하지 않고 다른 사물에 빗대어 표현하는 (것)
낭만적	현실적이지 않으며 환상적이거나 공상적인 (것)
예찬적	어떤 아름다운 대상을 존경하거나 찬양하는 (것)
의지적	어떤 일을 이루려는 적극적인 마음가짐이나 태도가 강하게 나타나는 (것)
애상적	슬퍼하거나 가슴 아파하는 (것)
비극적	비통하고 참담하거나 불행하게 얽힌 (것)
풍자적	현실의 부정적 현상이나 모순을 폭로하고 비웃는 (것)
해학적	익살스럽고도 품위가 있는 말이나 행동이 있는 (것)
비판적	현상이나 사물의 옳고 그름을 판단하여 밝히거나 잘못된 점을 지적하는 (것)
사색적	어떤 것에 대하여 깊이 생각하고 이치를 따지는 (것)
관조적	사물이나 현상과 거리를 두고 고요한 마음으로 차분히 살펴보고 의미를 찾는 (것)
고백적	마음속에 생각하고 있거나 감추어 둔 것을 숨김없이 말하는 (것)
성찰적	지나간 일을 되돌아보며 반성하고 살피는 (것)
신변잡기적	자신의 주변에서 일어나는 여러 가지 일을 적은 (것)
향토적	고향이나 시골의 정취가 담긴 (것)

◆ 그 밖의 용어

용어	풀이
갈래	글의 종류
어조	말하는 방식이나 억양, 말투, 말의 가락
정서	사람의 마음에 일어나는 여러 가지 감정. 또는 감정을 불러일으키는 기분이나 분위기
내면세계	겉으로 드러나지 아니하는 마음속의 감정이나 심리
관점	사물이나 현상을 보고 생각하는 태도나 방향 또는 처지
형상화	형체로는 분명히 나타나 있지 않은 것을 어떤 방법이나 언어를 통해 구체적이고 명확한 형상으로 나타내는 것

I

시 문학

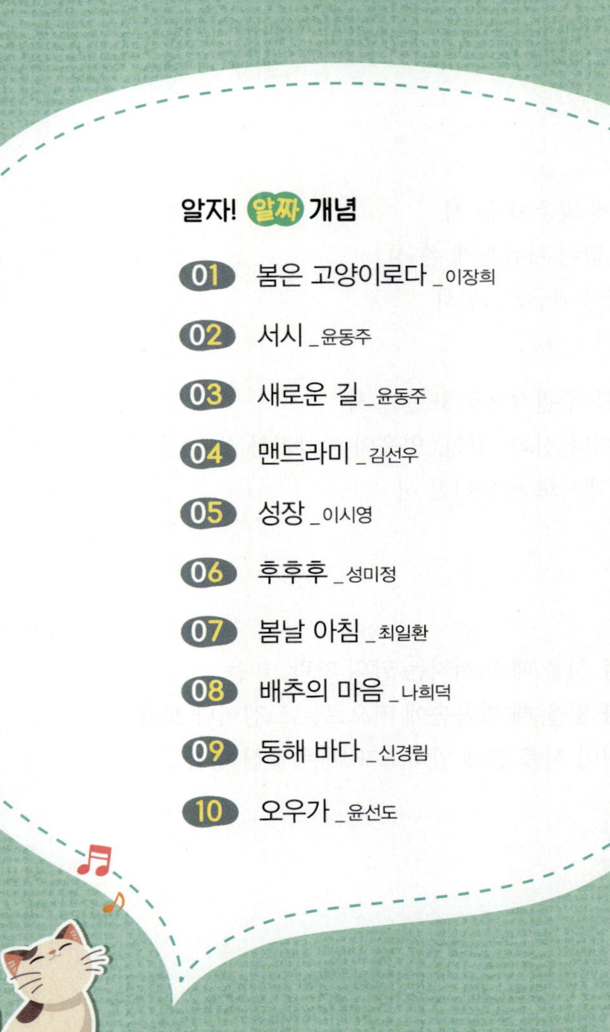

알자! 알짜 개념

01 봄은 고양이로다 _이장희

02 서시 _윤동주

03 새로운 길 _윤동주

04 맨드라미 _김선우

05 성장 _이시영

06 후후후 _성미정

07 봄날 아침 _최일환

08 배추의 마음 _나희덕

09 동해 바다 _신경림

10 오우가 _윤선도

알자! 알짜 개념

① 시의 개념

마음속에 떠오르는 생각이나 느낌을 운율이 있는 언어로 압축하여 표현한 문학을 말한다.

② 시의 특징

① 말의 가락과 리듬을 통해 음악적인 효과를 준다.
② 시어는 사전에 풀이된 뜻과는 다른 새로운 의미를 가진다.
③ 여러 가지 표현 방법과 압축된 형식을 통해 깊은 의미를 전달한다.

③ 시의 종류

(1) 형식에 따라 나눌 때

① 정형시 : 정해진 형식에 맞추어 쓴 시
② 자유시 : 정해진 형식 없이 자유롭게 쓴 시
③ 산문시 : 행의 구분 없이 줄글로 쓴 시

(2) 내용에 따라 나눌 때

① 서정시 : 개인의 정서를 주관적으로 표현한 시
② 서사시 : 역사적 사건이나 신화, 전설, 영웅의 이야기를 쓴 시
③ 극시 : 연극 대본처럼 대사로 이루어진 시

④ 시의 3요소

(1) 운율(음악적 요소) : 시를 읽을 때 느껴지는 말의 가락, 리듬
(2) 심상(회화적 요소) : 시를 읽을 때 마음속에 떠오르는 느낌이나 모습
(3) 주제(의미적 요소) : 시인이 시를 통해 말하고자 하는 중심 생각

⑤ 운율

(1) 운율의 종류

내재율	일정한 규칙이 겉으로 뚜렷하게 나타나지 않고 시 속에서 은근하게 느껴지는 운율
외형률	시의 표면에 규칙적으로 뚜렷하게 드러나는 운율

(2) 운율을 형성하는 요소

① 유사하거나 같은 음운의 반복
예 알락알락 얼룩진 산새알('ㄹ'의 반복)
② 일정한 글자 수의 반복
예 청산도 절로 절로, 녹수도 절로 절로,

1 시의 특징에 대한 설명으로 알맞은 것은? (정답 2개)

① 말의 리듬을 느낄 수 있다.
② 인물, 사건, 배경으로 구성된다.
③ 압축적인 언어로 깊은 의미를 전달한다.
④ 글쓴이의 경험과 느낌이 사실적으로 드러난다.
⑤ 시어를 통해 사전적 의미를 정확하게 전달한다.

2 행의 구분이 없이 줄글로 쓴 시를 자유시라고 한다. (○, X)

3 시의 3요소를 모두 쓰시오.

4 시에서 운율은 같은 음운이나 문장 구조, 일정한 글자 수의 □□을/를 통해 형성될 수 있다.

③ 일정한 끊어 읽기의 반복

예 엄마야 ∨ 누나야 ∨ 강변 살자. / 뜰에는 ∨ 반짝이는 ∨ 금모래빛

④ 일정한 위치에서 같은 말 반복

예 돌담에 속삭이는 햇발같이 / 풀 아래 웃음 짓는 샘물같이

⑤ 같거나 유사한 문장 구조의 반복

예 내를 건너서 숲으로 / 고개를 넘어서 마을로

⑥ 심상

시각적 심상	눈으로 모양이나 빛깔을 보는 듯한 느낌 **예** 하얀 손가락 가락이 연붉은 그 손톱을
후각적 심상	코로 냄새를 맡는 듯한 느낌 **예** 향긋한 풀꽃 냄새
청각적 심상	귀로 소리를 듣는 듯한 느낌 **예** 개 짖는 소리 멀리 들려왔다.
미각적 심상	혀로 맛을 보는 듯한 느낌 **예** 달콤한 초콜릿처럼
촉각적 심상	피부로 감촉을 느끼는 듯한 느낌 **예** 불현듯 아버지의 서느런 옷자락을 느끼는 것은
공감각적 심상	하나의 감각을 다른 감각으로 옮겨 표현하여 둘 이상의 감각이 동시에 떠오르게 하는 느낌 **예** 분수처럼 흩어지는 푸른 종소리

⑦ 시어의 특징

(1) 시어의 함축적 의미 : 시어는 지시적, 사전적 의미가 아닌 시인이 새롭게 만들어 낸 의미를 담고 있다.

(2) 시어와 일상어의 성격

시어	함축적(간접적), 상징적, 다의적, 음악적(운율), 정서 전달 중심
일상어	사전적(직접적), 논리적, 객관적, 설명적, 지시적, 정보 전달 중심

⑧ 시적 화자

① 시적 화자는 시에서 말하는 이로, 서정적 자아 혹은 시적 자아라고도 한다.

② 시인의 생각과 느낌을 효과적으로 나타내기 위해 설정한 장치이다.

③ 시적 화자는 시 속에 드러나기도 하고 드러나지 않기도 한다.

④ 시적 화자는 시인과 동일한 경우도 있고, 동일하지 않은 경우도 있다.

⑤ 시의 어조와 분위기를 형성하는 역할을 한다.

5 다음 구절에 사용된 심상을 각각 쓰시오.

(1) 빨간 우산
(2) 은빛 비린내
(3) 싸늘한 공기
(4) 뻐꾸기 울음소리

6 시어는 일상 언어와 달리 함축적 의미를 지니며, 읽으면 리듬감이 느껴진다.　　　(◯, X)

7 시 속의 말하는 이는 항상 시인 자신이며 시 속에서 '나'로 직접 드러난다.　　　(◯, X)

9 시의 표현 방법

(1) 비유 : 본래 표현하려고 하는 대상(원관념)을 그것과 유사한 특성을 지닌 다른 대상(보조 관념)에 빗대어 표현하는 방법

직유법	연결어 '~같이', '~처럼', '~인 양' 등을 사용하여 원관념을 보조 관념에 직접 빗대어 표현하는 방법 예 사과 같은 내 얼굴
은유법	원관념과 보조 관념을 연결어 없이 'A는 B이다.'의 형식으로 표현하는 방법 예 내 마음은 호수요
의인법	사람이 아닌 대상에 인격을 부여하여 사람처럼 표현하는 방법 예 바다가 불러 주는 자장노래

(2) 상징 : 추상적인 생각이나 의미를 구체적인 사물로 대신하여 나타내는 방법. 원관념은 드러내지 않은 채 보조 관념만으로 나타낸다.

개인적 상징	시인에 의해 독창적인 의미로 사용되는 상징 예 흰 나비는 도무지 바다가 무섭지 않다. → '냉혹한 현실' 상징
관습적 상징	오랜 세월 동안 되풀이하여 사용되어 그 내용이 관습적으로 보편화된 상징 예 비둘기 → '평화' 상징
원형적 상징	인류의 체험이 쌓인 결과, 인간의 잠재의식에 공통적으로 인식되어 보편적 의미를 띠게 된 상징 예 물 → '생명력, 탄생, 정화' 등 상징

(3) 변화 : 문장이 단조롭고 평범하게 진행되지 않도록 변화를 주는 방법

반어법	말하고자 하는 의도나 감정을 정반대로 표현하는 방법 예 나 보기가 역겨워 / 가실 때에는 / 죽어도 아니 눈물 흘리우리다.
역설법	논리적으로 이치에 맞지 않는 말 속에 진리를 담아 표현하는 방법 예 괴로웠던 사나이 / 행복한 예수 그리스도에게
도치법	문장의 어구 순서를 뒤바꾸어 변화감을 주는 방법 예 뭐라고 썼을까 / 노오란 은행잎에
설의법	당연한 사실이나 결론이 분명한 내용을 의문의 형식으로 표현하는 방법 예 가난하다고 해서 사랑을 모르겠는가.
대구법	비슷한 문장 구조를 나란히 배열하는 방법 예 눈이 오면 눈길을 걸어가고 / 비가 오면 빗길을 걸어가라.

(4) 강조 : 자신의 의도를 강하게 드러내는 방법

반복법	같거나 비슷한 단어, 어구, 문장 등을 되풀이하는 방법 예 살어리 살어리랏다 청산에 살어리랏다.
영탄법	감탄하는 말로 놀라움, 슬픔, 기쁨 등의 감정을 나타내는 방법 예 오오! 나의 임이여!
과장법	대상을 실제보다 매우 크거나 작게, 혹은 많거나 적게 표현하는 방법 예 배가 남산만 하다.
점층법	문장의 뜻을 점점 강하게, 크게, 정도가 높아지게 표현하는 방법 예 가정을 위해, 국가를 위해 더 나아가 세계를 위해 노력하자.

---

8 비유에 대한 설명으로 알맞지 <u>않</u>은 것은?

① 원관념과 보조 관념은 서로 유사한 특성을 지닌다.
② 원관념은 드러내지 않고 보조 관념만으로 나타낸다.
③ '무엇은 무엇이다.'의 형태로 표현하는 것은 은유법이다.
④ 사람이 아닌 것을 사람처럼 표현하는 것은 의인법이다.
⑤ 직유법은 '~같이', '~처럼' 등의 연결어를 사용하여 표현한다.

9 다음에 쓰인 표현 방법을 각각 쓰시오.

(1) 오라, 이 강변으로
(2) 눈물이 바다를 이루고
(3) 지는 것이 이기는 것이다.

10 □□□은 같거나 비슷한 단어, 문장 등을 되풀이하는 방법이고, □□□은 문장의 뜻을 작은 것에서 점차 큰 것, 넓은 것으로 확대하여 표현하는 방법이다.

⑩ 시적 허용

시의 분위기나 운율을 형성하고 의미를 강조하기 위해 시인이 의도적으로 어법에 맞지 않는 표현을 사용하는 것을 말한다.

예 잠자코 <u>호올로</u> 서서 별을 헤어 보노라.

⑪ 시조의 개념

고려 중기에 발생하여 현재까지 창작되고 있는 우리 고유의 정형시를 말한다.

⑫ 시조의 기본 형식

① 3장(초장 · 중장 · 종장) 6구 45자 내외
② 3 · 4조 또는 4 · 4조, 4음보
③ 종장의 첫 음보는 3음절로 고정

> **예** 태산이 ∨ 높다 하되 ∨ 하늘 아래 ∨ 뫼이로다.
> 오르고 ∨ 또 오르면 ∨ 못 오를 리 ∨ 없건마는
> 사람이 ∨ 제 아니 오르고 ∨ 뫼를 높다 ∨ 하더라.
> — 양사언

⑬ 평시조와 사설시조의 비교

구분	평시조	사설시조
성행 시기	조선 전기	조선 중기 이후
형식	3장 6구 45자 내외	평시조에 비해 두 구절 이상이 길어짐
작가층	양반 계층	평민 계층(대체로 작가 미상)
주제	• 유교적 사상(충 · 효 · 예 · 의 · 지) • 자연에서 느끼는 한가로운 삶	• 남녀 간의 애정 • 서민 생활의 애환 • 현실에 대한 비판과 풍자

⑭ 현대 시조

(1) 뜻 : 개화기 이후부터 현재까지 창작되는 시조를 말한다.
(2) 현대 시조의 특징
① 대부분 제목이 있다.
② 다양한 사상과 감정을 다룬다.
③ 단시조보다 연시조가 많다.
④ 시행의 배열 방법이 다양하다.
⑤ 어려운 한자어보다는 고유어를 많이 사용하여 참신한 느낌을 준다.

개념 확인 문제

11 다음에서 시적 허용이 나타난 부분을 찾아 쓰시오.

> 아이야, 우리 식탁엔 은쟁반에 하이얀 모시 수건을 마련해 두렴.
> – 이육사, 〈청포도〉

12 시조에 대한 설명으로 알맞지 않은 것은?

① 우리 고유의 정형시이다.
② 대체로 4음보의 내재율이다.
③ 보통 3 · 4조의 글자 수가 반복된다.
④ 초장, 중장, 종장의 3장으로 구성된다.
⑤ 종장의 첫 음보는 3음절로 고정된다.

13 평시조의 작가층은 □□ 계층이고, 사설시조의 주된 작가층은 □□ 계층이다.

14 현대 시조는 조선 중기 이후부터 현재까지 창작되는 시조로, 평시조에 비해 두 구절 이상 길어진 형태이다.　　　　(○, X)

01 봄은 고양이로다 _이장희

꽃가루와 같이 부드러운 고양이의 털에

고운 봄의 향기가 어리우도다.

금방울과 같이 호동그란 고양이의 눈에

크게 뜬 눈이 동그란

미친 봄의 불길이 흐르도다.

고요히 다물은 고양이의 입술에

포근한 봄의 졸음이 떠돌아라.

날카롭게 쭉 뻗은 고양이의 수염에

푸른 봄의 생기가 뛰놀아라.

싱싱하고 힘찬 기운

갈래	현대시, 자유시, 서정시
성격	감각적, 비유적
운율	내재율
제재	봄, 고양이
주제	고양이의 모습을 통해 드러나는 봄의 분위기
특징	① 봄의 속성과 분위기를 고양이의 모습과 연결 지어 감각적이고 생동감 있게 표현하고 있다. ② 각 행의 끝에 규칙적으로 같은 글자를 반복하고, 비슷한 문장 구조를 반복하여 운율을 형성한다. ③ 정적인 이미지(1, 3연)와 동적인 이미지(2, 4연)를 번갈아 제시한다.

01 이 시를 다음과 같이 정리할 때, ㉠~㉤ 중 적절하지 <u>않은</u> 것은?

연	고양이의 모습	봄의 특성		정서
1연	고양이의 털	㉠봄의 향기	→	부드러움
2연	고양이의 눈	㉡봄의 불길	→	㉢생명력
3연	고양이의 입술	봄의 졸음	→	㉣긴장감
4연	고양이의 수염	봄의 생기	→	㉤생동감

① ㉠　　　② ㉡　　　③ ㉢　　　④ ㉣　　　⑤ ㉤

◆ 이 시에 사용된 비유

은유법	'봄은 고양이로다'라는 시의 제목에서 '봄'을 '고양이'에 빗댐. → 생명력이 가득하고 포근한 봄의 분위기를 참신하게 표현함.
직유법	1연에서 '고양이의 털'을 '꽃가루'에 빗댐. → 부드러운 고양이의 털을 생생하게 느끼게 함. 2연에서 '고양이의 눈'을 '금방울'에 빗댐. → 크고 동그란 고양이의 눈을 생생하게 떠올리게 함.

02 1연과 2연의 표현상의 특징으로 적절하지 <u>않은</u> 것은?

① 두 대상의 공통된 속성을 바탕으로 표현하고 있다.
② 봄의 이미지와 고양이의 외양적인 모습을 연결하고 있다.
③ 봄의 추상적인 느낌을 보다 구체적으로 느낄 수 있게 한다.
④ 두 대상을 '~같이'라는 연결어를 사용하여 직접 비유하고 있다.
⑤ 원관념인 '꽃가루'와 '금방울'을 각각 '고양이의 털'과 '고양이의 눈'에 빗대고 있다.

03 다음 중 이 시에 사용된 심상이 <u>아닌</u> 것은?

① 바람이 서늘도 하여
② 그 붉은 산수유 열매
③ 간간하고 짭조름한 미역
④ 꽃잎들이 가장 향기롭다.
⑤ 뜰에는 반짝이는 금모래빛

04 이 시의 운율 형성 요소를 〈보기〉에서 모두 고른 것은?

┤ 보기 ├

ⓐ 각 행이 4마디씩 끊어진다.
ⓑ 비슷한 문장 구조를 반복한다.
ⓒ 소리를 흉내 내는 말을 사용한다.
ⓓ 같거나 비슷한 시어와 시구를 반복한다.
ⓔ 특정한 자리에 특정한 글자가 반복해서 오게 한다.

① ⓐ, ⓒ　　　② ⓑ, ⓔ　　　③ ⓒ, ⓓ
④ ⓑ, ⓓ, ⓔ　　　⑤ ⓒ, ⓓ, ⓔ

어휘 갈무리

＊포근하다 : 보드랍고 따뜻하여 편안한 느낌이 있다.
＊생기 : 싱싱하고 힘찬 기운.

핵심 정리

갈래	현대시, 자유시, 서정시	성격	감각적, 비유적
운율	내재율	제재	봄, 고양이
주제	① ☐☐☐의 모습을 통해 드러나는 ② ☐의 분위기		
특징	① 봄의 속성과 분위기를 고양이의 모습과 연결 지어 감각적이고 생동감 있게 표현하고 있다. ② 각 행의 끝에 규칙적으로 같은 글자를 반복하고, 비슷한 문장 구조를 반복하여 운율을 형성한다. ③ 정적인 이미지(1, 3연)와 동적인 이미지(2, 4연)를 번갈아 제시한다.		

◈ **이 시의 구성**

동적인 분위기

1연	2연	3연	4연
고양이의 털에 어린 봄의 향기	고양이의 눈에 흐르는 봄의 ③ ☐☐	고양이의 입술에 떠도는 봄의 졸음	고양이의 수염에 뛰노는 봄의 생기

정적인 분위기

◈ **이 시에 사용된 비유**

④ ☐☐법	봄은 고양이로다 → 연결어 없이 'A는 B이다'의 형태로 나타냄.	
직유법	• 꽃가루와 같이 부드러운 고양이의 털에 • 금방울과 같이 호동그란 고양이의 눈에 → 연결어 '~⑤ ☐☐'를 사용하여 원관념을 보조 관념에 직접 빗대어 표현함.	• 참신하고 생생한 느낌을 줌. • 대상의 새로운 모습이나 의미의 발견을 유도함.

◈ **이 시의 운율 형성 요소**

유사한 문장 구조 반복	1연과 2연, 3연과 4연에서 각각 유사한 문장 구조를 반복하여 운율을 형성함.
동일한 시어 반복	'고양이의', '봄의'와 같은 시어를 반복하여 운율을 형성함.
특정 위치에서 같은 글자 반복	시행의 끝에 '~에', '-⑥ ☐☐', '-아라'를 반복하여 운율을 형성함.

◈ **이 시에 나타난 다양한 심상**

시각적 심상	금방울과 같이 호동그란, 미친 봄의 불길, 날카롭게 쭉 뻗은, 푸른 봄의 생기
⑦ ☐☐적 심상	고운 봄의 향기
촉각적 심상	꽃가루와 같이 부드러운, 포근한 봄의 졸음

계절과 관련된 속담

겨울이 다 되어야 솔이 푸른 줄 안다

푸른 것이 다 없어진 한겨울에야 솔이 푸른 줄 안다는 뜻으로, 위급하거나 어려운 고비를 당하여 보아야 비로소 그 사람의 진짜 됨됨이를 알 수 있음을 비유적으로 이르는 말.

여름 하늘에 소낙비

흔히 있을 만한 일이니 조금도 놀랄 것이 없음을 비유적으로 이르는 말.

여름에 먹자고 얼음 뜨기

앞으로 큰일에 쓰기 위하여 미리 준비함을 비유적으로 이르는 말.

가을 식은 밥이 봄 양식이다

먹을 것이 흔한 가을에는 먹지 않고 내놓은 식은 밥이 봄에 가서는 귀중한 양식이 된다는 뜻으로, 풍족할 때 함부로 낭비하지 않고 절약하면 뒷날의 궁함을 면할 수 있음을 비유적으로 이르는 말.

겨울이 지나지 않고 봄이 오랴

① 세상일에는 다 일정한 순서가 있는 것이니, 급하다고 하여 억지로 할 수는 없음을 이르는 말.
② 겨울이 지나야 따뜻한 봄이 온다는 뜻으로, 시련과 곤란을 극복하여야 승리와 성과를 얻을 수 있음을 비유적으로 이르는 말.

한자로 확인

詩	行	施	行
시 **시**	다닐 **행**	베풀 **시**	다닐 **행**
운율적으로 배열되어 있는 시의 행		실제로 행함	
詩	行	施	行

擬	人	義	人
비길 **의**	사람 **인**	옳을 **의**	사람 **인**
사람이 아닌 것을 사람에 비김		의로운 사람	
擬	人	義	人

02 서시 _윤동주

죽는 날까지 ⓐ하늘을 우러러

한 점 부끄럼이 없기를,

잎새에 이는 ⓑ바람에도

나는 괴로워했다.

ⓒ별을 노래하는 마음으로

모든 죽어 가는 것을 사랑해야지.

그리고 나한테 주어진 길을

걸어가야겠다.

오늘 ⓓ밤에도 별이 ⓔ바람에 스치운다.

갈래	현대시, 자유시, 서정시
성격	성찰적, 고백적, 의지적, 상징적
운율	내재율
제재	별
주제	부끄러움 없는 삶에 대한 소망과 의지
특징	① '과거 → 미래 → 현재'의 시간 순서로 시상을 전개한다. ② 이미지의 대립을 통해 시적 상황과 주제를 제시한다. ③ 상징적 시어를 통해 작품의 의미를 드러낸다.

◆ 시상 전개에 따른 화자의 태도

구분	시상 전개	태도
1연 1~4행	과거	소망
1연 5~8행	미래	의지
2연	현재	현실 인식

◆ 시어 '바람'의 의미 차이

1연의 '바람'	화자에게 부끄러움을 느끼게 하는 화자의 내면적 갈등과 심리적 동요
2연의 '바람'	화자가 추구하는 삶이나 양심을 흔들리게 하는 외부의 현실적 시련

01 이 시에 대한 설명으로 적절하지 <u>않은</u> 것은?

① 시적 화자가 겉으로 드러나 있다.
② 자연물을 의인화하여 정서를 나타내고 있다.
③ 일상적으로 쓰이는 평이한 어휘가 사용되고 있다.
④ 대립적인 의미의 시어를 통해 주제를 강조하고 있다.
⑤ '과거 – 미래 – 현재'의 순서로 시상이 전개되고 있다.

02 이 시의 화자에 대한 설명으로 가장 적절한 것은?

① 과거의 삶을 그리워하고 있다.
② 밝고 희망찬 미래를 확신하고 있다.
③ 헛된 꿈을 꾸며 현실을 도피하고 있다.
④ 자신이 처한 현실 상황을 부정적으로 인식하고 있다.
⑤ 현실을 극복하기 위해 다른 사람에게 의존하고 있다.

03 ⓐ~ⓔ의 상징적 의미로 적절하지 <u>않은</u> 것은?

① ⓐ: 화자가 양심을 비추어 보는 거울
② ⓑ: 화자의 내면적 갈등과 동요
③ ⓒ: 화자가 느끼는 절망
④ ⓓ: 화자가 처한 어두운 현실
⑤ ⓔ: 현실의 시련과 고난

04 〈보기〉는 이 시를 쓴 시인의 친구가 시인을 회상하며 쓴 글이다. 〈보기〉를 참고할 때, 이 시에 대한 설명으로 적절하지 <u>않은</u> 것은?

━━┤ 보기 ├━━

1941년 9월, 우리를 감시하는 일제의 눈초리는 날이 갈수록 날카로워졌다. 그때 마침 졸업반이었던 동주는 생활이 무척 바쁘게 돌아가고 있는 형편이었다. 진학에 대한 고민, 시국에 대한 불안, 가정에 대한 걱정이 겹치면서 동주는 무척 괴로워하는 눈치였다. 이런 절박한 상황 속에서도 그는, 그의 대표작으로 널리 알려진 중요한 작품들을 썼다. 〈또 다른 고향〉, 〈별 헤는 밤〉, 〈서시〉 등은 이 무렵에 쓴 시들이다.

① 일제의 탄압에 강하게 맞서 싸우는 시인의 모습이 반영되어 있다.
② 일제 강점기의 지식인으로서 시인이 겪었던 고민이 표현되어 있다.
③ 시적 화자가 소망하는 삶을 통해 시인의 가치관을 짐작해 볼 수 있다.
④ 절박한 상황에 처해 있던 시인은 이와 유사한 시적 상황을 설정하고 있다.
⑤ 이 시를 창작할 무렵 시인이 가졌던 정서가 시에 직접적으로 드러나 있다.

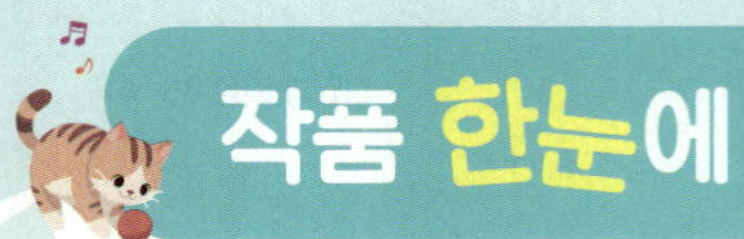

작품 한눈에 보기

핵심 정리

갈래	현대시, 자유시, 서정시	성격	성찰적, 고백적, 의지적, 상징적
운율	내재율	제재	별
주제	부끄러움 없는 삶에 대한 소망과 의지		
특징	① '과거 → ① ☐☐ → 현재'의 시간 순서로 시상을 전개한다. ② 이미지의 대립(하늘, ② ☐ ↔ 바람, 밤)을 통해 시적 상황과 주제를 제시한다. ③ 상징적 시어를 통해 작품의 의미를 드러낸다.		

◆ 이 시의 구성

1연 1~4행	1연 5~8행	2연
과거	미래	현재
부끄러움 없는 삶에 대한 소망	순수한 삶에 대한 결의	암담한 ③ ☐☐의 상황

◆ 시적 화자의 상황과 태도

시적 화자	'나'	➡	상황	어려운 현실에서도 자신에게 주어진 길을 걸어가겠다고 다짐함.
		➡	태도	소망과 의지

◆ 주요 시어의 상징적 의미

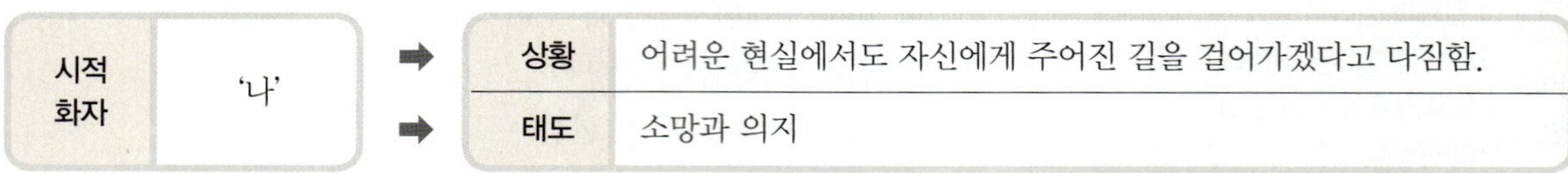

④ ☐☐	화자의 삶의 지향점, 윤리적 삶의 절대적 판단 기준
⑤ ☐☐	• 1연 : 화자의 내면적 갈등, 심리적 동요 • 2연 : 외부에서 오는 현실적 시련, 고난
별	화자가 추구하는 이상, 희망, 순수한 양심
길	화자가 걸어가야 할 운명적인 삶, ⑥ ☐☐의 실천, 부끄러움 없는 삶
오늘 밤	화자가 처한 어렵고 암울한 상황(시대적 상황을 고려할 때 '일제 강점기'로 볼 수 있음.)

◆ 창작 당시의 시대적 상황과 창작 동기

시대적 상황	……	일제 강점기. 일제가 우리 민족의 말살을 위해 일본식 성명을 강요하고 우리 말과 글의 사용을 금지하였으며, 민족 신문과 문예지를 폐간시킴.
창작 동기	……	민족의 고통과 시대의 어려움을 직시하는 지식인의 성찰과 고뇌를 작품에 담아, 이상적 삶에 대한 의지와 신념을 노래하고자 함.

모순(矛盾)

중국 초나라에 창과 방패를 파는 장사꾼이 있었다.

"자, 이 방패와 창은 세상에서 가장 훌륭한 물건이랍니다."

장사꾼의 말에 사람들이 모여들었다. 그는 창을 들어 보이며 크게 말했다.

"이 창은 아주 강하고 날카로워서 그 어떤 방패도 뚫을 수 있답니다!"

그리고 장사꾼은 옆에 있던 방패를 들어 보이며 자랑을 계속했다.

"이 방패는 그 어떤 창으로도 뚫을 수가 없답니다!

아주아주 튼튼하고 훌륭한 물건이지요."

그 말을 듣고 한 구경꾼이 물었다.

"그 창으로 저 방패를 찌르면 어떻게 되는가?"

장사꾼은 아무 대답도 하지 못하였다.

무엇으로도 뚫을 수 없는 방패와 무엇이든 뚫을 수 있는 창은

동시에 존재할 수 없기 때문이다. 여기에서 비롯된 말이 모순(矛盾)이다.

이는 창과 방패라는 뜻으로, 두 사실이 이치상 어긋나서 서로 맞지 않음을 이르는 말이다.

헷갈리는 단어 한자로 확인

正	義	定	義
바를 정	옳을 의	정할 정	옳을 의
진리에 맞는 올바른 도리		어떤 말이나 사물의 뜻을 명백히 밝혀 규정함	
正	義	定	義

氣	象	起	牀
기운 기	모양 상	일어날 기	평상 상
바람 · 비 · 구름 · 눈 등 대기 중에서 일어나는 모든 현상		잠을 깨어 자리에서 일어남	
氣	象	起	牀

03 새로운 길 _윤동주

[A]
내를 건너서 숲으로
시내보다는 크지만 강보다는 작은 물줄기
고개를 넘어서 마을로

어제도 가고 오늘도 갈

나의 길 새로운 길

민들레가 피고 까치가 날고

아가씨가 지나고 바람이 일고

나의 길은 언제나 새로운 길

오늘도…… 내일도……

내를 건너서 ㉠숲으로

고개를 넘어서 ㉡마을로

갈래	현대시, 자유시, 서정시
성격	서정적, 상징적, 의지적, 고백적, 미래 지향적
운율	내재율
제재	길
주제	언제나 새로운 마음으로 인생을 살아 가고자 하는 의지
특징	① 대조적인 시어를 통해 의미를 강조한다. ② 수미 상관의 구조와 대구를 통해 운율을 형성한다. ③ 3연을 중심으로 1연과 5연, 2연과 4연이 의미상 대칭을 이룬다.

스스로 정리 노트

◆ 시적 화자의 상황과 태도

상황
숲과 마을을 향해 걸어가며 다양한 존재를 만남.

⋮

태도
늘 새로운 마음으로 끊임없이 길을 걸어가겠다고 다짐함.

01 이 시에 대한 설명으로 알맞지 <u>않은</u> 것은?

① 첫 연이 마지막 연에서 반복되고 있다.
② 3연을 중심으로 의미상 대칭을 이루고 있다.
③ 대화체를 통해 시적 화자의 정서가 드러난다.
④ 긍정적 시어와 부정적 시어의 대립 구조가 나타난다.
⑤ 미래를 향해 나아가고자 하는 의지적인 삶의 자세가 나타난다.

02 이 시에서 '길'의 상징적 의미로 알맞은 것은?

① 꿈   ② 추억   ③ 사랑
④ 인생   ⑤ 자연

03 다음 중 [A]와 같은 방법으로 운율을 형성하는 것은?

① 찰박 찰박 찰박 맨발들
② 묏버들 가려 꺾어 보내노라 님에게
③ 항상 너를 보고, 보고, 또 보고 싶어.
④ 돌담에 속삭이는 햇발같이 / 풀 아래 웃음 짓는 샘물같이
⑤ 나 보기가 역겨워 / 가실 때에는 / 죽어도 아니 눈물 흘리우리다.

04 ㉠과 ㉡의 상징적인 의미로 가장 적절한 것은?

① 현실과 분리된 이상 세계
② 삶의 어려움과 고생스러움
③ 방황하며 살았던 과거의 공간
④ 인생에서 만나게 될 희망과 평화
⑤ 갈등과 대립이 존재하는 인간 세상

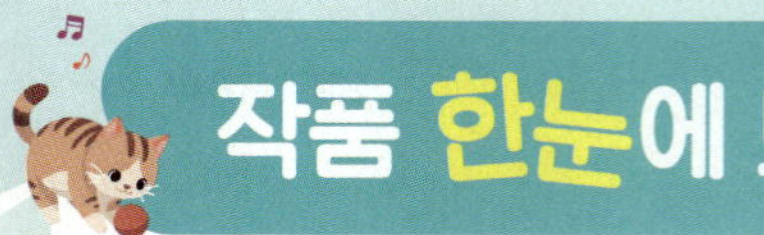

핵심 정리

갈래	현대시, 자유시, 서정시	성격	서정적, 상징적, 의지적, 고백적, ① ☐☐ 지향적
운율	내재율	제재	길
주제	언제나 새로운 마음으로 인생을 살아가고자 하는 의지		
특징	① 대조적인 시어를 통해 의미를 강조한다. ② 수미 상관의 구조와 대구를 통해 운율을 형성한다. ③ 3연을 중심으로 1연과 5연, 2연과 4연이 의미상 대칭을 이룬다.		

◈ **이 시의 구성**

1연	2연	3연	4연	5연
길을 걸어 숲과 마을로 향하는 '나'	언제나 걸어가는 새로운 ② ☐	길에서 만나는 다양한 존재들	계속해서 새로운 마음으로 길을 가겠다는 다짐	길을 걸어 숲과 마을로 향하는 '나'

◈ **이 시의 운율 형성 요소**

비슷한 시구, 시행 반복	• 내를 건너서 숲으로 / 고개를 넘어서 마을로 • 어제도 가고 오늘도 갈 / 나의 길 새로운 길 • 민들레가 피고 까치가 날고 / 아가씨가 지나고 바람이 일고
③ ☐☐ ☐☐	1연이 마지막 연에서 반복됨.

◈ **시어의 상징적 의미**

④ ☐	우리가 살아가는 삶(인생)
내, ⑤ ☐☐	인생을 살아가면서 겪게 되는 시련, 고난, 어려움
숲, 마을	인생에서 맞이하길 바라는 희망, 평화
⑥ ☐☐☐, 까치, 아가씨, 바람	• 인생을 살아가면서 만나게 되는 다양한 존재들 • 삶의 희망을 주는 존재들

◈ **이 시에 나타난 화자의 태도**

• 어제도 가고 오늘도 갈 / 나의 길 새로운 길
• 나의 길은 언제나 새로운 길 / 오늘도…… 내일도……

➡

• 언제나 새로운 마음으로 끊임없이 길을 가고자 하는 다짐
• 미래를 향해 나아가고자 하는 의지

희망, 노력과 관련된 속담

무쇠도 갈면 바늘 된다

꾸준히 노력하면 어떤 어려운 일이라도 이룰 수 있다는 말.

고생 끝에 낙이 있다

어려운 일이나 고된 일을 겪은 뒤에는 반드시 즐겁고 좋은 일이 생긴다는 말.

쥐구멍에도 볕 들 날 있다

몹시 고생을 하는 삶도 좋은 운수가 터질 날이 있다는 말.

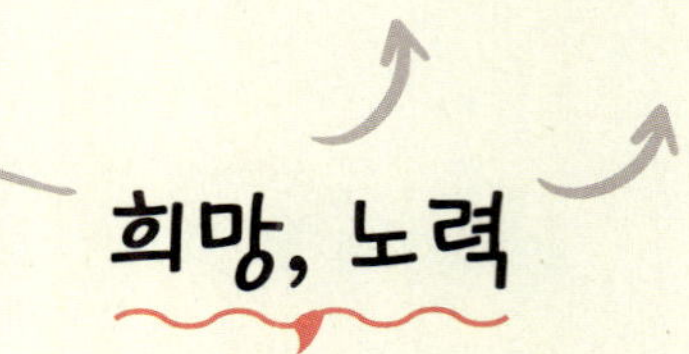

낙숫물이 댓돌을 뚫는다

작은 힘이라도 꾸준히 계속하면 큰일을 이룰 수 있음을 비유적으로 이르는 말.

하늘이 무너져도 솟아날 구멍이 있다

아무리 어려운 경우에 처하더라도 살아 나갈 방도가 생긴다는 말.

헷갈리는 단어 한자로 확인

動	機	同	期
움직일 동	틀 기	같을 동	기약할 기
어떤 일이나 행동을 일으키게 하는 계기		같은 시기. 또는 같은 시기에 같은 곳에서 함께 교육받은 사람	
動	機	同	期

聯	想	年	上
연이을 연	생각 상	해 연	윗 상
하나의 관념이 다른 어떤 관념을 불러일으키는 심리 작용		자기보다 나이가 많음	
聯	想	年	上

04 맨드라미 _김선우

쭈글쭈글 닭 벼슬 같아

㉠ 거인의 혓바닥 같아

외갓집 마당에 내 키랑 비슷한 맨드라미

넌 왜 이렇게 생겼니

꽃 같지 않게

그때 맨드라미가 말했어

㉡ 넌 왜 그렇게 생겼니

라고 나는 말하지 않아

너는 그냥 너지

맨드라미에게 사과했어

누가 나에게

너는 왜 그렇게 생겼니

라고 물으면 얼마나 속상할까

나는 나일 뿐인데

키가 비슷한 맨드라미

뺨에 뺨을 대 보았어

나답고 맨드라미답게

체온이 서로 달랐어

갈래	현대시, 자유시, 서정시
성격	감각적, 비유적, 교훈적
운율	내재율
제재	맨드라미
주제	나와 다른 존재를 인정하고 존중하는 태도
특징	① 맨드라미와 소통하는 모습을 통해 화자의 깨달음을 드러낸다. ② 낯선 존재에 대한 이해와 존중의 과정이 드러난다. ③ 직유법, 의인법 등을 사용하여 화자의 생각을 효과적으로 표현한다.

스스로 정리 노트

◆ 시적 화자의 인식 변화

1연	꽃 같지 않게 생겼다며 맨드라미의 개성을 인정하지 않음.
2연	상대방의 개성을 존중하는 맨드라미의 대답을 들음.
3연	맨드라미의 개성을 인정하지 않았던 자신의 태도에 대해 사과함.
4연	자신과 다른 존재를 인정하고 존중하는 태도를 보임.

01 이 시에 대한 이해로 적절하지 <u>않은</u> 것은?

① 시의 화자가 표면에 드러나 있다.
② 맨드라미를 대하는 화자의 인식이 변화한다.
③ 화자는 맨드라미의 말을 통해 깨달음을 얻는다.
④ 1연과 2연에서 화자와 맨드라미는 대조적인 태도를 보인다.
⑤ 맨드라미가 화자에게 묻고 화자가 이에 답하는 형식으로 전개된다.

02 ㉠, ㉡에 사용된 표현 방법에 대한 설명으로 적절하지 <u>않은</u> 것은?

① ㉠ : 원관념을 보조 관념에 직접 빗대어 표현하였다.
② ㉠ : 맨드라미와 모양과 색채가 유사한 대상을 끌어들였다.
③ ㉡ : 맨드라미를 말할 수 있는 존재로 나타내었다.
④ ㉡ : 당연한 내용을 의문문의 형식으로 표현하였다.
⑤ ㉡ : 사람이 아닌 대상을 사람처럼 표현해 친밀감을 느끼게 한다.

03 이 시의 운율 형성 요소를 〈보기〉에서 골라 바르게 묶은 것은?

> ─┤ 보기 ├─
> ⓐ 동일한 시어의 반복
> ⓑ 동일한 글자 수의 반복
> ⓒ 동일한 끊어 읽기의 반복
> ⓓ 유사한 문장의 변형과 반복

① ⓐ, ⓑ　　② ⓐ, ⓓ　　③ ⓑ, ⓒ　　④ ⓑ, ⓓ　　⑤ ⓒ, ⓓ

04 〈보기〉는 학생이 이 시를 감상한 내용이다. 적절하지 <u>않은</u> 것은?

> ─┤ 보기 ├─
> 1연에서 화자는 ⓐ맨드라미에게 꽃 같지 않게 생겼다고 말한다. ⓑ다른 꽃들과 다르게 생긴 맨드라미의 모습을 있는 그대로 인정하지 못한 것이다. 2연에서 맨드라미의 대답을 들은 화자는 3연에서 ⓒ역지사지(易地思之)의 태도로 자기 생각을 반성한다. 그리고 4연에서 ⓓ맨드라미에게 뺨을 대 본 화자는 맨드라미가 자신과 다르지 않음을 깨닫는다. 이 시를 읽고 ⓔ상대방을 있는 그대로 인정하고 존중하는 태도가 필요하다는 것을 느꼈다.

① ⓐ　　　② ⓑ　　　③ ⓒ　　　④ ⓓ　　　⑤ ⓔ

어휘 갈무리

＊ 벼슬 : '볏'의 방언. 닭이나 새 따위의 이마 위에 세로로 붙은 살 조각. 빛깔이 붉고 톱니처럼 생겼다.

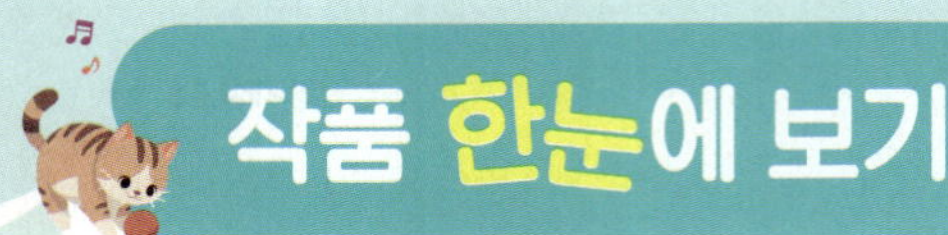

핵심 정리

갈래	현대시, 자유시, 서정시	성격	감각적, 비유적, 교훈적
운율	내재율	제재	맨드라미
주제	나와 다른 존재를 ①◻◻하고 존중하는 태도		
특징	① 맨드라미와 소통하는 모습을 통해 화자의 ②◻◻◻을 드러낸다. ② 낯선 존재에 대한 이해와 존중의 과정이 드러난다. ③ 직유법, 의인법 등을 사용하여 화자의 생각을 효과적으로 표현한다.		

◆ **이 시의 구성**

1연	2연	3연	4연
'나'가 맨드라미에게 '왜 이렇게 생겼니'라고 물음.	맨드라미가 '나'에게 '너는 그냥 너'라고 대답함.	'나'가 맨드라미에게 ③◻◻함.	'나'가 맨드라미와 서로 체온이 다름을 느낌.

◆ **이 시의 운율 형성 요소**

동일한 시어 반복	'같아', '-했어', '-았어'와 같은 시어를 반복하여 운율을 형성함.
유사한 문장 변형, 반복	'넌(너는) 왜 이렇게(그렇게) 생겼니'를 변형, 반복하여 운율을 형성함.

◆ **시적 화자와 맨드라미의 태도 및 시적 화자의 인식 변화**

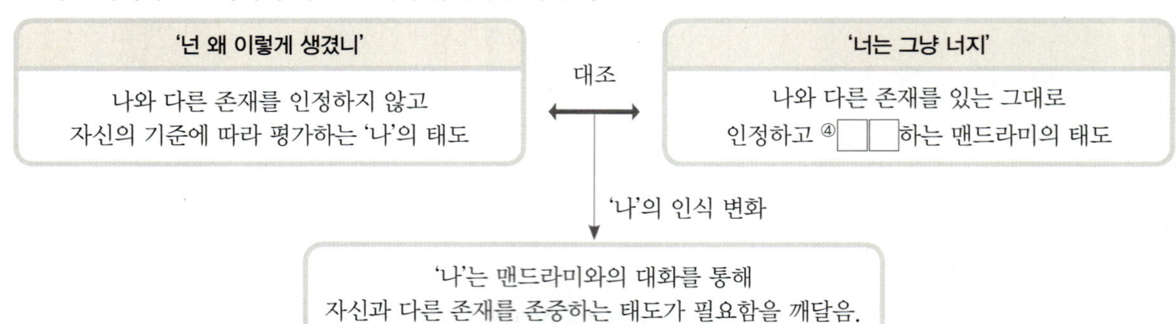

◆ **이 시에 사용된 표현 방법**

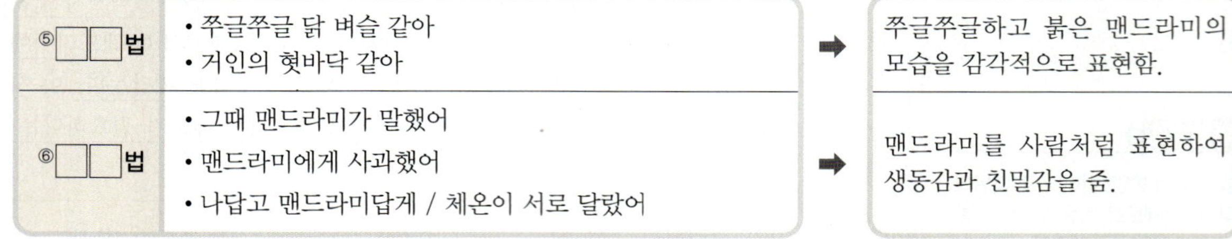

이야기 고사성어 수주대토(守株待兔)

옛날에 한 부지런한 농부가 살았다. 하루는 그가 밭에서 일을 하는데,
어디선가 토끼 한 마리가 달려오더니 밭 가운데 있는 그루터기에
부딪쳐 뒹굴었다. 가까이 가 보니 토끼는 죽어 있었다.
"아무것도 안 했는데 살찐 토끼를 거저 얻었군! 이렇게 재수가 좋다니!"
기뻐한 농부는 그날부터 농사일을 팽개치고 그루터기를 지키기 시작했다.
그를 이상히 여긴 마을 사람들이 묻자 농부는 대답했다.
"며칠 전에 토끼 한 마리가 저 그루터기에 부딪쳐 죽었거든.
여기서 기다리면 분명히 토끼가 또 나타날 거야. 힘들게
일하느니 여기를 지키다 토끼를 거저 얻는 게 낫지. 안 그런가?"
그러나 토끼는 다시 나타나지 않았고 그는 사람들의 웃음거리가
되었다. 이로부터 생겨난 말이 수주대토(守株待兔)이다.
이는 그루터기를 지켜보며 토끼가 나오기를 기다린다는 뜻으로,
고지식하고 융통성 없이 행운만 바라거나, 한 가지 일에만 얽매여
발전을 모르는 어리석은 사람을 비유적으로 이르는 말이다.

헷갈리는 단어 한자로 확인

公	正	工	程
공평할 **공**	바를 **정**	장인 **공**	길 **정**
공평하고 올바름		일이 진척되는 과정이나 정도	
公	正	工	程

事	理	私	利
일 **사**	다스릴 **리**	사사 **사**	이로울 **리**
일의 이치		개인의 사사로운 이익	
事	理	私	利

05 성장 _이시영

　　바다가 가까워지자 어린 강물은 엄마 손을 더욱 꼭 <u>그러쥔</u> 채 놓
지 않았습니다. 그러다가 그만 거대한 파도의 뱃속으로 뛰어드는
꿈을 꾸다 엄마 손을 아득히 놓치고 말았습니다. ㉠<u>그래 잘 가거라
내 아들아. 이제부터는 크고 다른 삶을 살아야 된단다.</u> 엄마 강물은
새벽 강에 시린 몸을 한번 <u>뒤채고는</u> 오리처럼 곧 순한 머리를 돌려
반짝이는 은어들의 길을 따라 산골로 조용히 돌아왔습니다.

갈래	현대시, 산문시, 서정시
성격	서정적, 상징적, 감각적, 동화적
운율	내재율
제재	강물
주제	엄마 강물과의 이별을 통한 어린 강물의 성장
특징	① 행의 구분이 없이 줄글처럼 긴 문장으로 되어 있다. ② 바다로 흘러가는 강물을 통해 성장의 과정을 표현하고 있다. ③ 동화적인 분위기를 자아낸다.

스스로 정리 노트

◆ 시적 화자와 시적 대상

시적 화자	• 시에 드러나 있지 않음. • 어린 강물과 엄마 강물을 바라보고 있음.
시적 대상	• 어린 강물과 엄마 강물 • 이별의 상황

01 이 시의 운율에 대한 설명으로 알맞은 것은?

① 겉으로 드러나는 규칙성을 보이고 있다.

② 주로 정형시에서 많이 나타나는 운율이다.

③ 일정한 글자 수를 반복하여 운율을 형성하고 있다.

④ 줄글처럼 긴 문장 속에서 운율이 자연스럽게 드러나고 있다.

⑤ 행마다 끊어 읽는 마디 수를 반복하여 운율을 형성하고 있다.

02 이 시에서 '어린 강물'이 처해 있는 상황으로 알맞은 것은?

① 새벽 강에 머물러야 하는 상황

② 혼자서 집을 찾아가야 하는 상황

③ 정든 엄마와 헤어져야 하는 상황

④ 은어들의 길을 따라가야 하는 상황

⑤ 엄마와 함께 바다로 들어가야 하는 상황

03 이 시에 담긴 의미를 잘못 파악한 것은?

① 재준: '어린 강물'은 새로운 세계로 나아가는 어린 존재를 의미해.

② 희수: '바다'는 '어린 강물'이 내내 바라고 그리워한 고향 같은 곳이야.

③ 경하: '파도'는 낯설고 넓은 세상에서 맞이하는 고난과 시련을 의미해.

④ 동민: '엄마 강물'은 자식을 떠나보내야 하는 상황을 순순히 받아들이고 있어.

⑤ 세훈: '엄마 강물'과의 이별을 통해 '어린 강물'은 한층 더 성숙해질 수 있을 거야.

04 ㉠에서 짐작할 수 있는 '엄마 강물'의 정서로 가장 적절한 것은?

① 놀람과 반가움

② 슬픔과 기대감

③ 즐거움과 불안함

④ 두려움과 무서움

⑤ 서러움과 부끄러움

어휘 갈무리

* 그러쥐다 : 그러당겨 손안에 잡다.

* 아득히 : 보이는 것이나 들리는 것이 희미하고 매우 멀게.

핵심 정리

갈래	현대시, ①□□시, 서정시	성격	서정적, 상징적, 감각적, 동화적
운율	내재율	제재	강물
주제	엄마 강물과의 이별을 통한 어린 강물의 ②□□		
특징	① 행의 구분이 없이 줄글처럼 긴 문장으로 되어 있다. ② 바다로 흘러가는 강물을 통해 성장의 과정을 표현하고 있다. ③ 동화적인 분위기를 자아낸다.		

◈ **이 시의 구성**

어린 강물이 엄마 강물과 헤어져야 하는 바다에 다다름.	▶ 어린 강물이 엄마 손을 놓치고 새로운 세상으로 나아가게 됨.	▶ 엄마 강물이 어린 강물의 성장에 대해 격려함.	▶ 인생의 ③□□에 따른 이별 후 엄마 강물이 산골로 돌아옴.

◈ **시적 대상의 상황과 정서**

	어린 강물	엄마 강물
상황	엄마 강물과 헤어져 낯설고 넓은 세상으로 나감.	어린 강물을 떠나보내고 산골로 돌아옴.
정서	무서움, 두려움, 걱정	걱정, 슬픔, ④□□□, 자애로움

◈ **시어의 상징적 의미**

⑤□□	어린 강물이 나아가야 할 새로운 세상, 낯설고 넓은 세상
어린 강물	• 성장의 가능성을 품은 존재 • 이제까지와는 다른 새로운 삶을 맞이하게 된 어린 존재 • 성장기의 자녀 • 내재된 희망
⑥□□	새롭고 넓은 세계에서 맞이하는 고난과 시련

◈ **이 시에 사용된 비유**

⑦□□법	강물에 인격을 부여하여 사람처럼 표현함.
직유법	'오리처럼 곧 순한 머리를 돌려'에서 엄마 강물이 인생의 순리에 따르는 모습을 오리에 빗대어 표현함.

날씨와 관련된 속담

장마철에 비구름 모여들듯

여기저기서 한곳으로 많이 모여드는 모양을 비유적으로 이르는 말.

비 온 뒤에 땅이 굳어진다

비에 젖어 질척거리던 흙도 마르면서 단단하게 굳어진다는 뜻으로, 어떤 시련을 겪은 뒤에 더 강해짐을 비유적으로 이르는 말.

한더위에 털감투

① 철이 지나 쓸데없고, 오히려 거추장스러운 물건을 비유적으로 이르는 말.
② 격에 맞지 아니한 물건을 비유적으로 이르는 말.

삼 년 가뭄에 하루 쓸 날 없다

계속 날이 개어 있다가 무슨 일을 하려고 하는 날 공교롭게도 날씨가 궂어 일을 그르치는 경우를 비유적으로 이르는 말.

넉 달 가뭄에도 하루만 더 개었으면 한다

① 오래 가물어서 아무리 기다리던 비일지라도 무슨 일을 치르려면 그 비 오는 것을 싫어한다는 말.
② 사람은 날씨에 대하여 항상 자기중심으로 생각함을 비유적으로 이르는 말.

헷갈리는 단어 한자로 확인

修	學	數	學
닦을 수	배울 학	셈 수	배울 학
학문을 닦음		수량 및 공간의 성질에 관하여 연구하는 학문	
修	學	數	學

停	滯	正	體
머무를 정	막힐 체	바를 정	몸 체
발전하거나 나아가지 못하고 한자리에 머물러 그침		참된 본디의 형체	
停	滯	正	體

후후후 _성미정

아가야

내 이름은 민들레야

지난겨울 너의 모자 끝에

달려 있던 털방울 같지

작은 입술 뽀뽀하듯 내밀고

후후후 입김 부는 아가야

봄바람 같은 너의 숨결에

나는 세상에서 제일 작은

낙하산 되어 날아가지

멋지게 착륙하여 내년에 다시

널 만나러 올게

그때는 너의 숨결도 좀 더

힘차고 따뜻하게 자라 있을 테지

내년 봄에는 후후

두 번만 불어도

나는 날아갈 테지

[A] 올해는 후후후
    내년엔 후후

갈래	현대시, 자유시, 서정시
성격	감각적, 비유적
운율	내재율
제재	민들레, 아가
주제	아가가 잘 자라기를 바라는 민들레
특징	① 민들레가 아가에게 말을 건네는 방식으로 시상이 전개된다. ② 의인법, 직유법, 은유법 등 다양한 표현 방법이 나타난다. ③ '후후후', '후후'에서 글자 수를 다르게 하여 화자의 생각을 효과적으로 드러낸다.

스스로 정리 노트

◆ 시상 전개 방식

시적 화자	민들레('나')
시적 청자	아가

↓

시적 화자인 민들레가
시적 청자인 아가에게
말을 건네는 방식으로 시상 전개

◆ 이 시에 사용된 비유

의인법	• 아가야 / 내 이름은 민들레야 → 민들레를 사람처럼 표현함.
직유법	• 지난겨울 너의 모자 끝에 / 달려 있던 털방울 같지 • 작은 입술 뽀뽀하듯 내밀고 • 봄바람 같은 너의 숨결에 → 원관념을 보조 관념에 직접 빗댐.
은유법	• 나는 세상에서 제일 작은 / 낙하산 되어 → 말하고자 하는 바를 암시적으로 나타냄.

01 이 시에 나타난 표현상의 특징으로 적절하지 <u>않은</u> 것은?

① 말을 건네는 듯한 어투를 사용하고 있다.
② 원관념을 보조 관념에 직접 빗대고 있다.
③ 일정한 위치에서 같은 말을 반복하고 있다.
④ 말하고자 하는 의도를 반대로 표현하고 있다.
⑤ 사람이 아닌 대상을 사람처럼 나타내고 있다.

02 이 시를 바르게 감상하지 <u>못한</u> 사람은?

① 우진 : 민들레가 아가에게 자기를 소개하고 있어.
② 주연 : 민들레는 자신을 희생해서 아가의 성장을 돕고 있네.
③ 현우 : 민들레는 아가의 행동에 대해 긍정적으로 여기는 것 같아.
④ 이서 : 민들레는 내년 봄에 다시 꽃을 피우겠다고 약속하고 있군.
⑤ 도윤 : 민들레는 아가가 힘차고 따뜻하게 자라기를 바라고 있는 듯해.

03 이 시에 사용된 표현 방법을 공부하기 위해 원관념과 보조 관념을 찾고 그 비슷한 점을 정리하였다. ㉠~㉤에 들어갈 내용으로 알맞지 <u>않은</u> 것은?

원관념	보조 관념	비슷한 점
민들레	털방울	모양 : (㉠) 촉감 : (㉡)
입김을 부는 입술	뽀뽀하는 입술	(㉢)
숨결	봄바람	(㉣)
민들레	낙하산	(㉤)

① ㉠ : 동그랗다
② ㉡ : 보송보송하다
③ ㉢ : 입술을 둥글게 오므려 내민다
④ ㉣ : 따뜻하다
⑤ ㉤ : 하늘 위로 날아오른다

04 [A]에 대한 설명으로 적절하지 <u>않은</u> 것은?

① 모양이나 소리를 흉내 낸 말이 쓰였다.
② 위의 행과 아래의 행이 짝을 이루고 있다.
③ 아가가 잘 자라기를 바라는 마음이 담겨 있다.
④ 말의 차례를 바꾸어 화자의 의도를 강조하고 있다.
⑤ 글자 수를 다르게 하여 화자의 생각을 나타내고 있다.

작품 한눈에 보기

핵심 정리

갈래	현대시, 자유시, 서정시	성격	감각적, 비유적
운율	내재율	제재	① ☐☐☐, 아가
주제	아가가 잘 자라기를 바라는 민들레		
특징	① 민들레가 아가에게 ② ☐을 건네는 방식으로 시상이 전개된다. ② 의인법, 직유법, 은유법 등 다양한 표현 방법이 나타난다. ③ '후후후', '후후'에서 글자 수를 다르게 하여 화자의 생각을 효과적으로 드러낸다.		

◆ 이 시의 구성

1연	2~3연	4~5연	6~7연
아가에게 자기를 소개하는 민들레	민들레에 ③ ☐☐을 부는 아가와 입김에 날아가는 민들레	내년에 좀 더 자라 있을 아가와의 만남을 약속하는 민들레	내년에는 좀 더 자란 아가의 숨결이 세질 것을 기대하는 민들레

◆ 시적 화자의 상황과 태도

시적 화자	'나' (민들레)	⇒	상황	아가에게 말을 건네고 있음.
		⇒	태도	아가가 잘 자라기를 바람.

◆ 이 시의 운율 형성 요소

같은 시어 반복	'후후후'와 '후후'를 반복하여 운율을 형성함.
일정한 위치에서 같은 말 반복	1연, 3연, 5연, 6연의 끝에서 '-④ ☐'를 반복함.

◆ 이 시에 사용된 비유

의인법	• 아가야 / 내 이름은 민들레야 → 민들레를 사람처럼 표현하여 친밀감을 줌.
⑤ ☐☐법	• 지난겨울 너의 모자 끝에 / 달려 있던 털방울 같지 → 동그랗고 보송보송한 민들레의 모습을 감각적으로 표현함. • 작은 입술 뽀뽀하듯 내밀고 → 아가가 입김을 불려고 입술을 내민 모습을 생동감 있게 표현함. • 봄바람 같은 너의 숨결에 → 따뜻하고 부드러운 아가의 숨결을 생생하게 느끼게 함.
⑥ ☐☐법	• 나는 세상에서 제일 작은 / 낙하산 되어 → 민들레 홀씨가 날아가다 떨어지는 모습을 암시적으로 표현함.

이야기 고사성어 백미(白眉)

옛날에 마씨 성을 가진 다섯 형제가 살고 있었다.
이들은 촉나라 유비의 부하들이었는데, 다섯 형제 모두
재주가 뛰어나고 지혜롭기로 평판이 자자하였다.
그런데 그중에서도 특히 뛰어난 사람이 있었으니 바로
넷째인 마량이었다. 사람들은 다섯 형제 중 마량의 인품과
재주가 으뜸이라며 칭찬하였다.
"마씨 오 형제들은 모두 똑똑하고 대단하지만 그중에서도
'백미'가 제일이지."
"아무렴. 형제들 가운데 '백미'가 단연 돋보인다오."
이처럼 사람들은 마량을 가리켜 '백미'라고 불렀는데,
마량의 눈썹에 흰 털이 나 있기 때문이었다. 이로부터 생겨난 말이 백미(白眉)이다.
이는 흰 눈썹이라는 뜻으로, 여럿 가운데에서 가장 뛰어난 사람이나 훌륭한 물건을 빗대는 말로 쓰인다.

헷갈리는 단어 한자로 확인

詩	想	施	賞
시 시	생각 상	베풀 시	상 줄 상
시에 나타난 사상이나 감정		상장이나 상품, 상금을 줌	
詩	想	施	賞

數	値	羞	恥
셈 수	값 치	부끄러울 수	부끄러울 치
계산하여 얻은 값		다른 사람들을 볼 낯이 없거나 스스로 떳떳하지 못함	
數	値	羞	恥

07 봄날 아침 _최일환

간밤에 내린 봄비 중에

가장 고운 빗방울만 골라

나뭇가지에 매달아 놓았습니다.

참새들은 가장 고운 것을 골라

피아노 치듯 쫑쫑 눌러 봅니다.

즐거운 노래가 톡톡 튕겨 나옵니다.

이 좋은 봄날 아침

아 — 기쁜 일만 팔짝팔짝

뛰어다닙니다

[A] ┌ 고운 노래만 풀풀
    └ 날아다닙니다.

갈래	현대시, 자유시, 서정시
성격	감각적, 비유적
운율	내재율
제재	봄날 아침
주제	봄날 아침의 아름다운 풍경
특징	① 봄날 아침의 풍경을 비유적, 감각적으로 표현하고 있다. ② 의성어·의태어를 사용하여 생동감을 부여한다. ③ 같은 시어와 유사한 문장 구조를 반복하여 운율을 형성한다.

◆ 시적 화자의 상황과 정서

화자	겉으로 드러나 있지 않음.
상황	비 갠 후의 봄날 아침 풍경을 바라보고 있음.
정서	즐겁고 기쁨.

01 이 시를 읽으며 떠올릴 수 있는 장면으로 알맞은 것은? (정답 2개)

① 나뭇가지에 빗방울이 맺혀 있는 장면
② 참새들이 비를 피해 날아다니는 장면
③ 숲속에 피아노 소리가 울려 퍼지는 장면
④ 참새들이 노래하며 나무와 교감하는 장면
⑤ 참새들이 옮겨 다니며 빗방울을 눌러 보는 장면

02 이 시를 〈보기〉와 같이 정리할 때, ㉠에 들어갈 말로 알맞은 것은?

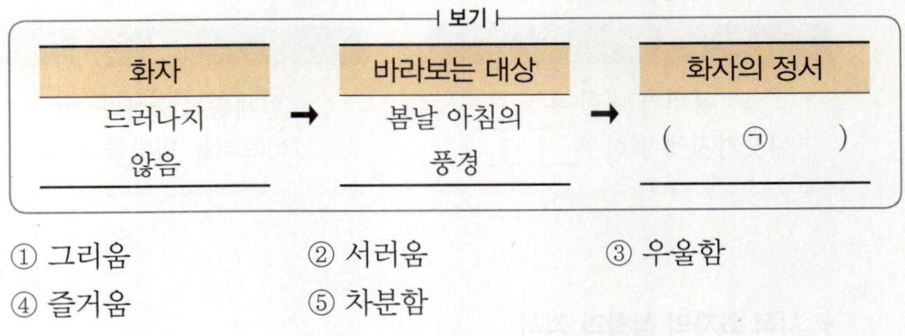

① 그리움   ② 서러움   ③ 우울함
④ 즐거움   ⑤ 차분함

03 이 시의 운율을 형성하는 요소로 적절하지 <u>않은</u> 것은?

① 동일한 시어를 반복하고 있다.
② 다양한 심상을 사용하고 있다.
③ 의성어와 의태어를 사용하고 있다.
④ 유사한 문장 구조를 반복하고 있다.
⑤ 문장의 끝부분에서 같은 글자를 반복하고 있다.

＊간밤 : 바로 어젯밤.

＊쫑쫑 : 좁은 발걸음을 자주 떼며 빨리 걷는 모양. '종종'보다 센 느낌을 준다.

＊풀풀 : 눈이나 먼지, 연기 따위가 몹시 흩날리는 모양.

04 다음 중 [A]와 같은 표현 방법이 사용된 것은?

① 나는 나룻배, / 당신은 행인
② 새악시 볼에 떠오르는 부끄럼같이
③ 비인 밭에 밤바람 소리 말을 달리고
④ 기뻐서 죽사오매 오히려 무슨 한이 남으오리까
⑤ 마른 논을 안고 도는 착한 도랑이 / 젖먹이 달래는 노래를 하고

작품 한눈에 보기

핵심 정리

갈래	현대시, 자유시, 서정시	성격	감각적, 비유적
운율	내재율	제재	봄날 아침
주제	봄날 아침의 아름다운 풍경		
특징	① 봄날 아침의 풍경을 비유적, 감각적으로 표현하고 있다. ② 의성어·의태어를 사용하여 ①◻◻◻을 부여한다. ③ 같은 시어와 유사한 문장 구조를 반복하여 운율을 형성한다.		

◈ 이 시의 구성

1연	2연	3연
봄비가 내린 후 나뭇가지에 맺힌 ②◻◻◻	참새들이 날아다니며 터트리는 빗방울 소리	즐거움을 주는 봄날 아침의 풍경

◈ 시적 화자의 상황과 정서

시적 화자	겉으로 드러나 있지 않음.	➡	상황	비 갠 후의 봄날 아침 풍경을 바라보고 있음.
		➡	태도	즐겁고 기쁨.

◈ 이 시의 운율 형성 요소

같은 시어의 반복	'가장 고운', '골라'를 반복하여 운율을 형성함.
일정한 위치에서 같은 말 반복	문장의 끝부분에서 '-ㅂ니다'를 반복하여 운율을 형성함.
유사한 ③◻◻◻◻의 반복	3연에서 '~만 ~ -ㅂ니다'라는 문장 구조를 반복하여 운율을 형성함.
의성어·의태어의 사용	'쫑쫑, 톡톡, 팔짝팔짝, ④◻◻' 등과 같은 의성어·의태어를 사용하여 운율을 형성하고 생동감을 줌.

◈ 이 시에 사용된 표현법과 그 효과

⑤◻◻법	피아노 치듯 쫑쫑 눌러 봅니다 → 참새들이 나뭇가지를 옮겨 다니며 빗방울을 눌러 보는 모습을 피아노 치는 것에 빗댐.
⑥◻◻법	기쁜 일만 팔짝팔짝 뛰어다닙니다, 고운 노래만 풀풀 날아다닙니다 → 살아 있지 않은 대상(일, 노래)을 살아 있는 것처럼 표현함.
영탄법	아 — → 화자의 고조된 감정을 표현함.

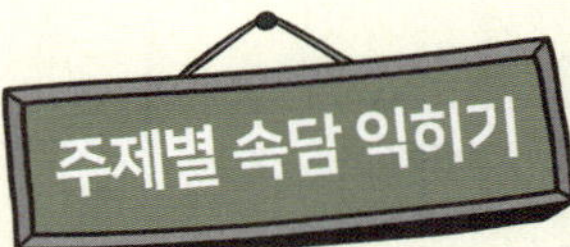

말[言]과 관련된 속담

말은 해야 맛이고 고기는 씹어야 맛이다

마땅히 할 말은 해야 한다는 말.

입은 비뚤어져도 말은 바로 해라

상황이 어떻든지 말은 언제
나 바르게 하여야 함을 이르
는 말.

말 한마디에 천 냥 빚도 갚는다

말만 잘하면 어려운 일이나
불가능해 보이는 일도 해결
할 수 있다는 말

살은 쏘고 주워도 말은 하고 못 줍는다

화살은 쏘아도 찾을 수 있으나
말은 다시 수습할 수 없다는 뜻
으로, 말을 삼가야 한다는 말.

가루는 칠수록 고와지고 말은 할수록 거칠어진다

가루는 체에 칠수록 고와지지만 말은 길어
질수록 시비가 붙을 수 있고 마침내는 말
다툼까지 가게 되니 말을 삼가라는 말.

한자로 확인

理	想	異	常
다스릴 **이**	생각 **상**	다를 **이**	떳떳할 **상**
생각 가능한 범위 안에서 가장 완전하게 여겨지는 상태		정상적인 상태와 다름	
理	想	異	常

歡	迎	幻	影
기쁠 **환**	맞을 **영**	헛보일 **환**	그림자 **영**
기쁜 마음으로 반갑게 맞음		눈앞에 없는 것이 있는 것처럼 보이는 것	
歡	迎	幻	影

08 배추의 마음 _나희덕

㉠배추에게도 마음이 있나 보다.

씨앗 뿌리고 농약 없이 키우려니

하도 자라지 않아

㉡가을이 되어도 헛일일 것 같더니

여름내 밭둑 지나며 잊지 않았던 말

— 나는 너희로 하여 기쁠 것 같아.

— 잘 자라 기쁠 것 같아.

늦가을 배추 포기 묶어 주며 보니

그래도 튼실하게 자라 속이 꽤 찼다.
　　　　　　튼튼하고 실속 있게
— 혹시 배추벌레 한 마리

이 속에 갇혀 나오지 못하면 어떡하지?

꼭 동여매지도 못하는 사람 마음이나

㉢배추벌레에게 반 넘어 먹히고도

㉣속은 점점 순결한 잎으로 차오르는

배추의 마음이 뭐가 다를까?

㉤배추 풀물이 사람 소매에도 들었나 보다.

갈래	현대시, 자유시, 서정시
성격	자연 친화적, 고백적
운율	내재율
제재	배추
주제	자연과의 교감을 통해 깨달은 생명의 소중함
특징	① 의인법을 사용하여 인간과 배추(자연)의 정서적 교감을 나타낸다. ② 시간의 흐름(계절 변화: 여름 → 늦가을)에 따라 시상을 전개한다. ③ 배추와의 대화로 화자의 순수한 마음을 친근하고 솔직하게 전달한다.

스스로 정리 노트

◆ '사람 마음'과 '배추의 마음'

사람(화자)의 마음
• 배추가 잘 자라기를 바라는 마음 • 배추벌레를 염려하여 배추를 꼭 동여매지 못하는 마음

교감

배추의 마음
• 배추벌레에게 자신의 생명을 내주는 마음 • 기른 사람의 마음을 알고 속이 차오르는 마음

01 이 시에 대한 설명으로 적절하지 <u>않은</u> 것은?

① 인간과 자연의 교감을 주제로 삼고 있다.
② 배추를 사람처럼 표현하여 친근감을 주고 있다.
③ 생명의 소중한 가치에 대한 깨달음이 드러나 있다.
④ 배추벌레는 부정적 의미를 지닌 시어로 사용되었다.
⑤ 대화체를 사용하여 화자와 대상의 친밀감이 느껴진다.

02 다음 중 이 시를 바르게 감상한 사람은?

① 미리 : 무공해 채소로 건강해지려는 농부의 소망이 드러나 있어.
② 민영 : 이 시의 화자는 새로운 영농 기법을 예찬하는 농부인 것 같아.
③ 진호 : 이 시의 화자는 하찮은 생명도 소중히 생각하는 사람인 것 같아.
④ 정재 : 배추벌레라는 외부의 위협으로부터 자신을 지키려는 배추의 의지가 느껴져.
⑤ 선아 : 배추가 제대로 자라지 않아 농사를 망칠까 염려하는 화자의 마음이 느껴져.

03 이 시를 통해 얻은 교훈으로 급훈을 만든다고 할 때, 가장 적절한 것은?

① 뜻은 넓게, 생각은 깊게
② 높이 나는 새가 멀리 본다.
③ 남을 위하고, 남을 배려하며
④ 최고보다는 최선을, 재능보다는 노력을
⑤ 한꺼번에 뛰지 않고 매일매일 한 걸음씩

04 ㉠~㉤에 담긴 의미를 <u>잘못</u> 이해한 것은?

① ㉠ : 배추를 인격적인 존재로 생각함.
② ㉡ : 배추가 잘 자라지 않아 포기하는 마음
③ ㉢ : 배추벌레를 위해 자신을 희생하는 배추의 마음
④ ㉣ : 배추벌레에게 먹히고도 기른 사람의 마음을 알아 속이 차오르는 모습
⑤ ㉤ : 자연과 인간이 교감하는 모습

핵심 정리

갈래	현대시, 자유시, 서정시	성격	자연 친화적, 고백적
운율	내재율	제재	배추
주제	자연과의 교감을 통해 깨달은 생명의 소중함		
특징	① 의인법을 사용하여 인간과 배추(자연)의 정서적 ① ☐☐ 을 나타낸다. ② ② ☐☐ 의 흐름(계절 변화: 여름 → 늦가을)에 따라 시상을 전개한다. ③ 배추와의 대화로 화자의 순수한 마음을 친근하고 솔직하게 전달한다.		

◈ 이 시의 구성

1연	2연
배추를 소중히 키우는 마음	사람과 자연의 ③ ☐☐

◈ '사람 마음'과 '배추의 마음'의 공통점

사람(화자)의 마음	배추의 마음
• 배추가 잘 자라기를 바라는 마음 • 배추벌레가 갇혀서 나오지 못할까 염려하는 마음	• 배추벌레에게 자신의 생명을 내주는 희생의 마음 • 기른 사람의 마음을 알고 속이 차오르는 마음

생명 존중의 마음, 다른 사람을 ④ ☐☐ 하는 마음, 작은 생명도 소중히 여기는 마음

◈ 이 시에 나타난 표현상의 특징과 효과

표현 방법	시어와 시구	효과
⑤ ☐☐ 법	• 배추에게도 마음이 있나 보다. • 너희, 배추의 마음	• 화자와 대상(배추)이 가깝게 느껴짐. • 화자와 배추(자연)의 정서적 교감을 가능하게 함. • 배추를 인격적으로 소중하게 여김을 드러냄.
설의법	• 사람 마음이나 ~ 배추의 마음이 뭐가 다를까?	• 배추의 마음과 사람의 마음이 ⑥ ☐☐ 을 강조함.
대화체	• 나는 너희로 하여 기쁠 것 같아. • 잘 자라 기쁠 것 같아.	• 화자와 배추의 관계가 친밀하게 느껴짐. • 화자와 독자의 거리가 가깝게 느껴짐. • 배추를 아끼는 화자의 마음이 좀 더 따뜻하게 느껴짐.
독백체	• 혹시 배추벌레 한 마리 이 속에 갇혀 나오지 못하면 어떡하지? • ~배추의 마음이 뭐가 다를까?	

우공이산(愚公移山)

옛날에 우공이라는 아흔 살의 노인이 살고 있었다.

우공은 아주 커다란 두 개의 산이 마주 보이는 곳에 살았다.

어느 날 우공은 가족들을 모아 놓고 말했다.

"저 두 산을 옮기면 길이 넓어져 다니기에 편해질 것이다.

우리가 힘을 합쳐 저 두 산을 옮기면 어떻겠느냐?"

우공과 그의 아들, 손자는 함께 산의 돌을 깨고 흙을 파서 바다

로 나르기 시작했다. 사람들이 무모한 짓이라며 비웃자 우공은

"내가 죽으면 내 아들이, 아들이 죽으면 손자가, 또 손자의 자식이

계속해 나갈 것이네. 그렇게 산이 깎여 나가다 보면 언젠가는 평지가 될 테지."

라고 말했다. 두 산에 살던 신령들은 이 말을 듣고 놀라 옥황상제에게 달려가 구해 달라 하였다.

산이 없어지면 신령들이 머물 곳이 없어지니 큰일이었던 것이다.

이야기를 들은 옥황상제는 우공의 정성에 감동하여 두 산을 각각 멀리 다른 땅으로 옮겨 주었다.

이로부터 생겨난 말이 우공이산(愚公移山)이다.

이는 우공이 산을 옮긴다는 뜻으로, 어떤 일이든 끊임없이 노력하면 반드시 이루어짐을 이르는 말이다.

 한자로 확인

鑑	賞	感	傷
거울 감	상 줄 상	느낄 감	다칠 상
주로 예술 작품을 이해하여 즐기고 평가함		하찮은 일에도 쓸쓸하고 슬퍼져서 마음이 상함	
鑑	賞	感	傷

人	道	引	導
사람 인	길 도	끌 인	인도할 도
사람으로서 마땅히 지켜야 할 도리		이끌어 가르침	
人	道	引	導

09 동해 바다 - 후포에서 _신경림

친구가 원수보다 더 미워지는 날이 많다

㉠티끌만 한 잘못이 맷방석만 하게
티와 먼지　　　　　매통이나 맷돌을 쓸 때 밑에 까는, 짚으로 만든 방석

동산만 하게 커 보이는 때가 많다

그래서 세상이 어지러울수록

남에게는 엄격해지고 내게는 너그러워지나 보다

㉡돌처럼 잘아지고 굳어지나 보다

멀리 ㉢동해 바다를 내려다보며 생각한다

널따란 바다처럼 너그러워질 수는 없을까

깊고 짙푸른 바다처럼

감싸고 끌어안고 받아들일 수는 없을까

스스로는 ㉣억센 파도로 다스리면서

제 몸은 ㉤맵고 모진 매로 채찍질하면서

갈래	현대시, 자유시, 서정시
성격	반성적, 성찰적, 사색적
운율	내재율
제재	동해 바다
주제	동해 바다처럼 너그럽게 살고 싶은 소망
특징	① 자연물을 통해 삶에 대한 성찰과 깨달음을 드러낸다. ② 대조되는 시어를 사용하여 주제를 드러낸다. ③ 1연과 2연이 내용상 대칭을 이룬다.

01 이 시의 화자에 대한 이해가 적절하지 <u>않은</u> 것은?

① 자연물을 통해 바람직한 삶의 모습을 발견하고 있군.
② 자신의 마음을 독백적 어조로 솔직하게 나타내고 있군.
③ 일상의 체험을 바탕으로 자신의 지난 삶을 성찰하고 있군.
④ 세상이 어지럽다는 핑계로 그동안 이기적인 태도를 보였군.
⑤ 자신과 타인 모두에게 너그러운 사람이 되기를 바라고 있군.

02 시적 상황을 다음과 같이 정리할 때, Ⓐ에 들어갈 내용으로 알맞은 것은?

과거의 모습		깨달음의 계기		미래의 모습
옹졸함	→	Ⓐ	→	포용

① 바다에서 잔돌을 봄
② 친구와 심하게 다툼
③ 동해 바다를 내려다봄
④ 미웠던 친구와 화해함
⑤ 어지러운 세상을 겪음

03 이 시에 사용된 표현 방법이 <u>아닌</u> 것은?

① 의미가 대조적인 시어를 사용하고 있다.
② 말하고자 하는 생각을 반대로 표현하고 있다.
③ 작은 것에서 큰 것으로 표현을 점점 확대해 가고 있다.
④ 표현하고자 하는 대상을 다른 대상에 직접 빗대고 있다.
⑤ 분명한 결론이 있는 것을 일부러 의문문으로 표현하고 있다.

04 ㉠~㉤의 함축적 의미로 적절하지 <u>않은</u> 것은?

① ㉠ : 가까운 사람의 작고 사소한 잘못
② ㉡ : 속이 좁고 남에게 너그럽지 못한 태도
③ ㉢ : 남의 잘못을 이해하고 감싸 주는 존재
④ ㉣ : 화자가 어지러운 세상에서 겪어 온 시련
⑤ ㉤ : 화자가 자기 자신에게 가하는 엄격한 성찰

작품 한눈에 보기

핵심 정리

갈래	현대시, 자유시, 서정시	성격	반성적, 성찰적, 사색적
운율	내재율	제재	동해 바다
주제	① ⬜⬜⬜⬜ 처럼 너그럽게 살고 싶은 소망		
특징	① 자연물을 통해 삶에 대한 성찰과 깨달음을 드러낸다. ② 대조되는 시어를 사용하여 주제를 드러낸다. ③ 1연과 2연이 내용상 대칭을 이룬다.		

◈ 이 시의 구성

1연		2연
남에게는 엄격하면서 자신에게는 너그러웠던 '나'	·········· 내용상 대칭 ··········	남에게는 너그럽고 자신에게는 ② ⬜⬜ 하기를 바람

◈ 시적 화자의 상황과 태도

후포에서 동해 바다를 내려다보고 있는 '나'	지금까지의 삶의 태도	• 친구가 원수보다 미울 때가 많음. • 남에게 엄격하고 자신에게는 너그러움.
	↓	
	화자가 본 바다의 모습	넓다, ③ ⬜⬜, 짙푸르다
	↓	
	성찰한 내용	• ④ ⬜⬜ 처럼 너그러워지고, 감싸고 끌어안고 받아들이고 싶음. • 자신을 억센 ⑤ ⬜⬜ 로 다스리고 매로 채찍질하고 싶음.
	↓	
	바라는 삶의 태도	타인에게 너그럽고 자신에게 엄격한 삶을 소망함.

◈ 이 시에 사용된 표현 방법

직유법	'돌처럼', '바다처럼'에서 직유법이 나타남.
대조법	'⑥ ⬜'과 '바다'가 의미상 대조됨.
점층법	잘못의 크기를 '티끌 → 맷방석 → 동산'으로 점점 크게 표현함.
⑦ ⬜⬜⬜	'너그러워질 수는 없을까', '받아들일 수는 없을까'와 같이 의문문 형식을 사용함.

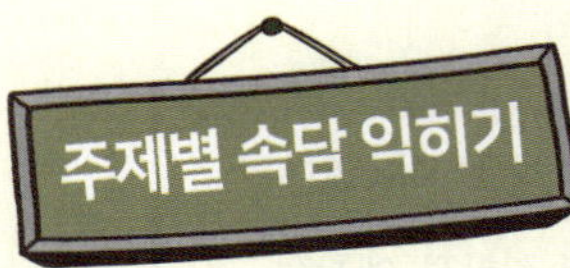

은혜와 관련된 속담

물에 빠진 놈 건져 놓으니까 망건값 달라 한다

남에게 은혜를 입고서도 그 고마움을
모르고 생트집을 잡음을 이르는 말.

머리털을 베어 신발을 삼다

무슨 수단을 써서라도 자기가 입은
은혜는 잊지 않고 꼭 갚겠다는 것
을 비유적으로 이르는 말.

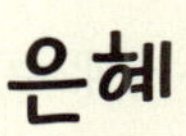

욕은 욕으로 갚고 은혜는 은혜로 갚는다

남이 나를 대하는 것만큼 나도 남을 그만큼
밖에는 대접하지 아니한다는 것을 비유적
으로 이르는 말.

사나운 개도 먹여 주는 사람은 안다

아무리 사나운 개라도 저를 먹여 주는 사람
만은 알아서 꼬리 치며 반갑게 대한다는 뜻
으로, 자기에게 은혜를 베풀어 주는 고마운
사람을 알아보지 못하는 것은 짐승만도 못
함을 이르는 말.

밤 잔 원수 없고 날 샌 은혜 없다

밤을 자고 나면 원수같이 여기던 감정은 풀리고
날을 새우고 나면 은혜에 대한 고마운 감정이 식
어진다는 뜻으로, 은혜나 원한은 시일이 지나면
쉬이 잊게 됨을 비유적으로 이르는 말.

 한자로 확인

所	願	疏	遠
바 **소**	원할 **원**	소통할 **소**	멀 **원**
어떤 일이 이루어지기를 바람		지내는 사이가 두텁지 않고 거리가 있어서 서먹서먹함	
所	願	疏	遠

山	水	山	獸
메 **산**	물 **수**	메 **산**	짐승 **수**
산과 물이라는 뜻으로, 경치를 이르는 말		산에서 사는 짐승	
山	水	山	獸

10 오우가 _윤선도

내 벗이 몇인가 하니 수석(水石)과 송죽(松竹)이라.
　　　　　　　　물과 돌(바위)　　　소나무와 대나무
동산(東山)에 달 오르니 그 더욱 반갑구나.
동쪽에 있는 산
두어라, ㉠이 다섯밖에 또 더하여 무엇하리.　　　　〈제1수〉

구름 빛이 좋다 하나 검기를 자주 한다.

바람 소리 맑다 하나 그칠 때가 많구나.

좋고도 그칠 때가 없는 것은 물뿐인가 하노라.　　　　〈제2수〉

꽃은 무슨 일로 피면서 쉬이 지고

풀은 어이하여 푸르는 듯 누르나니

아마도 변치 아닐손 바위뿐인가 하노라.　　　　〈제3수〉

더우면 꽃 피고 추우면 잎 지거늘

솔아, 너는 어찌 눈서리를 모르느냐.

구천(九泉)에 뿌리 곧은 줄을 그로 하여 아노라.　　　　〈제4수〉
땅속 깊은 밑바닥

나무도 아닌 것이 풀도 아닌 것이

곧기는 누가 시키며 속은 어이 비었느냐.

저렇게 사시(四時)에 푸르니 그를 좋아하노라.　　　　〈제5수〉
　　　　봄·여름·가을·겨울의 네 철

작은 것이 높이 떠서 만물을 다 비추니
　　　　　　　　세상에 있는 모든 것
밤중의 광명이 너만 한 이 또 있느냐.
　　　밝고 환함
보고도 말 아니하니 내 벗인가 하노라.　　　　〈제6수〉

갈래	정형시, 고시조, 평시조, 연시조
성격	교훈적, 자연 친화적, 예찬적
운율	외형률(4음보, 3(4)·4조)
제재	물[水], 바위[石], 소나무[松], 대나무[竹], 달[月]
주제	자연의 다섯 벗에 대한 예찬
특징	① 대상의 속성을 예찬의 근거로 삼고 있다. ② 자연물의 속성과 인간의 덕성을 연결하여 바람직한 인간상을 드러내고 있다. ③ 자연물을 의인화하여 친근감 있게 표현하였다. ④ 대조를 통해 대상의 특성을 강조하고 있다.

스스로 정리 노트

◆ 이 시의 갈래

고시조	갑오개혁 이전에 창작된 시조
평시조	3장 6구 45자 내외로 된 시조의 기본형
연시조	두 수 이상의 평시조가 모여 한 작품을 이루는 시조

◆ 시적 화자의 상황과 태도

화자	'나'
상황	자연물인 물, 바위, 소나무, 대나무, 달을 자신의 벗이라고 소개하면서 그들의 속성을 말함.
정서, 태도	예찬, 자연 친화

어휘 갈무리

* 구천 : 땅속 깊은 밑바닥이란 뜻으로, 죽은 뒤에 넋이 돌아가는 곳을 이르는 말.
* 사시 : 봄 · 여름 · 가을 · 겨울의 사계절.
* 광명 : 밝고 환함.

---

01 이 시에 대한 설명으로 알맞지 <u>않은</u> 것은?

① 묻고 답하는 형식을 통해 대상을 제시하고 있다.
② 자연물을 인간처럼 표현하면서 친밀감 있게 대하고 있다.
③ 상반되는 자연물을 제시하여 대상의 특성을 부각하고 있다.
④ 공간의 이동에 따른 정서의 변화를 세밀하게 드러내고 있다.
⑤ 종장의 첫 음보를 세 글자로 고정하여 규칙성을 드러내고 있다.

02 이 시의 자연물이 지닌 속성과 덕목을 <u>잘못</u> 연결한 것은?

	자연물	속성	덕목
①	물	깨끗함, 그칠 때가 없음	영원성
②	바위	변하지 않음	불변성
③	소나무	눈서리를 모름	절개
④	대나무	속이 비어 있음	유연성
⑤	달	만물을 비춤, 말을 하지 않음	광명, 과묵

03 이 시를 끊어 읽은 것으로 적절하지 <u>않은</u> 것은?

① 두어라, ∨이 다섯밖에 ∨또 더하여 ∨무엇하리.
② 꽃은 ∨무슨 일로 ∨피면서 ∨쉬이 지고
③ 풀은 어이하여 ∨푸르는 듯 ∨누르나니
④ 아마도 ∨변치 아닐손 ∨바위뿐인가 ∨하노라.
⑤ 더우면 ∨꽃 피고 ∨추우면 ∨잎 지거늘

04 〈제1수〉에 드러나는 삶의 태도와 가장 관련 깊은 한자 성어는?

① 수주대토(守株待兔)　　② 안분지족(安分知足)
③ 주마간산(走馬看山)　　④ 고진감래(苦盡甘來)
⑤ 면종복배(面從腹背)

05 ㉠에 대한 화자의 인식으로 알맞지 <u>않은</u> 것은?

① 칭송의 대상　　② 친근한 존재
③ 극복해야 할 대상　　④ 교훈을 주는 존재
⑤ 본받고자 하는 대상

작품 한눈에 보기

핵심 정리

갈래	정형시, 고시조, 평시조, 연시조	성격	교훈적, 자연 친화적, 예찬적
운율	① ☐☐☐☐ (4음보, 3(4)·4조)	제재	물[水], 바위[石], 소나무[松], 대나무[竹], 달[月]
주제	자연의 다섯 벗에 대한 ② ☐☐		
특징	① 대상의 속성을 예찬의 근거로 삼고 있다. ② 자연물의 속성과 인간의 덕성을 연결하여 바람직한 인간상을 드러내고 있다. ③ 자연물을 의인화하여 친근감 있게 표현하였다. ④ 대조를 통해 대상의 특성을 강조하고 있다.		

◈ 이 시의 구성

제1수	제2수	제3수	제4수	제5수	제6수
서시	물	③ ☐☐	소나무	대나무	달
다섯 벗을 소개함	깨끗하며 그치지 않는 영원함	변하지 않는 불변성	겨울에도 변치 않는 지조와 절개	올곧은 ④ ☐☐와 청빈함	광명과 과묵함

◈ 이 시에 반영된 자연관

자연 ⑤ ☐☐적	자연을 친구 같은 친근한 대상으로 보고 '벗'이라 칭함.
자연 예찬적	자연물의 속성을 인간의 덕성과 연결 지어 칭송함.
자기 수양의 본보기	자연을 벗 삼으려는 노력을 통해 자연을 자기 수양의 본보기로 삼고자 함.

◈ 이 시의 표현 방법

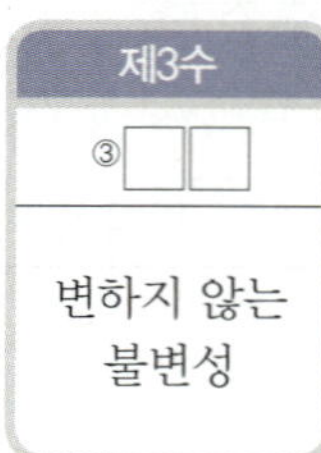

⑥ ☐☐☐	스스로 묻고 답함.	…	〈제1수〉 내 벗이 몇인가 하니 수석(水石)과 송죽(松竹)이라.
대조법	뜻이 상반되는 소재를 대립시킴.	…	• 〈제2수〉 구름, 바람(가변성) ↔ 물(영원성, 불변성) • 〈제3수〉 꽃, 풀(순간성, 한시성) ↔ 바위(영원성, 불변성) • 〈제4수〉 꽃, 잎(계절에 따라 변함) ↔ ⑦ ☐(늘 변치 않음, 절개)
의인법	다섯 자연물을 사람(벗)으로 ⑧ ☐☐☐함.	…	• 〈제1수〉 내 벗이 몇인가 하니 ~ • 〈제4수〉 솔아, 너는 어찌 눈서리를 모르느냐.
설의법	분명한 결론이 있는 것을 의문 형식으로 제시함.	…	예 밤중의 광명이 너만 한 이 또 있느냐.
대구법	비슷한 문장 구조를 짝지어 나란히 배열함.	…	예 더우면 꽃 피고 추우면 잎 지거늘

각주구검(刻舟求劍)

초나라의 어떤 사람이 귀한 칼 한 자루를 가지고 있었다.

어느 날 그는 배를 타고 강을 건너다가 실수로 칼을 물에 빠뜨렸다.

그는 깜짝 놀라서 급히 뱃전에 칼자국을 냈다.

"칼을 떨어뜨린 곳을 배에 표시했으니 걱정할 필요 없겠군!

찾는 건 시간 문제야."

이윽고 나루터에 배가 닿자 그는 칼자국이 있는 뱃전 아래로

뛰어들어 물속에서 칼을 찾기 시작했다.

그러나 배는 이미 움직여 칼이 떨어진 곳을 지나왔으니

그가 칼을 찾을 수 있을 리 없었다.

이로부터 생겨난 말이 각주구검(刻舟求劍)이다.

이는 배에 표시를 새기고 칼을 찾는다는 말로,

융통성 없이 현실에 맞지 않는 낡은 생각을 고집하는 어리석음을 이른다.

헷갈리는 단어 — 한자로 확인

優	秀	憂	愁
뛰어날 우	빼어날 수	근심 우	근심 수
여럿 가운데 뛰어남		근심과 걱정	
優	秀	憂	愁

古	典	苦	戰
옛 고	법 전	쓸 고	싸움 전
옛날의 서적이나 작품		몹시 힘들고 어렵게 싸움	
古	典	苦	戰

II

소설 문학

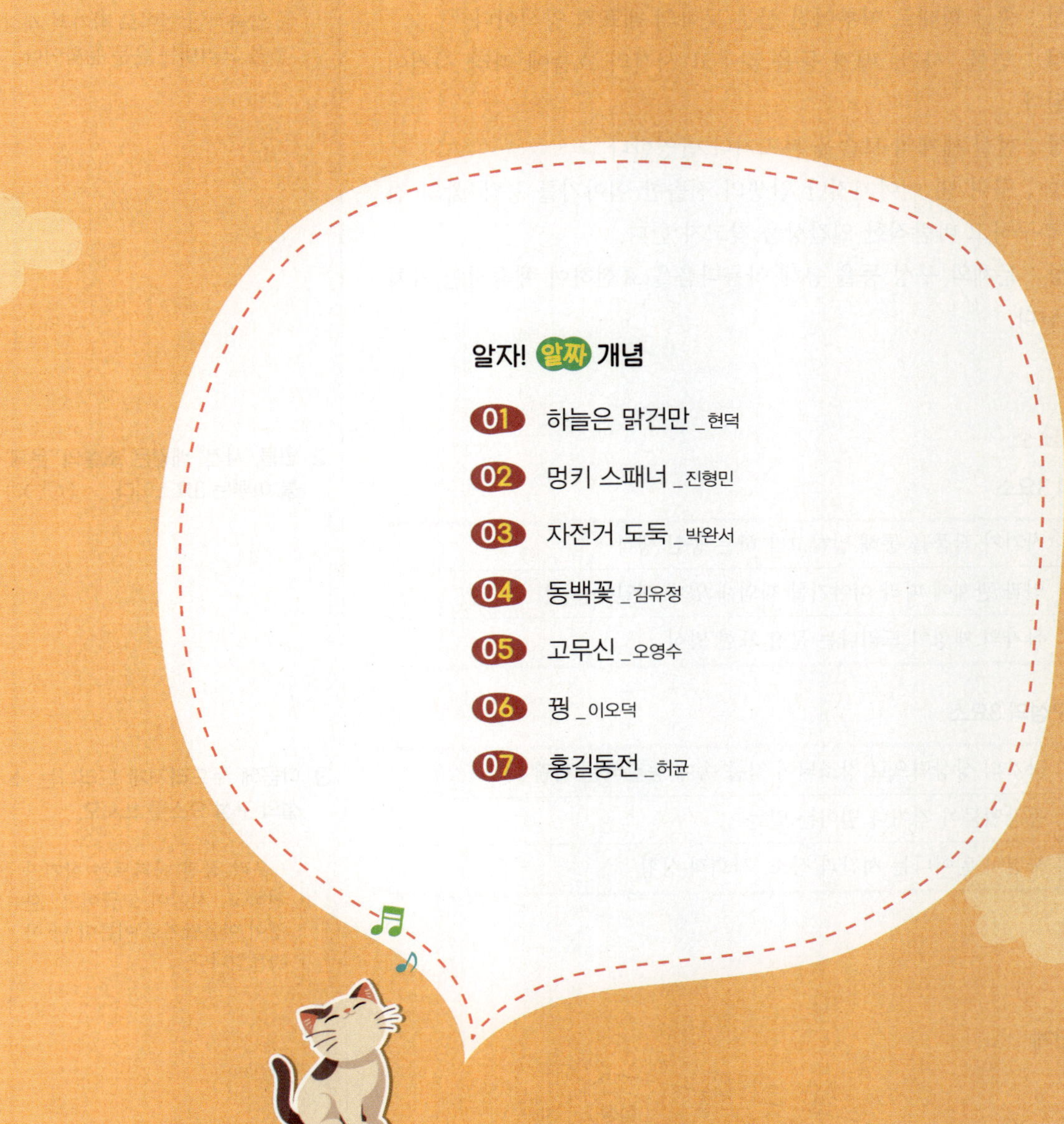

01 하늘은 맑건만 _현덕

02 멍키 스패너 _진형민

03 자전거 도둑 _박완서

04 동백꽃 _김유정

05 고무신 _오영수

06 꿩 _이오덕

07 홍길동전 _허균

❶ 소설의 개념

현실에 있음 직한 일을 작가가 상상하여 꾸며 쓴 이야기를 말한다.

❷ 소설의 특징

① 허구성 : 현실에 있음 직한 일을 작가의 상상력을 통해 꾸며 낸 이야기이다.

② 산문성 : 줄글 형태로 이루어진 산문 문학의 대표적 양식이다.

③ 서사성 : 인물, 사건, 배경 등을 갖추고 시간의 흐름에 따라 사건이 전개된다.

④ 모방성 : 현실 세계의 모습을 본뜨거나 반영한다.

⑤ 진실성 : 꾸며 낸 이야기지만 인생의 진솔한 이야기를 통해 삶의 진실을 추구하고 바람직한 인간상을 찾고자 한다.

⑥ 예술성 : 문체와 구성 등을 통해 아름다움을 표현하여 예술적인 가치를 지닌다.

❸ 소설의 요소

(1) 소설의 3요소

주제	작가가 작품을 통해 말하고자 하는 중심 생각
구성	인과 관계에 따라 이야기를 짜임새 있게 배열하는 것
문체	작가의 개성이 드러나는 문장 표현 방식

(2) 소설 구성의 3요소

인물	작가의 상상력으로 창조되어 작품 속에 등장하는 사람
사건	등장인물이 겪거나 벌이는 일들
배경	사건이 일어나는 시간과 장소, 사회적 상황

❹ 소설의 구성

(1) 구성 단계

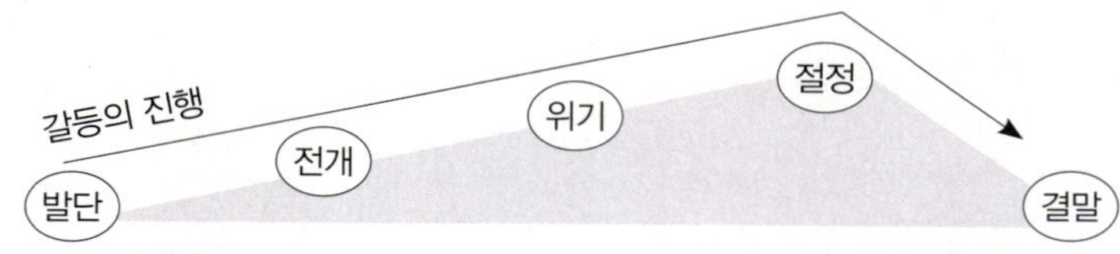

발단	전개	위기	절정	결말
• 인물, 배경 소개 • 사건의 시작	• 갈등의 표면화 • 사건의 진행	• 갈등이 깊어짐 • 긴장감 고조	• 갈등의 최고조 • 사건 해결의 실마리 제시	• 갈등의 해소 • 주인공의 운명 결정

---

1 소설에 대한 설명으로 알맞은 것은?

① 설득을 목적으로 하는 글이다.
② 객관적인 정보를 전달하는 글이다.
③ 실존 인물의 업적을 기록한 글이다.
④ 현실에 있음 직한 일을 꾸며 쓴 이야기이다.
⑤ 압축적인 언어로 작가의 개성을 드러내는 운문 문학이다.

2 인물, 사건, 배경은 소설의 '문체'를 이루는 3요소이다. (○, X)

3 다음에 두드러지게 드러나는 소설의 구성 요소를 쓰시오.

> 우리 궁전 아파트는 살기가 편하고, 시설이 고급이고, 환경이 아름답기로 이름이 난 아파트입니다.

4 소설의 구성 단계 중, 갈등이 최고조에 이르는 단계는 □□이다.

(2) 구성의 유형

시간의 흐름과 관련한 구성	순행적 구성	• 사건을 '과거 – 현재 – 미래'의 시간적 순서에 따라 구성하는 방법으로, 평면적 구성이라고도 함. • 사건을 일어난 순서대로 제시하여 내용을 파악하기에 쉬움.
	역순행적 구성	• 사건을 시간 순서가 아니라 작가의 의도에 따라 뒤바꾸어 구성하는 방법으로, 입체적 구성이라고도 함. • 등장인물의 회상이나 서술자의 서술 등에 의해 과거와 현재가 교차되기도 함.
액자식 구성		• 이야기 안에 또 다른 이야기가 들어 있는 구성 • 보통 '외부 이야기 → 내부 이야기 → 외부 이야기'로 구성됨.
일대기적 구성		• 인물의 일생 동안의 일에 초점을 맞추어 내용을 제시하고 전개하는 구성 • 주로 고전 소설에서 나타남.

⑤ 소설의 인물

(1) 인물의 유형

중요도에 따라	중심인물	작품에서 차지하는 비중이 큰 인물 예 〈춘향전〉의 '춘향'과 '몽룡'
	주변 인물	작품에서 차지하는 비중이 크지 않은 보조적 인물 예 〈춘향전〉의 '향단'과 '방자'
역할에 따라	주동 인물	작품의 주인공으로, 작가가 전달하려는 주제와 같은 방향으로 움직이는 인물 예 〈춘향전〉의 '춘향'
	반동 인물	주동 인물과 대립하여 갈등을 일으키는 인물 예 〈춘향전〉의 '변 사또'
성격의 변화에 따라	평면적 인물	작품의 처음부터 끝까지 성격의 변화가 없는 인물 예 〈흥부전〉의 '흥부'
	입체적 인물	작품 속 상황이나 환경의 변화에 따라 성격이 변하는 인물 예 〈흥부전〉의 '놀부'
대표성 유무에 따라	전형적 인물	사회의 특정 계층이나 집단을 대표하는 인물 예 〈심청전〉의 '심청'
	개성적 인물	그 인물만이 지니는 독특한 개성이 나타나는 인물 예 〈동백꽃〉의 '점순'

(2) 인물의 성격 제시 방법

① 직접 제시 : 서술자가 등장인물의 성격이나 심리를 직접 설명한다.

　예 민지는 성격이 느긋한 편이다.

② 간접 제시 : 인물의 행동, 대화, 외양 묘사를 통해 독자가 등장인물의 성격을 짐작하게 한다.

　예 옆집 할아버지는 언제나 구름처럼 흰 백발을 단정히 빗어 넘기고 동그란 테의 안경을 쓰고 깔끔한 옷을 입고 계신다.

5 사건을 '현재 – 과거 – 현재'의 순서에 따라 구성한 것은 '순행적 구성'이다.　　(O, X)

6 다음의 '심청'이 해당하는 인물 유형으로 알맞은 것은?(정답 2개)

> 심청은 소설의 주인공으로 중요도가 큰 인물이며 당시 사회의 효녀를 대표한다.

① 중심인물
② 반동 인물
③ 주변 인물
④ 입체적 인물
⑤ 전형적 인물

7 다음에 사용된 인물의 성격 제시 방법을 각각 쓰시오.

> (1) 바우는 얼굴이 새빨개지며 고개를 푹 숙였다.
> (2) 바우는 자기 마음을 모르는 아버지가 무척 원망스러웠다.

6 소설의 갈등

(1) 의미 : 인물의 내면이나 인물과 다른 대상 사이에서 일어나는 대립을 의미한다.

(2) 갈등의 역할

① 인물의 성격과 역할을 드러낸다.

② 사건에 긴장감을 조성하고 필연성을 부여한다.

③ 독자의 관심과 흥미를 불러일으킨다.

④ 갈등의 해결 과정을 통해 주제를 드러낸다.

(3) 갈등의 종류

내적 갈등	한 인물의 마음속에서 일어나는 심리적 갈등
외적 갈등	인물과 또 다른 인물, 혹은 인물과 그를 둘러싼 외부 세계 사이에서 일어나는 갈등 • 개인과 개인의 갈등 : 등장인물들의 성격이나 가치관의 대립에서 오는 갈등 • 개인과 사회의 갈등 : 개인과 사회 제도·관습·윤리와의 갈등 • 개인과 운명의 갈등 : 등장인물이 자신에게 주어진 운명에 의해 겪는 갈등 • 개인과 자연의 갈등 : 인물이 자연재해를 겪거나 자연에 도전하면서 겪는 갈등

7 소설의 배경

(1) 배경의 역할

① 작품에 현장감과 사실감을 부여한다.

② 분위기를 조성하여 소설의 주제를 암시한다.

③ 인물의 심리나 사건 전개를 알 수 있게 한다.

(2) 배경의 종류

시간적 배경	사건이 일어나는 시간, 시대, 계절 예 일제 강점기, 1970년대 봄
공간적 배경	사건이 벌어지는 장소, 지역 예 농촌 마을, 도시의 아파트
사회적 배경	사건이 일어나는 시대, 사회, 역사적 환경 예 신분에 따른 차별이 존재하던 사회

(3) 사회적 배경을 파악하는 방법

① 시대를 드러내는 시간적, 공간적 배경을 찾아본다.

② 작품 속에 사용된 소재를 통해 당시의 시대 상황을 파악한다.

③ 작품 속 인물들의 말과 행동을 통해 당시의 사회상을 파악한다.

개념 확인 문제

8 인물의 마음속에서 두 심리가 충돌하여 생기는 갈등을 □□ 갈등이라고 한다.

9 다음에 드러난 갈등의 종류를 쓰시오.

> "아래층인데요. 댁이 그런 식으로 말할 건 없잖아요? 나도 참을 만큼 참았다고요. 공동 주택에는 지켜야 할 규칙들이 있잖아요? 난 그 소리 때문에 병이 날 지경이에요."
> "여보세요, 난 날아다니는 파리나 나비가 아니에요. 내 집에서 맘대로 움직이지도 못하나요? 해도 너무하시네요."

10 '배경'은 소설의 분위기를 조성하고 이야기에 사실성을 부여하는 요소이다. (○, X)

11 인물을 둘러싼 사회 현실과 역사적·시대적 상황을 □□□ 배경이라고 한다.

⑧ 서술자와 시점

(1) 서술자 : 소설에서 인물의 성격이나 행위, 사건 등을 전달하는 사람

(2) 시점

① 소설에서 인물이나 사건을 바라보는 서술자의 시각이나 관점을 의미한다.

② 서술자의 위치와 관점에 따라 네 가지 유형으로 나눌 수 있다.

위치＼관점	인물의 내면까지 전달	관찰한 것을 전달
작품 안	**1인칭 주인공 시점** • 작품 속의 주인공인 '나'가 자신의 이야기를 함. • 주인공이 직접 자신의 이야기를 하므로 독자에게 신뢰감과 친근감을 줌. • 나 = 서술자 = 주인공	**1인칭 관찰자 시점** • 작품 속의 '나'가 중심인물에 대해 관찰하여 전달함. • '나'의 눈에 비친 외부 세계를 다룸. • 나 = 서술자 ≠ 주인공
작품 밖	**전지적 작가 시점** • 작품 밖의 서술자인 작가가 신처럼 모든 것을 아는 입장에서 인물의 행동, 심리, 사건을 서술함. • 독자의 상상력이 제한됨.	**작가 관찰자 시점** • 작품 밖의 작가가 관찰자가 되어 인물의 행동과 사건을 객관적으로 전달함. • 독자의 상상력이 개입될 여지가 많음.

⑨ 고전 소설

(1) 의미 : 일반적으로 1894년 갑오개혁 이전까지 지어진 우리 소설을 현대 소설과 구분하여 이르는 말이다.

(2) 특징

주제	착한 사람은 복을 받고 악한 사람은 벌을 받는다는 권선징악(勸善懲惡)적 주제가 대부분임.
구성	대체로 시간의 흐름에 따라 전개되며, 주인공이 태어나 죽을 때까지의 이야기를 다루는 일대기적 구성을 취함.
문체	운율이 있어 낭송하기 좋은 운문체와, 일상생활에서는 쓰이지 않고 문장에서만 주로 쓰이는 문어체를 사용함.
인물	성격의 변화가 없는 평면적 인물과 특정 집단의 성격을 대표하는 전형적 인물이 주로 등장함.
사건	대부분 우연적이고 비현실적임.
배경	시간적 배경은 막연한 경우가 대부분이고, 공간적 배경은 중국과 우리나라로 나눌 수 있으나 비현실적인 경우가 많음.
시점	대부분 전지적 작가 시점임.
결말	주로 행복한 결말임.

12 서술자가 작품 안에 위치하는 것은 (1인칭, 3인칭) 시점이다.

13 다음 소설의 시점을 쓰시오.

> 내가 위그든 씨의 사탕 가게에 처음으로 발을 들여 놓은 것은 아마 네 살쯤 되었을 때의 일이었던 것 같다. 하지만, 그 많은 싸구려 사탕들이 풍기던 향기로운 냄새는 반세기가 지난 지금까지도 내 머릿속에 생생히 되살아난다.

14 고전 소설에 대한 설명으로 알맞지 <u>않은</u> 것은?

① 대부분 권선징악적 주제를 담고 있다.
② 사건 전개가 필연적이고 현실적이다.
③ 공간적 배경이 비현실적인 경우가 많다.
④ 평면적이고 전형적인 인물이 주로 등장한다.
⑤ 대체로 시간의 흐름에 따라 사건이 전개된다.

01 하늘은 맑건만 ❶ _현덕

➕ **앞부분의 줄거리**   작은아버지(삼촌) 집에서 사는 문기는 작은어머니(숙모)의 심부름으로 고깃간에 갔다가, 고깃간 주인에게서 원래 받아야 할 돈보다 더 많은 거스름돈을 받는다. 문기는 친구 수만이의 꼬임에 빠져 거스름돈을 주인에게 돌려주지 않고, 수만이와 함께 마음껏 써 버린다. 그러던 문기는 작은아버지에게 훈계를 듣게 된다.

갈래	현대 소설, 단편 소설, 성장 소설
성격	사실적, 교훈적
시점	전지적 작가 시점
배경	• 시간적 : 일제 강점기(1930년대) • 공간적 : 어느 도시
제재	잘못 받은 거스름돈
주제	양심을 둘러싼 갈등과 정직한 삶의 중요성
특징	① 인물의 갈등과 심리 변화가 섬세하게 드러난다. ② 갈등 해결 과정을 통해 소년이 성장하는 과정이 드러난다. ③ 창작 당시의 시대상이 잘 드러난다.

가 문기는 아랫방에 내려와 혼자 되자 삼촌 앞에서보다 갑절 얼굴이 달아올랐다. ㉠지금까지 될 수 있는 대로 생각지 않으려고 힘을 써 오던 그 편에 정면으로 제 몸을 세워 놓고 보지 않을 수 없었다. 그러자 자기라는 몸은 벌써 삼촌의 이른바 나쁜 데 빠지고 만 것이다. 그야 ㉡자기는 수만이가 시켜서 한 일이니까 잘못이 없다는 것이지만 당초에 그것은 제 허물을 남에게 밀려는 얄미운 구실이 아니고 뭐냐. 그리고 문기는 이미 삼촌을 속이었다. 또 써서는 아니 될 돈을 쓰고 말았다. 아아, 일찍이 어머니를 여의고 아버지란 사람은 일상 천 냥 만 냥 하고 허한 소리만 하면서 남루한 주제에 거처가 없이 시골, 서울로 돌아다니는 사람이고, 어려서부터 문기를 길러 낸 사람이 삼촌이었다. 그리고 조카의 장래를 자기의 그것보다 더 중히 알고 염려하며 잘되어 주기를 바라는 삼촌이었다. ㉢그 삼촌의 기대에 어그러지지 않는 인물이 되어 보이겠다고 엊그제도 주먹을 쥐고 결심하던 문기가 아니냐. ㉣생각할수록 낯이 뜨거워지는 일이다.

나 마침내 문기는 공과 쌍안경을 집어 들고 문밖으로 나갔다. 어둑어둑 저물어 가는 행길이다. 문기는 골목으로 들어섰다. 대낮에 많은 사람 가운데에서 거리낌 없이 가지고 놀던 그 공이 지금은 사람이 드문 골목 안에서도 남이 볼까 두려워졌다. ㉤컴컴해질수록 더 허옇게 드러나 보이는 커다란 공을 처치하기에 곤란해 문기는 옆으로 꼈다 뒤로 돌렸다 하며 사람의 눈을 피한다. 쌍안경이 든 불룩한 주머니가 또 성화다. 골목 하나를 돌아서 나올 즈음 문기는 모르고 흘리는 것인 양 슬며시 쌍안경을 꺼내 길바닥에 떨어뜨렸다. 그리고 걸음을 빨리하여 건너편 골목으로 들어간다.

다 개천가 앞에 이르렀다. 거기서 문기는 커다란 공을 바지 앞에 품고 앉아서 길 가는 사람이 없기를 기다린다. / 자전거가 가고 노인이 오고 동이 뜬 그 중간을 타서 문기는 허옇게 흐르는 ⓐ물 위로 공을 던져 버렸다. 이어 양복 안주머니에 간직해 두었던 나머지 돈을 꺼내 들었다. 그것도 마저 던져 버리려다가 문득 들었던 손을 멈춘다. 그리고 잠시 둥실둥실 물을 따라 떠나가는 공을 통쾌한 듯 바라보다가는 돌아서 걸음을 옮긴다.

문기는 삼거리 고깃간을 향해 갔다. 그리고 골목으로 돌아가 ⓑ나머지 돈을 종이에 싸서 담 너머로 그 집 안마당을 향해 던졌다.

전개   작은아버지의 훈계를 듣고 (   )을 느낀 문기가 남은 돈을 고깃간집 안마당에 던짐.

스스로 정리 노트

◆ 문기의 내적 갈등(발단, 전개)

원인	고깃간에서 거스름돈을 잘못 받음.

↓

진행	• 수만이와 돈을 씀. • 두려우면서도 기쁨. • 작은아버지의 꾸중을 듣고 양심의 가책을 느낌.

↓

해결	공과 쌍안경을 버리고 돈을 고깃간집 마당에 던짐.

어휘 갈무리

* 당초 : 일이 생기기 시작한 처음.
* 허물 : 잘못 저지른 실수.
* 여의다 : 부모나 사랑하는 사람이 죽어서 이별하다.
* 남루하다 : 옷 따위가 낡아 해지고 차림새가 너저분하다.
* 성화 : 몹시 귀찮게 구는 일.

01 이와 같은 글을 감상하는 방법으로 적절하지 <u>않은</u> 것은?

① 인물이 겪는 갈등의 원인과 해결 과정을 파악한다.
② 서술자가 어떤 위치에서 내용을 전달하는지 파악한다.
③ 글쓴이가 겪은 일과 깨달음에 대해 공감하거나 비판한다.
④ 사건의 진행 과정에 따라 인물의 심리가 어떻게 변화하는지 살핀다.
⑤ 글의 내용과 유사한 자신의 경험을 떠올려 보고 스스로의 삶을 성찰한다.

02 [가]에 드러난 주된 갈등의 양상으로 알맞은 것은?

① 문기의 내적 갈등
② 삼촌의 내적 갈등
③ 문기와 삼촌의 외적 갈등
④ 문기와 수만이의 외적 갈등
⑤ 문기와 아버지의 외적 갈등

03 ㉠~㉤에 대한 설명으로 적절하지 <u>않은</u> 것은?

① ㉠ : 자신이 저지른 잘못을 되돌아보게 되었다는 의미이다.
② ㉡ : 자신의 행동을 합리화하려고 했었던 문기의 심리를 드러낸다.
③ ㉢ : 자신을 보살펴 준 삼촌을 실망시키고 싶지 않은 마음이 드러난다.
④ ㉣ : 자신을 돌볼 형편이 안 되는 아버지에 대한 부끄러움을 나타낸다.
⑤ ㉤ : 문기가 양심의 가책을 느끼고 있음이 드러나는 행동이다.

04 문기가 ⓐ, ⓑ의 행동을 한 이유로 가장 적절한 것은?

① 수만이 앞에서 당당해지기 위해
② 자기 잘못의 증거를 없애기 위해
③ 잘못을 바로잡고 양심을 되찾기 위해
④ 공놀이와 돈 쓰기에 싫증이 났기 때문에
⑤ 거스름돈을 많이 받은 것을 뒤늦게 깨달았기 때문에

➕ **중간 부분의 줄거리** 문기는 수만이에게 남은 돈을 고깃간집에 돌려줬다고 말한다. 그러나 문기의 말을 믿지 않은 수만이는 문기를 괴롭히기 시작한다.

라 그리고 수만이는 추근추근하게 쫓아다니며 은근히 골렸다. 철봉 틀 옆에 정신없이 선 문기를 불시
　　　　　몹시 끈덕지고 질기게　　　　　　　　　　　　　　　　　　　　　　　　　　　　　　뜻하지 아니한 때
에 다리오금을 쳐 골탕을 먹게 하였다. 단거리 경주 연습을 하는 척 달음박질을 하다가는 일부러 문기
　　　무릎 뒤쪽의 오목한 부분　　　　　　　　　　　　　　　　　　　　　　　　급히 뛰어 달려감
앞으로 달려들어 몸째 부딪는다. 그리고 으슥한 곳에서 단 둘이 만나는 때면 수만이는,

　"너, 네 맘대루만 허지. 나두 내 맘대루 헐 테다. 내 안 풍길 줄 아니? 풍길 테야."
　　　　　　　　　　　　　　　　　　　　　　　　　(소문을) 퍼뜨릴
하고 손을 들어 꼽는다.

　"풍기기만 하면 첫째 학교에서 쫓겨날 것이요, 둘째 너희 집에서 쫓겨날 것이요, 그리고 남의 걸 훔친

　거나 일반이니까 또 그런 곳으로 붙들려 갈 것이요." / 하고는 또, / "풍길 테다."

　사실 그다음 시간 교실을 들어갔을 때 문기는 크게 놀랐다. 칠판 한가운데, '김문기는 ○○○했다.'가

커다랗게 쓰여 있다.

　뒤미처 선생님이 들어왔다. 일은 간단히, 선생님이 한번 쳐다보고 누구 장난이냐, 하고 쓱쓱 지워 버

리고는 고만이었지만 선생님이 들어오고 그것을 지우기까지의 그동안 문기는 실로 앞이 캄캄했다.

　그러나 수만이는 그것으로 그만두지 않았다. 학교를 파해 거리로 나와서는 한층 심했다. 두어 칸 문

기를 앞세워 놓고 따라오면서 연해 수만이는,

　"앞에 가는 아이는 공공공했다지." / 그리고 점점 더해 나중엔 도적질을 거꾸로 붙여서,

　"앞에 가는 아이는 '질적도' 했다지." / 하고 거리거리 외며 따라오는 것이다.

마 문기 집 가까이 이르렀다. 수만이는 문기 앞으로 다가서며 작은 음성으로 조졌다.
　　　　　　　　　　　　　　　　　　　　　　　　　　　　일이나 말이 허술하게 되지 않도록 단단히 단속했다
　"너 지금으로 가지고 나오지 않으면 낼은 가만 안 둔다. 도적질했다 하구 똑바루 써 놀 테야."

　문기는 여전히 못 들은 척 걸음만 옮긴다. 자기 집 마당엘 들어섰다. 숙모는 뒤꼍에서 화초 모종을 하

는지, 여기 심어라, 저기 심어라 하고 아랫집 심부름하는 아이와 이야기하는 소리가 날 뿐 ⓐ집 안엔 아

무도 없다.

　그리고 눈앞에 보이는 붙장 안 앞턱에 잔돈 얼마와 지전 몇 장이 놓여 있다. 그리고 문밖엔 지금 수만
　　　　　　　　　　부엌 벽의 안쪽이나 바깥쪽에 붙여 만든 장
이가 돈을 가지고 나오기를 기다리고 섰다. 여기서 문기는 ㉠두 번째 허물을 범하고 말았다.

　"진작 듣지."
하고 빙그레 웃는 수만이 얼굴에다 ⓑ뺨을 때리듯 돈을 던져 주고 문기는 달아났다.

바 급한 걸음으로 문기는 네거리 하나를 지났다. 또 하나를 지났다. 또 하나를 지났다. ⓒ걸음은 차차

풀이 죽는다. 그리고 문기는 이런 생각을 하였다.

　'나는 몰래 작은어머니 돈을 축냈다. ⓓ그러나 갚으면 고만 아니냐. 그 돈 값어치만큼 밥도 덜 먹고 학
　　　　　　　　　　　　　　　　일정한 수나 양에서 모자람이 생기게 했다
　용품도 아껴 쓰고 옷도 조심해 입고 이렇게 갚으면 고만 아니냐.'

　몇 번이고 이 소리를 속으로 되뇌며 문기는 떳떳이 얼굴을 들고 집으로 들어갈 수 있을 만한 뱃심을
　　　　　　　　　　　　　　　　　　　　　　　염치나 두려움이 없이 제 고집대로 버티는 힘
만들려 한다. ⓔ그러나 일없이 공원으로 거리로 돌며 해를 보낸다.

◆ 문기와 수만이의 외적 갈등

| 원인 | • 문기가 남은 돈을 주인에게 돌려줌.
• 수만이 문기의 말을 믿지 않음. |

↓

| 진행 | 수만이 문기를 쫓아다니며 괴롭히고 도적질했다고 폭로하겠다며 협박함. |

↓

| 해결 | 문기가 숙모의 돈을 훔쳐 수만에게 줌. |

↓

문기의 내적 갈등을 심화시킴.

어휘 갈무리

* **추근추근하다** : 성질이나 태도가 몹시 끈덕지고 질기다.

* **축내다** : 일정한 수나 양에서 모자람이 생기게 하다.

* **뱃심** : 염치나 두려움이 없이 제 고집대로 버티는 힘.

* **일없이** : 아무런 까닭이나 실속 없이.

05 이 글의 등장인물에 대한 설명으로 알맞지 <u>않은</u> 것은?

① 문기는 주동 인물이자 중심인물이다.
② 문기는 순진하고 소심한 성격을 지녔다.
③ 수만이는 문기와 대립하는 반동 인물이다.
④ 수만이는 비열하고 욕심 많은 성격을 지녔다.
⑤ 수만이는 문기의 죄책감을 해소시키는 역할을 한다.

06 [라]에서 수만이의 행동에 따른 문기의 심리와 거리가 <u>먼</u> 것은?

① 놀람   ② 초조함   ③ 아쉬움
④ 불안함   ⑤ 두려움

07 내용 전개상 ㉠이 의미하는 바로 알맞은 것은?

① 거스름돈을 쓴 것
② 숙모의 돈을 훔친 것
③ 수만이와의 약속을 어긴 것
④ 수만이에게 협박을 당한 것
⑤ 수만이의 얼굴에 돈을 던진 것

08 ⓐ~ⓔ에 담긴 의미로 적절하지 <u>않은</u> 것은?

① ⓐ : 수만이로부터 문기를 보호해 줄 사람이 없다.
② ⓑ : 문기는 수만이를 원망스러워한다.
③ ⓒ : 문기는 자신의 행동에 대해 죄책감을 느낀다.
④ ⓓ : 문기는 죄책감에서 벗어나기 위해 자신을 애써 위로한다.
⑤ ⓔ : 문기는 집에 들어갈 자신이 없어 거리를 떠돌고 있다.

사 날이 저물어서 문기는 풀이 죽어 집 마루에 걸터앉았다. 숙모가 방에서 나오다 보고,

"너 학교에서 인제 오니?"

그리고 이어,

"너 혹 붙장 안의 돈 봤니?"

하다가는 채 문기가 입을 열기 전에 숙모는,

"학교서 지금 오는 애가 알겠니. 참 점순이 고년 앙큼헌 년이드라. 낮에 내가 뒤뜰에서 화초 모종을 내고 있는데 집을 간다고 나가더니 글쎄 돈을 집어 갔구나."

문기는 잠잠히 듣기만 한다. 그러나 속으로는 갚으면 고만이지 소리를 또 한 번 외어 본다.

아 그날 밤이었다. 아랫방 들창 밑에 훌쩍훌쩍 우는 어린아이 울음소리가 났다. 아랫집 심부름하는 아이 점순이 음성이었다. 숙모가 직접 그 집에 가서 무슨 말을 한 것은 아니로되 자연 ㉠그 말이 한 입 걸러 두 입 걸러 그 집에까지 들어갔고 그리고 그 집 주인 여자는 점순이를 때려 쫓아낸 것이다. 먼저는 동네 아이들이 모여 지껄지껄하더니 차차 하나 가고 둘 가고 훌쩍훌쩍 우는 그 소리만 남는다. ⓐ방 안의 문기는 그 밤을 뜬눈으로 새웠다.

> **위기** 문기는 수만이의 (　　　　　　　)으로 숙모의 돈을 훔치고, (　　　　　　　)가 누명을 씀.

자 이튿날 아침이다. ⓑ문기는 밥을 두어 술 뜨다가는 고만둔다. 뭐 그 돈을 갚기 위한 그것이 아니다. 도시 입맛이 나지 않았다.

　학교엘 갔다. 첫 시간은 수신 시간, 그리고 공교로이 제목이 '정직'이다. 선생님은 뒷짐을 지고 교단 위를 왔다 갔다 하며 거짓이라는 것이 얼마나 악한 것이고 정직이 얼마나 귀하고 중한 것인가를 누누이 말씀한다. 그리고 안경 쓴 선생님의 그 눈이 번쩍 하고 문기 얼굴에 머물렀다 가고 가고 한다.

　㉡그럴 때마다 문기는 가슴이 뜨끔뜨끔해진다. 문기는 자기 한 사람에게만 들리기 위한 정직이요, 수신 시간인 듯싶었다. 그만치 선생님은 제 속을 다 들여다보고 하는 말인 듯싶었다.

차 운동장에서도 문기는 풀이 없다. ⓒ사람 없는 교실 뒤 버드나무 옆 그런 데만 찾아다니며 고개를 숙이고 깊은 생각에 잠기거나 팔짱을 찌르고 왔다 갔다 하기도 한다. ⓓ그러다 누가 등을 치면 소스라쳐 깜짝깜짝 놀란다.

　언제나 다름없이 ㉢하늘은 맑고 푸르건만 문기는 어쩐지 그 하늘조차 쳐다보기가 두려워졌다. 자기는 감히 떳떳한 얼굴로 그 하늘을 쳐다볼 만한 사람이 못 된다 싶었다.

　언제나 다름없이 여러 아이들은 넓은 운동장에서 마음대로 뛰고 마음대로 지껄이고 마음대로 즐기건만 문기 한 사람만은 어둠과 같이 컴컴하고 무거운 마음에 잠겨 고개를 들지 못한다. 무엇보다도 문기는 전일처럼 맑은 하늘 아래서 아무 거리낌 없이 즐길 수 있는 마음이 갖고 싶다. ⓔ떳떳이 하늘을 쳐다볼 수 있는, 떳떳이 남을 대할 수 있는 마음이 갖고 싶었다.

스스로 정리 노트

◆ 문기의 내적 갈등(위기, 절정)

• 돈을 훔쳤다는 누명을 쓴 점순 이의 울음소리를 들음.
• 학교에서 수신 시간에 '정직'의 의미를 배움.

↓

죄책감에 시달림.
(내적 갈등 심화)

떳떳한 얼굴로 맑은 하늘을 쳐다보고 싶은 마음이 듦.

---

09 이 글의 내용과 일치하지 <u>않는</u> 것은?

① 문기는 점순이에게 미안해한다.
② 문기는 죄책감에서 벗어나고 싶어 한다.
③ 점순이는 누명을 쓰고 주인집에서 쫓겨난다.
④ 숙모는 점순이가 돈을 훔쳐 갔다고 확신한다.
⑤ 선생님은 문기의 잘못을 알고 수업 시간에 나무란다.

10 ㉠과 ㉡의 상황에 각각 어울리는 속담은?

	㉠	㉡
①	뿌린 대로 거둔다.	방귀 뀐 놈이 성낸다.
②	뿌린 대로 거둔다.	될성부른 나무는 떡잎부터 안다.
③	발 없는 말이 천 리 간다.	도둑이 제 발 저리다.
④	발 없는 말이 천 리 간다.	될성부른 나무는 떡잎부터 안다.
⑤	모로 가도 서울만 가면 된다.	도둑이 제 발 저리다.

11 ㉢을 통해 알 수 있는 문기의 심리 상태로 알맞은 것은?

① 자기 자신에게 당당하다.
② 절망 속에서도 희망을 갖는다.
③ 시련을 극복하려는 의지가 있다.
④ 양심을 속인 것을 부끄러워한다.
⑤ 앞일에 대한 기대로 부풀어 있다.

어휘 갈무리

* 들창 : 벽의 위쪽에 자그맣게 만든 창.
* 공교로이 : 생각지 않았거나 뜻하지 않았던 사실이나 사건과 우연히 마 주치게 된 것이 기이하다고 할 만하 게.
* 누누이 : 여러 번 자꾸.
* 소스라치다 : 깜짝 놀라 몸을 갑자기 떠는 듯이 움직이다.

12 ⓐ~ⓔ 중, 인물의 성격 및 심리 제시 방법이 <u>다른</u> 하나는?

① ⓐ   ② ⓑ   ③ ⓒ
④ ⓓ   ⑤ ⓔ

카 오후 해 저물녘이다. 문기는 책보를 흔들흔들 고개를 숙이고 담임 선생님 집 앞을 왔다가는 <u>무춤하</u>
<u>고</u> 섰다가 그대로 지나가고 그대로 지나가고 한다. 세 번째는 드디어 그 집 문 안을 들어서서 선생님을
놀라거나 어색한 느낌이 들어 갑자기 하던 짓을 멈추고
찾았다. 선생님은 문기를 안방으로 맞아들였다. 학교에서 볼 때 엄하고 딱딱하던 선생님은 의외로 부드
러이 웃는 낯으로 문기를 대한다.

문기는 선생님 앞에 엎드려 모든 것을 자백할 결심이었다. 그런데 선생님의 부드러운 태도에 도리어
문기는 말문이 열리지 않았다. 다음은 건넌방에서 어린애가 울어 못 했다. 다음은 사모님이 들락날락하
고 그리고 다음엔 손님이 왔다. 기어이 문기는 입을 열지 못한 채 물러 나오고 말았다.

먼저보다 갑절 무겁고 컴컴한 마음이었다. 도저히 문기의 약한 어깨로는 지탱하지 못할 무거운 눌림
이다. 걸음은 집을 향해 가는 것이지만 반대로 마음은 멀어진다. 장차 집엘 가서 대할 숙모가 두려웠고
삼촌이 두려웠고 더욱이 점순이가 두려웠다.

타 어느덧 걸음은 삼거리를 지나고 있었다. 문기 등 뒤에서 아주 멀리 뿡뿡 하고 자동차 소리와 비켜라
비켜라 하는 사람의 소리가 나는 듯하더니 갑자기 귀밑에서 크게 울린다. 언뜻 돌아다보니 바로 눈앞에
자동차 머리가 달려든다. 그리고 문기는 으쓱하고 높은 데서 아래로 떨어지는 듯싶은 감과 함께 정신을
잃고 말았다.

절정 문기가 자신의 잘못에 대해 괴로워하다가 ( )를 당함.

파 얼마 동안을 지났는지 모른다. 문기가 어렴풋이 눈을 떴을 때 무섭게 전등불이 밝아 눈이 부시었
다. 문기는 다시 눈을 감았다. 두 번째 문기는 눈을 뜨자 희미하게 삼촌의 얼굴이 나타나며 그것이 차차
똑똑해지더니 삼촌은,

"너 내가 누군 줄 알겠니?"
하고 웃지도 않고 내려다본다.

문기는 이것도 꿈인가 하고 한번 웃어 주려면서 그대로 맑은 정신이 났다. 문기는 병원 침대 위에 누
워 있었다. 어디 아픈 데는 없으면서도 몸을 움직일 수는 없다. 삼촌은 근심스런 얼굴로 내려다본다.

하 "작은아버지."/ 하고 문기는 입을 열었다. 그리고,

"저는 마땅히 받아야 할 벌을 받은 거예요."
하고 문기는 눈을 감으며 한 마디 한 마디 그러나 똑똑하게 처음서부터 끝까지 먼저 고깃간 주인이 일 원
을 십 원으로 알고 거슬러 준 것, 그 돈을 써 버린 것, 그리고 또 붙장 안의 돈을 자기가 훔쳐 낸 것, 이
렇게 하나하나 숨김없이 자백을 하자 이때까지 겹겹으로 싸고 있던 허물이 한 꺼풀 한 꺼풀 벗어지면서
따라 마음속의 어둠도 차차 사라지며 맑아 가는 것을, 문기는 확실히 깨달을 수 있었다. 마음이 맑아지
며 따라 몸도 가뜬해진다. 내일도 해는 뜨고 하늘은 맑아지리라. 그리고 문기는 그 하늘을 떳떳이 마음
가벼워지고 상쾌해진다
껏 쳐다볼 수 있을 것이다.

결말 문기가 ( )에게 잘못을 고백하고 죄책감에서 벗어남.

13 이 글의 특징에 해당하지 <u>않는</u> 것은?

① 교훈적인 주제가 담겨 있다.
② 인물의 심리가 세밀하게 묘사되고 있다.
③ 시대적 배경을 드러내는 어휘가 나타나 있다.
④ 작품 속 등장인물이 자신의 이야기를 들려주고 있다.
⑤ 일상에서 충분히 일어날 수 있는 일을 제재로 하고 있다.

14 이 글의 내용을 바르게 파악한 것은?

① 선생님은 평소에 문기를 다정하게 대해 주셨다.
② 문기는 죄책감 때문에 일부러 찻길로 뛰어들었다.
③ 문기는 수만이의 협박을 알리기 위해 선생님을 찾아갔다.
④ 문기는 삼촌에게 그간의 일을 고백하고 마음이 홀가분해진다.
⑤ 교통사고로 정신을 잃은 문기는 꿈에서 삼촌을 만나 모든 잘못을 자백한다.

◆ 대조를 통한 주제 강조

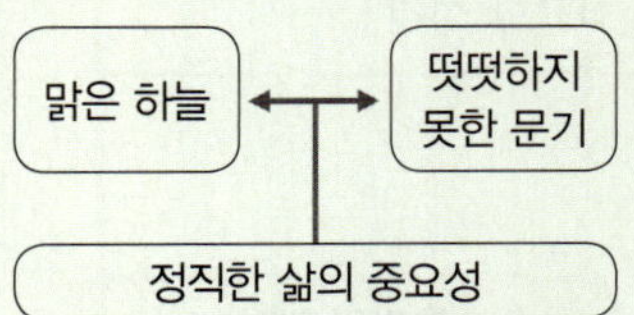

15 〈보기〉의 설명에 해당하는 소재를 찾아 한 단어로 쓰시오.

| 보기 |
- [하]의 '마음속의 어둠'과 대조를 이룬다.
- 문기의 마음을 비추는 거울이자 양심을 상징한다.

____

16 이 글의 주제와 가장 관련이 깊은 것은?

① 모란이 피기까지는
　나는 아직 나의 봄을 기다리고 있을 테요.
② 내가 바라는 손님은 고달픈 몸으로
　청포를 입고 찾아온다고 했으니,
③ 죽는 날까지 하늘을 우러러 / 한 점 부끄럼이 없기를,
　잎새에 이는 바람에도 / 나는 괴로워했다.
④ 엄마야 누나야 강변 살자. / 뜰에는 반짝이는 금모래빛
　뒷문 밖에는 갈잎의 노래 / 엄마야 누나야 강변 살자.
⑤ 이 몸이 죽고 죽어 일백 번 고쳐 죽어
　백골이 진토 되어 넋이라도 있고 없고
　임 향한 일편단심이야 가실 줄이 있으랴.

◆ 어휘 갈무리

＊ 책보 : 책을 싸는 보자기.
＊ 무춤하다 : 놀라거나 어색한 느낌이 들어 갑자기 하던 짓을 멈추다.
＊ 가뜬하다 : 마음이 가볍고 상쾌하다.

핵심 정리

갈래	현대 소설, 단편 소설, 성장 소설	성격	사실적, 교훈적	시점	전지적 작가 시점
배경	[시간적] 일제 강점기(1930년대)　　[공간적] 어느 도시			제재	잘못 받은 ①
주제	양심을 둘러싼 갈등과 정직한 삶의 중요성				
특징	① 인물의 갈등과 심리 변화가 섬세하게 드러난다. ② 갈등 해결 과정을 통해 소년이 성장하는 과정이 드러난다. ③ 창작 당시의 시대상이 잘 드러난다.				

◈ 이 글 전체의 구성

발단	전개	위기	절정	결말
문기가 작은어머니의 심부름으로 고깃간에 갔다가 거스름돈을 더 받음.	문기가 수만이와 함께 돈을 쓴 뒤, 작은아버지의 훈계를 듣고 남은 돈을 주인에게 돌려줌.	문기는 수만이의 협박에 못 이겨 작은어머니의 ②□을 훔치고, 그 누명을 점순이가 씀.	죄책감 때문에 괴로워하던 문기는 집으로 오는 길에 교통사고를 당함.	병원에서 깨어난 문기는 작은아버지에게 자신의 잘못을 모두 고백함.

◈ 등장인물의 성격

문기	소극적(소심함), 자신의 잘못을 반성할 줄 아는 순수하고 착한 성격
③□□	적극적(대범함), 비도덕적, 친구의 약점을 이용하는 비열하고 집요한 성격

◈ 갈등의 유형과 해결 과정에 따른 문기의 심리

갈등의 유형		해결 과정	문기의 심리
내적 갈등	• 수만이의 핑계를 대며 자신의 잘못을 합리화하려고 함. • 자신을 키워 준 작은아버지에게 꾸중을 듣고 양심의 가책을 느낌.	더 받은 거스름돈으로 산 공과 쌍안경을 버리고, 남은 돈을 고깃간집 안마당에 던짐. …	④□□□, 부끄러움 ▼ 통쾌함, 후련함
⑤□□ 갈등	• 남은 거스름돈을 주인에게 돌려주었다고 수만이에게 말함. • 수만이가 문기의 말을 믿지 않고 문기를 괴롭히고 협박함.	수만이의 협박에 못 이겨 작은어머니의 돈을 훔쳐 수만이에게 줌. …	불안함, 두려움, 초조함 ▼ 분노, 원망, 얄미움
내적 갈등	• 작은어머니의 돈을 훔친 후 점순이가 오해를 받자 괴로워함. • 담임 선생님에게 자신의 잘못을 고백하는 것을 망설임.	교통사고를 당한 후, 작은아버지에게 자신의 잘못된 행동을 고백함. …	죄책감, ⑥□□□, 괴로움 ▼ 후련함, 떳떳함

◈ 이 글의 시대적 배경을 드러내는 소재

고깃간, 일 원, ⑦□□ 시간, 책보 등　　➡　　일제 강점기(1930년대)

돈과 관련된 속담

꿈에 본 돈이다

아무리 좋아도 제 손에 넣을 수 없음을 비유적으로 이르는 말.

사람 나고 돈 났지 돈 나고 사람 났나

아무리 돈이 귀중하다 하여도 사람보다 더 귀중할 수는 없다는 뜻으로, 돈밖에 모르는 사람을 비난하여 이르는 말.

남의 돈 천 냥이 내 돈 한 푼만 못하다

아무리 적고 보잘것없는 것이라도 자기가 직접 가진 것이 더 나음을 비유적으로 이르는 말.

주머닛돈이 쌈짓돈이라

① 쌈지에 든 돈이나 주머니에 든 돈이나 다 한 가지라는 뜻으로, 그 돈이 그 돈이어서 구별할 필요가 없음을 비유적으로 이르는 말.
② 한 가족의 것은 내 것 네 것 가릴 것 없이 그 가족 전체의 것임을 비유적으로 이르는 말.

내 돈 서 푼은 알고 남의 돈 칠 푼은 모른다

제 것은 소중히 여기면서 남의 것은 대수롭지 않게 여기는 이기적인 사람을 비꼬는 말.

헷갈리는 단어 한자로 확인

受	信	修	身
받을 수	믿을 신	닦을 수	몸 신
전기적 신호를 받는 일		마음과 행실을 바르게 닦아 수양함	
受	信	修	身

思	惟	事	由
생각 사	생각할 유	일 사	말미암을 유
대상을 두루 생각하는 일		일의 까닭	
思	惟	事	由

02 멍키 스패너 ❶ _진형민

가 팔자 늘어졌구나 싶었다. 엄마 없이 일주일 동안 내 맘대로 살 수 있다니! 다저녁때까지 교복도 안 벗고 소파에서 뒹구는 건 평소라면 꿈도 못 꿀 일이다. 게다가 나한테는 현금 10만 원이 든 봉투도 있다. 급한 일 있을 때 쓰라고 엄마가 주고 간 돈이다.

> 저녁이 다 된 때

나중에 돈 생기면 사야지 했던 것들이 줄줄이 눈앞을 지나갔다. 앵두 빛깔 립밤과 고양이 휴대 전화 케이스와 편의점 과자 몇 개. 뭔가 특이하고 맛있겠다 싶은 과자들은 값이 전부 3천 원이 넘었다. 하지만 이제 가격표 따위 거들떠보지 않아도 된다. 눈 돌아가게 비싼 과자를 아침저녁으로 사 먹어도 돈이 남을 판이다.

"언니, 배고파." / 옆구리에 혹이 하나 붙어 있기는 했다. 나는 얼른 눈을 감고 자는 척했다. 여덟 살쯤 됐으면 밥 정도는 혼자 차려 먹을 수 있는 나이다. 나는 그 나이 때 내 밥을 알아서 차려 먹은 건 물론이고 우는 아기한테 분유를 타 먹일 줄도 알았다.

갈래	현대 소설, 단편 소설, 성장 소설
성격	사실적, 교훈적
시점	1인칭 주인공 시점
배경	• 시간적 : 현대 • 공간적 : 아파트
제재	멍키 스패너
주제	자신에게 닥친 문제를 해결해 나가며 얻은 자신감과 깨달음
특징	① 시간과 장소의 변화에 따라 사건이 전개된다. ② 문제 해결 과정을 통해 인물이 성장하는 과정이 드러난다. ③ 자신과 주변 사람들에 대한 인물의 인식 변화가 잘 드러난다.

나 그저께 화장실 전등불이 나갔기 때문이다. 엄마가 없는 줄 어떻게 알고 그날 밤 귀신같이 불이 나갔다. 화장실에는 창문이 없어서 낮에도 불을 안 켜면 뭐가 뭔지 하나도 보이지를 않는다. 그러니 어쩌겠나. 사실은 나도 화장실 문을 반쯤 열어 두고 볼일을 보는 중이다.

"언니이이이." / 한아가 또 나를 불렀다. 뒤를 길게 늘여 부른다는 건 자기가 해결할 수 없는 일이 생겼다는 뜻이다. 계속 자는 척할까 하다 그냥 일어났다. 슬슬 배가 고파 왔다.

"왜?" / 화장실 앞에서 물었다. 한아가 세면대 앞에서 손을 어정쩡하게 들고 나를 돌아봤다. 세면대 안에는 비누 거품 둥둥 뜬 물이 넘칠 듯 차 있었다. / "물이 안 내려가."

다 불이 안 들어오는 화장실에 물이 안 내려가는 세면대라니! ㉠일이 점점 더 꼬이고 있었다. 엄마가 집에 오려면 아직 4일이나 남았다.

일단 저녁밥을 먹기로 했다. 냉장고에서 감자조림과 시금치무침을 꺼내고 달걀을 두 개 부쳤다. 구운 김도 꺼내 포장지를 뜯었다. 한아가 식탁을 쓱 훑어보더니 장조림 담긴 통을 들고 왔다. 반찬 아껴 먹어야 한다고 잔소리를 할까 하다가 말았다. 지금은 그보다 더 중요한 문제가 있다. / 전등불이야 원래 오래 쓰면 저절로 나가고 했으니까 뭐 그렇다 치고, 세면대는 갑자기 왜 저럴까 생각해 봤다.

라 아무튼 세면대 물이 안 내려가는 이유는 우리 자매가 이토록 긴 머리를 세면대에 거꾸로 쏟아 넣고 샴푸를 쭉쭉 짜서 구석구석 비벼 감고 헹구는 동안 배수구 구멍으로 빠져나간 머리카락들 때문이라고 짐작됐다. 그러니 이를 어쩌면 좋단 말인가. 밥을 한 그릇 다 먹었는데도 적당한 방법이 떠오르지 않았다. 밥을 한 그릇 더 먹어 보기로 했다.

> **발단** ( )가 집을 비운 사이에 화장실 전등불이 나가고 세면대가 막히는 문제가 발생함.

◆ '나'가 처한 상황과 그에 따른 생각의 변화

첫 번째 날
- 상황 : 엄마가 일주일 동안 집을 비우게 됨.
- 생각 : 편하게 지내며 돈을 마음껏 쓸 수 있으리라 기대함.

↓

세 번째 날
- 상황 : 그저께 화장실 전등불이 나간 데 이어 세면대의 물이 안 내려감.
- 생각 : 당황스럽고 엄마가 없는 기간이 길게 느껴짐.

어휘 갈무리

*팔자 늘어지다 : 근심이나 걱정 따위가 없고 사는 것이 편안하다.

*다저녁때 : 저녁이 다 된 때.

*혹 : 짐스러운 물건이나 일 따위를 비유적으로 이르는 말.

*배수구 : 물을 빼내거나 물이 빠져나가는 곳.

---

01 이 글에 대한 이해로 적절하지 <u>않은</u> 것은?

① '한아'는 평소에 언니인 '나'에게 많이 의지하고 있다.
② '나'와 '한아'는 엄마가 없는 사이에 갈등을 일으키고 있다.
③ '나'는 세면대가 막히자 엄마 없는 기간을 길게 느끼고 있다.
④ '나'는 화장실 전등불이 나간 것을 고치지 않은 채 생활하고 있다.
⑤ '나'는 머리카락 때문에 세면대가 막혔을 것이라고 생각하고 있다.

02 다음은 '나'가 처한 상황과 그에 따른 생각의 변화를 정리한 것이다. 적절하지 <u>않은</u> 것은?

	상황	생각
엄마가 집을 비운 첫 번째 날	엄마가 일주일 동안 집을 비우게 되었음 …… ①	• 집에 어른이 없어 불편할 것이라고 생각함 ………… ② • 10만 원으로 평소에 사지 못했던 것들을 사려고 함 …… ③
↓		
엄마가 집을 비운 세 번째 날	세면대가 막힘 ……… ④	머리카락 때문이라고 짐작하며 해결 방법을 고민함 ………… ⑤

03 ㉠의 상황과 어울리는 한자 성어는?

① 감언이설(甘言利說)
② 고진감래(苦盡甘來)
③ 금상첨화(錦上添花)
④ 설상가상(雪上加霜)
⑤ 전화위복(轉禍爲福)

04 [가]에서 〈보기〉의 설명에 해당하는 단어를 찾아 쓰시오.

┤ 보기 ├
- '나'의 동생인 '한아'를 비유한 말
- '나'가 동생을 귀찮게 여기고 있음을 알 수 있는 말

마 학교 갔다 집에 오는 길에 철물점에 들렀다. 만년철물점. 볼 때마다 가게 이름이 좀 지나치다는 생각이 들었다. 천년만년 철물점을 하겠다는 뜻인 것 같은데, 뭘 그렇게까지 굳센 의지로 장사를 하나 싶었다.

"할머니." / 가게 안으로 들어가 주인 할머니를 불렀다. 만년철물점은 경빈이 할머니네 가게다. 경빈이는 한아 어린이집 친구인데 한동안 할머니랑 살다가 학교 들어가면서 다시 엄마 집으로 갔다. ㉠그 뒤로 할머니는 한아를 볼 때마다 경빈이 안 보고 싶냐고 물으면서 사탕도 주고 요구르트도 준다.

"뭐 주랴?" / 할머니가 구석에서 식사하다 말고 나왔다. 점심을 먹기에는 늦은 시간이었다.

"아뇨, 뭐 사러 온 건 아니고……."

교복 윗도리 주머니에 두 손을 밀어 넣었다. 뭘 사러 온 게 아니라서 괜히 눈치가 보였다.

"집에 세면대 물이 안 내려가서요."

"물이 쫄쫄쫄 내려가? 아니면 아예 안 내려가?" / "아예 안 내려가요."

바 "그거는 저기다 물어봐야지."

할머니가 길 건너 가게를 가리켰다. ㉡한성설비, 맨날 지나다니는 길인데 저런 가게가 있는 줄 처음 알았다. 세면대, 화장실, 싱크대, 막힌 건 뭐든 다 뚫어 주는 데라고 했다. 역시 세상에 해결하지 못할 일은 없다. 나는 엄마가 주고 간 돈을 좀 쓰더라도 세면대를 뚫기로 했다.

"대충 얼마쯤 해요?"

비싸 봤자 얼마나 비싸겠냐고 헐렁하게 생각한 것 같다. 코앞에 있는 아파트에 와서 고작 머리카락
행동이 조심스럽지 않고 믿음직스럽지 못하게
좀 빼 주는 일이었다. 그런데 할머니 말을 듣고 뒤로 넘어갈 뻔했다. 한성설비 사장님은 이것저것 못 고치는 게 없는 기술자라서 어디든 한 번 방문할 때마다 기본 출장비가 5만 원이라고 했다. 아직 출장비를 낸 것도 아닌데 피 같은 돈을 왕창 뜯긴 기분이 들었다.

➕ 중간 부분의 줄거리 ㉢할머니는 출장비가 비싸다고 생각해서 얼굴을 찌푸리는 '나'에게, 그러면 관리 사무소에 가서 부탁해 보라고 알려 주셨다. 그 말에 혹시나 하고 관리 사무소를 찾아가지만, 세면대를 고치려면 엄마도 없는 집에 관리 사무소 아저씨가 들어와야 한다는 사실을 깨닫고 난감해하다 그냥 나온다.

사 한아는 김치찌개 안에 있는 꽁치를 세 토막이나 먹었다. 밑반찬만 놓고 밥을 먹다가 찌개가 있으니 좋은 모양이었다. 나도 찌개 국물에 밥을 자작자작 비벼 한 그릇을 다 비웠다.
액체가 점점 잦아들어 적은 모양
"집에 별일 없니?"

㉣외숙모가 냄비에 남은 김치찌개를 통에 담아 주며 물었다. 한아가 내 얼굴을 올려다봤다. 화장실 불이 안 들어오고 세면대 물이 안 내려간다는 얘기를 해도 되는지 눈으로 묻고 있었다. 나는 한아를 보며 고개를 슬쩍 내저었다. 우리도 엄마 없이 지내고 있지만 외숙모도 외삼촌 없이 혼자 버티는 중이었다. 엄마랑 외삼촌은 일 때문에 광주까지 트럭을 끌고 내려갔고, 일을 마칠 때까지는 집에 돌아오지 못할 것이다.

㉤"아무 일 없어요." / "그래. 우리 소풍이도 아빠 올 때까지 잘 있다 나올 거지?"

외숙모가 부른 배를 내려다보며 물었다. 소풍이는 외숙모 배 속에 있는 아기의 별명이다. 세상에 소풍 오듯이 즐겁게 오라고 삼촌이 지어 줬다고 했다.

전개 '나'는 세면대를 고치기 위해 철물점과 (   )에 들르지만 문제를 해결하지 못함.

05 이와 같은 글의 특성으로 알맞지 <u>않은</u> 것은?

① 현실에 있을 법한 일들을 다룬다.
② 작가의 상상력을 바탕으로 꾸며 낸 글이다.
③ 갈등이 시작되고 해소되는 과정이 드러난다.
④ 인물과 사건에 대해 전달하는 서술자가 있다.
⑤ 생각이나 느낌을 운율이 있는 언어로 압축하여 표현한다.

06 이 글의 시점에 대한 설명으로 알맞지 <u>않은</u> 것은?

① 독자에게 친근감을 준다.
② 서술자가 작품 속에 있다.
③ '나'가 중심인물을 관찰한다.
④ 서술자와 주인공이 일치한다.
⑤ '나'가 자신의 이야기를 직접 한다.

◆ 문제 해결을 위한 '나'의 행동

① 만년철물점 할머니에게 물어봄.
② 관리 사무소에 찾아감.

◆ '나'에게 도움을 주는 사람들

| 만년철물점 할머니 | 한성설비와 관리 사무소에 가 보라고 조언을 해 주심. |
| 외숙모 | 스스로 밥을 챙겨 먹어야 하는 '나'와 한아를 위해 음식을 챙겨 주심. |

07 이 글을 읽은 학생들의 감상으로 적절하지 <u>않은</u> 것은?

① 민서 : '나'는 만년철물점이라는 이름이 과하다고 생각하고 있어.
② 하준 : '나'는 세면대를 고치기 위해 주변에 도움을 청하고 있어.
③ 주은 : '나'는 문제를 해결하기 위해 철물점과 외숙모 댁을 찾아갔어.
④ 승수 : 철물점 할머니는 '나'에게 도움을 주려고 하는 고마운 분이야.
⑤ 한비 : '나'는 출장비가 비싸다고 생각해서 한성설비를 찾아가지 않았어.

08 ㉠~㉤에 나타난 인물의 태도를 바르게 이해하지 <u>못한</u> 것은?

① ㉠ : 할머니가 한아를 보면 경빈이가 떠올라 먹을거리를 주신 것이다.
② ㉡ : '나'는 평소 주변에 무엇이 있는지 관심이 없다.
③ ㉢ : 할머니가 '나'에게 조언해 주신 또 다른 해결 방법이다.
④ ㉣ : 외숙모가 엄마 없이 밥을 먹어야 하는 '나'와 한아를 위해 음식을 챙겨 주신 것이다.
⑤ ㉤ : '나'는 임신한 외숙모가 문제 해결에 도움이 되지 않을 것이라고 생각하고 있다.

어휘 갈무리

* 헐렁하다 : 행동이 조심스럽지 아니하고 믿음직스럽지 못하다.
* 코앞 : 아주 가까운 곳.
* 자작자작 : 액체가 점점 잦아들어 적은 모양.
* 내젓다 : 고개를 좌우로 흔들다.

아 길 건너에 자전거 가게가 보였다. 다행히 문이 열려 있었다. 사장님이 자전거 바퀴에 바람을 넣다 말고 우리를 알은체를 했다. ㉠우리는 자전거를 다 여기서 샀고, 한아 자전거에 붙어 있던 보조 바퀴도 여기 와서 뗐다. 사장님이 조임쇠를 풀어 양쪽 보조 바퀴 떼는 모습을 바로 옆에서 전부 지켜 봤다.
무엇을 죄는 데에 쓰는 나사받이나 나사못

내가 찾는 것은 사장님의 공구 상자 안에 있었다. 신기하게도 한눈에 알아볼 수 있었다. 나는 그쪽으
물건을 만들거나 고치는 데에 쓰는 기구나 도구
로 성큼성큼 걸어갔다. 그런데 손에 쥐니 생각보다 좀 무거웠다. 할 수 있겠어? 나를 시험하는 것 같아 문득 오기가 생겼다. 손아귀에 힘을 꽉 주고 사장님을 돌아보며 물었다.
엄지손가락과 다른 네 손가락과의 사이

"저, 이거 잠깐만 빌려주시면 안 돼요?"

어젯밤 양치질을 하는데 한아가 칫솔을 입에 문 채 세면대를 계속 힐끔거렸다. 세면대에는 여전히 물이 넘실대고 있었다. 하루 종일 화장실을 왔다 갔다 하며 물이 빠졌나 들여다봤지만 거의 달라지지 않았다. 한아가 나를 빤히 올려다봤다. / "언니, 얘 어떡해?"

어두워서 다른 건 잘 보이지도 않는데 이상하게 한아 눈동자가 똑똑히 보였다. 두 눈에 근심이 가득 차 있었다. 그래서 나도 모르게 말했다.

"내일 고칠 거야." / "누가?" / "언니가."

자 ㉡한번 해 보지, 뭐. 안 되면 말고.

나는 이불 속에서 '막힌 세면대 뚫는 법'에 관한 동영상을 스무 개쯤 찾아봤다. 그리고 마침내 가장 확실해 보이는 방법을 발견했다. 요 정도는 얼추 따라 할 수 있겠다 싶었고, 무엇보다 돈이 전혀 들지 않는다는 점이 마음에 들었다. 그런데 도구가 하나 필요했다. 동영상에 나온 사람이 손에 들고 있는 도구 이름을 알려 줬다. 멍키 스패너. 나는 그걸 어디서 봤는지 금방 기억해 냈다.

자전거 가게 사장님은 멍키 스패너를 어디에 쓰려고 하는지 꼬치꼬치 묻더니, 쓰고 나서 바로 가져와
낱낱이 따지고 캐어묻는 모양
야 한다고 몇 번이나 말했다. 나는 그러겠다고 대답했다. 가방에 멍키 스패너를 챙겨 넣고 다시 자전거에 올라타는데 사장님이 우리 자전거 체인에 기름을 조금씩 발라 주었다.

> **위기** '나'는 스스로 세면대를 고치기로 결심하고 자전거 가게에서 (　　　　　　)를 빌림.

차 너트를 꽉 물도록 멍키 스패너의 입 크기를 조절하고 힘주어 왼쪽으로 돌렸다. 한두 번은 좀 **빽빽**하게 돌아갔지만 그 뒤로는 술술 풀렸다. 양쪽 너트가 모두 헐렁해지자 배수관의 구부러진 부분이 통째로 떨어져 나왔다. / "으아악!"
물을 빼내거나 물이 빠져나가는 관

배수관 끝에 검고 축축한 덩어리가 늘어져 있었다. 오래된 늪에서 건져 올린 쓰레기 같았다. 냄새도 지독했다. / ㉢"한아야, 나가 있어."

㉣한아가 손가락으로 코를 꽉 쥔 채 고개를 도리도리했다. 코딱지만 한 게 그래도 의리가 있다.

"그럼 이거 들고 있어. 여기 잘 보이게."

휴대 전화 손전등을 켠 다음 한아 손에 쥐여 주었다. ㉤어두침침하던 세면대 아래가 환해졌다. 나는 숨을 꾹 참고, 철사 옷걸이를 꼬챙이처럼 만들어 배수관 안으로 밀어 넣었다. 물때가 잔뜩 낀 머리카락 뭉치가 바닥으로 툭 떨어졌다. 세면대 물이 못 내려가게 막고 있던 범인이었다.

스스로 정리 노트

◆ **스스로 문제를 해결하기 위한 '나'의 행동**

① 동영상을 찾아봄.
② 자전거 가게에서 멍키 스패너를 빌림.
③ 직접 배수관을 분리하고 머리카락을 제거함.

◆ **'나'에게 도움을 주는 사람들**

자전거 가게 사장님	• 멍키 스패너를 빌려줌. • 자전거가 잘 나갈 수 있게 체인에 기름을 발라 줌.
한아	• 고약한 냄새가 나는데도 옆에서 휴대 전화 손전등을 비춰 줌.

어휘 갈무리

* **알은체** : 사람을 보고 인사하는 표정을 지음.
* **조임쇠** : 무엇을 죄는 데에 쓰는 나사받이나 나사못 따위.
* **오기** : 능력은 부족하면서도 남에게 지기 싫어하는 마음.
* **멍키 스패너** : 나사 따위의 머리를 죄거나 푸는 공구의 일종.
* **너트** : 쇠붙이로 만들어 볼트에 끼워서 기계 부품 따위를 고정하는 데에 쓰는 공구

---

09 '나'가 세면대를 직접 고치겠다고 결심한 원인으로 가장 알맞은 것은?

① 한아의 근심하는 눈동자를 보고
② 고치는 데 돈이 전혀 들지 않아서
③ 자신의 능력을 시험해 보기 위해서
④ 멍키 스패너를 사용해 보고 싶어서
⑤ 고치지 않으면 엄마에게 혼날 것 같아서

10 이 글에 나타난 인물들의 행동과 성격을 정리하였다. 알맞지 <u>않은</u> 것은?

	인물들의 행동	성격
①	'나'가 여러 개의 동영상을 찾아보고 마침내 해결 방법을 발견함.	적극적이다.
②	'나'가 자전거 가게에서 멍키 스패너를 빌림.	의존적이다.
③	자전거 가게 사장님이 멍키 스패너를 빌려줌.	친절하다.
④	자전거 가게 사장님이 자전거 체인에 기름을 발라 줌.	자상하다.
⑤	한아가 옆에서 휴대 전화 손전등을 비춰 줌.	의리가 있다.

11 〈보기〉의 설명에 해당하는 소재를 찾아 2어절로 쓰시오.

┤ 보기 ├

• '나'가 자신에게 닥친 문제를 스스로 해결하는 데 도움을 주는 도구이다.
• '나'가 자신감을 얻고 한층 성장하게 되었음을 상징하는 물건이다.

12 ㉠~㉤에 대한 설명으로 적절하지 <u>않은</u> 것은?

① ㉠ : '나'가 자전거 가게 사장님과 친분이 있음을 알 수 있다.
② ㉡ : 스스로 문제를 해결하겠다는 '나'의 각오를 보여 준다.
③ ㉢ : '나'가 한아를 성가시게 여기고 있음을 드러내는 말이다.
④ ㉣ : 한아가 언니와 함께 있겠다는 뜻을 행동으로 나타낸 것이다.
⑤ ㉤ : 한아의 도움으로 문제 해결이 수월해졌음을 알 수 있다.

카 "틀어? 튼다?" / 한아가 수도꼭지를 잡고 자꾸 물었다. 마음이 조마조마한 듯했다. 사실은 나도 그랬다.

쏴아아 물이 쏟아졌다. 세면대에 잠깐 차오르던 물이 마개 틈새로 빠져나가기 시작했다. 꼬르륵, 꼬르르륵, 마지막 물 한 방울까지 싹 내려가고 세면대가 텅 비었다.

ⓐ "별것도 아니네." / 내가 말했다.

"별것도 아니네." / 한아가 내 말을 따라 하며 웃었다.

절정 '나'는 멍키 스패너를 이용해 한아와 함께 막힌 ( )를 고침.

➕ **중간 부분의 줄거리** '나'는 내친김에 화장실 전등불 문제를 해결하기로 하고 만년철물점에서 전구를 산다. 할머니는 전구 가는 법과 주의할 점을 자세히 알려 주신다. '나'는 할머니가 오래 사셔서 만년철물점이 천년만년 이 자리에 계속 있기를 바란다.

타 나는 유리컵 두 개에 오렌지주스를 따랐다. 엄마는 한아한테 유리컵 주지 말라고, 깨뜨리면 다친다고 했지만 그렇다고 언제까지나 플라스틱 컵만 쓰게 할 수는 없다.

"두 손으로 꼭 쥐어." / 주스는 유리컵에 마셔야 더 맛있고 더 멋있다. 한아도 이 맛과 멋을 누릴 자격이 있다. 우리는 챙 소리 나게 건배하고 주스를 마셨다.

밤에 엄마한테 전화가 왔다.

"한아는?" / "자." / "무슨 일 없지?" / "어."

"엄마 월요일 밤에 올라갈 거야. 집에 가면 열두 시 넘을지도 몰라."

"알았어. 근데 엄마, 나 엄마가 준 돈으로 뭐 하나만 사도 돼?" / "뭐?"

"그냥 갖고 싶은 거 있어서. 만 오천 원이야. 너무 비싸?" / "아니야. 사고 싶은 거 사. 밥 잘 챙겨 먹고."

전화를 끊고 누워서 오른쪽 손바닥을 폈다. 멍키 스패너를 꼭 쥐었을 때의 느낌이 아직도 생생했다. 내 손아귀의 힘이 스패너를 통과하면서 몇 배로 커지는 느낌이었다. 스패너를 쥔 내 손이 단단히 조여져 도무지 풀릴 것 같지 않던 너트를 거뜬히 움직였고, 나는 그런 내 모습이 마음에 들었다. 어떤 일에도 호들갑 떨지 않고 상대의 심장을 쿡쿡 찌르는 말을 내뱉는 사람은 되지 못했지만, 스패너를 손에 쥐고 고장 난 것들을 스스로 척척 고치는 사람은 될 수 있을 것 같았다.

파 아까 철물점에 전구 사러 갔을 때 벽에 걸린 스패너들을 봤다. 반짝이는 새 스패너들이 크기별로 나란히 걸려 있었다. 손잡이가 노란색인 것도 있고 초록색인 것도 있었다. 할머니가 한아를 옆에 앉혀 놓고 김에 밥을 싸서 입에 넣어 주는 동안, 나는 스패너와 드라이버와 펜치를 천천히 구경했다.

"할머니, 이거 얼마예요?" / "뭐? 그거는 만 오천 원."

나는 초록색 손잡이 스패너를 만지작대다가 도로 걸어 두었다. / 옆에서 쌕쌕 숨 쉬는 소리가 들렸다. 한아는 저녁밥을 먹자마자 잠이 들었다. 나도 잠이 쏟아졌다. 일어나 불을 끄고 다시 누웠다. 우리는 엄마 없는 다섯 번째 밤을 보내는 중이고 모든 것이 제자리로 돌아와 있었다.

잘했어, 김한경.

나는 눈을 감은 채 혼자 웃었다. 엄마가 오려면 이제 이틀 남았다.

결말 ( )을 얻은 '나'는 화장실 전구를 간 다음 멍키 스패너도 사겠다고 마음먹음.

스스로 정리 노트

13 〈보기〉는 이 글을 읽은 학생들의 대화이다. 적절하지 <u>않은</u> 의견을 말한 사람은?

| 보기 |

지호 : 주인공은 어린 나이인데도 동생과 함께 막힌 세면대를 고쳤어.
준서 : 그래. 멍키 스패너를 빌려서 스스로 문제를 해결한 게 정말 대견해.
다예 : 우리도 힘든 일이 있다고 쉽게 포기하면 안 될 것 같아.
재민 : 도움을 받은 만년철물점에 대한 주인공의 생각도 바뀌었어.
은지 : 나도 문제가 생기면 다른 사람의 도움 없이 혼자서 해결해야겠어.

① 지호　　② 준서　　③ 다예　　④ 재민　　⑤ 은지

◆ '나'의 태도 변화

| 세면대를 고치기 전 |

- 화장실 전등불이 나간 채로 생활함.
- 한아가 아기 취급 받으며 편하게 산다고 생각함.
- 만년철물점이라는 가게 이름이 지나치다고 생각함.
- 립밤과 휴대 전화 케이스 등이 갖고 싶음.

↓

| 세면대를 고친 후 |

- 화장실 전구를 직접 교체함.
- 한아가 언제까지나 플라스틱 컵만 쓸 수는 없다고 생각함.
- 만년철물점이 계속 유지되면 좋겠다고 생각함.
- 멍키 스패너가 갖고 싶음.

→ '나'가 한층 성장했음을 알 수 있음

14 세면대를 고친 경험이 '나'에게 가져온 변화로 적절하지 <u>않은</u> 것은?

① 이전의 자신에 비해 한층 성장한 모습을 보인다.
② 문제 상황을 피할 수만은 없다는 사실을 알게 된다.
③ 문제를 스스로 해결하려는 노력이 중요함을 깨닫는다.
④ 주변에서 도움을 주는 사람들에 대해 고마움을 느낀다.
⑤ 서로 의견이 다른 사람을 설득하는 방법을 익히게 된다.

15 ⓐ에서 알 수 있는 '나'의 심리로 알맞은 것은?

① 불안함　　② 아쉬움　　③ 자만심
④ 자신감　　⑤ 안타까움

어휘 갈무리

* 내친김 : 이왕 일이나 이야기 따위를 시작한 때.
* 거뜬히 : 다루기에 매우 손쉽고 가볍게.
* 펜치 : 손에 쥐고 철사를 끊거나 구부리거나 하는 데에 쓰는 공구.

16 〈보기〉의 설명과 관련 있는 소재를 본문에서 찾아 한 단어로 쓰시오.

| 보기 |

- 함께 세면대를 고친 한아도 맛과 멋을 누릴 자격이 있음을 의미하는 소재
- 문제 상황을 피하지 않겠다는 '나'의 다짐을 나타내는 소재

핵심 정리

갈래	현대 소설, 단편 소설, 성장 소설	성격	사실적, 교훈적
시점	1인칭 ① ☐☐☐ 시점	배경	[시간적] 현대　[공간적] 아파트
제재	멍키 스패너	주제	자신에게 닥친 문제를 해결해 나가며 얻은 자신감과 깨달음
특징	① ② ☐☐ 과 장소의 변화에 따라 사건이 전개된다. ② 문제 해결 과정을 통해 인물이 성장하는 과정이 드러난다. ③ 자신과 주변 사람들에 대한 인물의 인식 변화가 잘 드러난다.		

◈ 이 글 전체의 구성

발단	전개	위기	절정	결말
엄마가 집을 비운 사이에 화장실 전등불이 나가고 세면대가 막힘.	‘나’는 세면대를 고치기 위해 철물점과 관리 사무소에 들르지만 고치지 못함.	‘나’는 스스로 세면대를 고치기로 결심하고 ③ ☐☐☐ 가게에서 멍키 스패너를 빌림.	‘나’는 멍키 스패너를 이용해 한아와 함께 막힌 세면대를 고침.	‘나’는 화장실 전구도 갈고 멍키 스패너를 사겠다고 마음먹음.

◈ ‘나’의 태도 변화와 성장 과정

세면대를 고치기 전	세면대를 고친 후
• 문제가 생겨도 해결하려고 하지 않음. • 남에게 보이는 모습을 중요하게 여김. • 주변에 관심이 없음.	• 문제 상황을 피하지 않겠다고 생각함. • 문제를 스스로 해결할 수 있는 사람이 되고 싶음. • 주변에서 도움을 주는 사람들에 대해 ④ ☐☐☐ 을 느낌.

◈ ‘나’에게 도움을 준 인물들

만년철물점 할머니	한성설비와 관리 사무소에 물어보라고 조언하고, 전구 가는 법을 알려 줌
외숙모	‘나’와 한아를 위해 음식을 챙겨 줌
자전거 가게 사장님	⑤ ☐☐☐ ☐☐☐ 를 빌려주고, 자전거 체인에 기름을 발라 줌
한아	‘나’가 세면대를 고칠 때 휴대 전화 손전등을 비춰 줌

◈ 소재의 의미와 역할

멍키 스패너	→	• 세면대를 고치기 위해 필요한 도구 • ‘나’의 문제 해결에 도움을 주는 도구 • ‘나’가 한층 ⑥ ☐☐ 했음을 상징하는 소재

이야기 고사성어 **화룡점정(畫龍點睛)**

옛날에 장승요라는 화가가 살았다.

그의 그림은 실물인지 그림인지 구별하기 어려울 정도로 솜씨가 좋았다.

어느 날 장승요는 안락사라는 절에 그림을 그렸다.

용 두 마리가 하늘로 날아오르는 모습이었는데, 용의 눈동자는 그리지 않은 채였다.

이상하게 여긴 사람들이 그 까닭을 묻자 장승요는

"눈동자를 그리면 용이 하늘로 날아가 버릴까 봐 그렇소."

라고 말했다. 사람들이 그 말을 믿지 않자 장승요는 용 한 마리에

눈동자를 그려 넣었다.

그러자 하늘에서 천둥이 울리며 그림 속의 용이 벽을 박차고 하늘로

올라갔다. 그림 속에는 눈동자를 그리지 않은 용 한 마리만 남았다.

이로부터 생겨난 말이 화룡점정(畫龍點睛)이다.

이는 용을 그린 다음 마지막으로 눈동자를 그린다는 뜻으로, 무슨 일을

하는 데에 가장 중요한 부분을 완성함을 비유적으로 이르는 말이다.

헷갈리는 단어 **한자로 확인**

淨	水	精	髓
깨끗할 정	물 수	정할 정	뼛골 수
물을 깨끗하고 맑게 함		사물의 중심이 되는 골자 또는 요점	
淨	水	精	髓

認	定	人	情
알 인	정할 정	사람 인	뜻 정
확실히 그렇다고 여김		남을 동정하는 따뜻한 마음	
認	定	人	情

03 자전거 도둑 ❶ _박완서

➕ 앞부분의 줄거리   시골에서 상경한 열여섯 살 소년 수남이는 청계천 세운 상가 뒷길의 전기용품 도매상에서 점원으로 일하고 있다. 수남이는 공부를 향한 자신의 꿈을 알아주는 주인 영감에게 고마워하며, 적은 월급에도 가게 일을 묵묵히 해 나간다.

가   수남이는 온종일 눈코 뜰 새 없이 바쁘게 일을 하고 밤에는
<u>태피터. 반짝이는 빛이 있는 얇은 천</u>
가겟방에서 숙직을 한다. 꾀죄죄한 다후다 이불에 몸을 휘감고
<u>직장에서 밤에 교대로 잠을 자면서 지키는 일</u>
나면 방바닥이야 차건 덥건 잠이 쏟아진다.

그럴 때 "인석은 그저 틈만 있으면 책이라고." 하던 주인 영감님의 목소리가 생생하게 들려온다. 수남이는 낮 동안 책은커녕 신문 한 귀퉁이 읽은 적이 없다. 도대체가 그럴 틈이 없다. 점원이 적어도 세 명은 있어야 해낼 가게 일을 혼자서 해내자니 여간 벅찬 것이 아니다. 그래도 수남이는 혹사당하고 있다는 억울한
<u>혹독하게 일을 시킴</u>
생각 같은 것은 전혀 없다. 어쩌다 남들이 영감님에게

"꼬마 혼자 데리고 벅차시겠습니다. 좀 큰 애 하나 더 쓰셔야죠."

영감님은 그런 소리를 제일 싫어한다. 벌레라도 씹어 먹은 듯이 이상야릇한 얼굴로 상대방을 흘겨보며,
<u>정상적이지 않고 별나게 괴상한</u>
"누가 뭐 사람 더 쓰기 싫어 안 쓰나. 어디 사람 같은 놈이 있어야 말이지. 깡패 놈이라도 걸려들어 봐. 우리 수남이가 물든다고. 이런 순진한 놈일수록 구정물 들긴 쉽거든."

나   얼마나 고마운 주인 영감님인가. 이런 고마운 어른을 위해 그까짓 세 사람이 할 일 혼자 못 할까 하고 양팔의 근육이 팽팽히 긴장한다.

그런 고마운 어른이 ㉠보지도 않는 책을 틈만 있으면 본다고 남들에게 자랑을 한 뜻은 밤에라도 잠만 자지 말고 열심히 공부해 두라는 뜻일 것이다. 수남이가 그렇게 풀이한 것이다. 그런 생각을 하면 눈이 말똥말똥해지며 잠이 저만큼 달아난다. 혹시나 하고 보따리 속에 찔러 가지고 온 중학교 때 교과서랑 고등학교까지 다닌 형이 쓰던 참고서 나부랭이를 이렇게 유용하게 쓸 줄은 정말 몰랐었다. 책이라야 통틀
<u>어떤 부류의 사람이나 물건을 낮잡아 이르는 말</u>
어 그것뿐이다.

다   주인 영감님이 심심할 때 사 본 주간지 같은 것이 굴러다닐 적도 있어서 소년다운 호기심이 동하지
<u>어떤 욕구나 감정 또는 기운이 일어나지</u>
않는 것도 아니었지만 "인석은 그저 틈만 있으면 책이라고." 하며 주인 영감님이 가리키는 책이란 결코 이런 주간지 조각이 아닐 것이라는 영리한 짐작으로 수남이는 결코 그런 데 한눈을 파는 법이 없다. 시간이 아까워서라도 그렇게는 할 수 없다.

가게를 닫고 셈을 맞추고 주인 댁 식모가 날라 온 저녁을 먹고 나서 혼자가 될 수 있는 시간은 거의
<u>남의 집에 고용되어 주로 부엌일을 맡아 하는 여자</u>
열한 시 경이다. / 그때부터 공부라도 해야 되는 것이다. 그러고도 수남이는 이 동네 가게의 누구보다도 먼저 일어나야 하는 것이다. 수남이의 부지런함은 이 근처에서도 평판이 자자했다.
<u>세상 사람들의 비평</u>

발단   전기용품 도매상 점원인 (　　　　　　　)는 주인 영감에게 고마워하며 열심히 생활함.

<table>
<tr><td>갈래</td><td>현대 소설, 단편 소설, 성장 소설</td></tr>
<tr><td>성격</td><td>교훈적, 사회 비판적</td></tr>
<tr><td>시점</td><td>전지적 작가 시점</td></tr>
<tr><td>배경</td><td>• 시간적 : 1970년대
• 공간적 : 서울 청계천 세운 상가</td></tr>
<tr><td>제재</td><td>자전거</td></tr>
<tr><td>주제</td><td>① 현대인들의 부도덕성에 대한 비판
② 아이들을 도덕적으로 견제해 줄 어른의 필요성</td></tr>
<tr><td>특징</td><td>① 순진한 소년이 겪는 갈등을 통해 현대인들의 이기적이고 부도덕한 모습을 드러낸다.
② 현재와 과거를 오가는 입체적 구성으로 사건을 전개한다.</td></tr>
</table>

스스로 정리 노트

◆ **수남이의 성격**

- 주인 영감을 자신이 나쁜 물이 들까 봐 염려해 주는 '고마운 어른'이라고 생각함.
- 자신을 혹사시키는 주인 영감의 속셈을 모르고 부지런히 일함.

↓

순진함, 성실함, 부지런함

◆ **수남이를 대하는 주인 영감의 태도**

표면적	수남이를 인간적으로 매우 아낌.
내면적	수남이에게 일을 많이 시켜서 인건비를 아끼려 함.

어휘 갈무리

- * 혹사 : 혹독하게 일을 시킴.
- * 이상야릇하다 : 정상적이지 않고 별나며 괴상하다.
- * 평판 : 세상 사람들의 비평.

01 이와 같은 글에 대한 설명으로 알맞지 <u>않은</u> 것은?

① 운율 없이 줄글로 서술된다.
② 현실에 있음 직한 이야기를 다룬다.
③ 인간의 다양한 삶의 모습이 나타난다.
④ 인물이 갈등을 겪으며 사건이 전개된다.
⑤ 글 속의 주인공은 글쓴이와 대부분 일치한다.

02 수남이에 대한 설명으로 적절한 것은?

① 공부에는 별로 관심이 없다.
② 다른 점원과 함께 일하고 있다.
③ 낮 동안 틈틈이 신문도 읽고 공부도 한다.
④ 주변 사람들도 익히 알 정도로 부지런하다.
⑤ 평소 주인 영감에게 불만이 있으나 드러내지 않는다.

03 [가]를 통해 짐작할 수 있는 주인 영감의 성격은?

① 인색함　　　② 순수함　　　③ 성실함
④ 엉뚱함　　　⑤ 인자함

04 주인 영감이 ㉠처럼 행동한 이유로 가장 적절한 것은?

① 허풍 떠는 것을 좋아하는 성격이라서
② 수남이를 치켜세우며 더 부려 먹기 위해서
③ 틈만 있으면 책을 보는 수남이가 자랑스러워서
④ 수남이가 자극을 받아 공부를 열심히 하게 하려고
⑤ 수남이가 고등학교에 진학할 수 있도록 돕기 위해서

➕ **중간 부분의 줄거리** 바람이 심하게 부는 어느 봄날, 자전거를 타고 배달을 나간 수남이는 물건값을 주지 않으려는 가게 주인과의 실랑이 끝에 만 원을 받아 낸다. 그런데 길가에 세워 놓은 수남이의 자전거가 세찬 바람에 넘어져 한 신사의 고급 자동차에 흠집이 난다. 신사는 수리비로 오천 원을 요구한다.

라 수남이는 주머니에 들은 만 원 생각을 하면 얼굴이 화끈대고 공연히 무섭기까지 하다. 그렇지만 주인 영감님을 위해 그 돈만은 죽기를 무릅쓰고 지킬 각오를 단단히 한다.

"아니 욘석이 이제 보니 이런 큰일 저지르고 그냥 내뺄 심사 아냐? 요런 악질 녀석 같으니라고."
마음속 생각　　　　　　못된 성질

신사의 표정은 은은히 감돌던 연민이 싹 가시고 점잖게 무표정해진다.
불쌍하고 가련하게 여김

그러고는 옆에 섰던 운전사인 듯한 남자에게,

"안 되겠네. 요런 악질 깡패 녀석하고 시비해 봤댔자 공연히 시간만 낭비니, 자네 자물쇠 하나 마련해 다 주게. 이 녀석 자전걸 잡아 놓기로 하세. 언제든지 오천 원 가져와서 찾아가라고."

그러고는 주머니에서 오백 원짜리를 한 장 꺼내서 운전사에게 주는 것이었다. 수남이로서는 ⊙전혀 예기치 못했던 사태였다. 주머니의 만 원에 대해서만 생각했었지 자전거에 대해선 전혀 생각이 미치지 못했었다.

운전사는 금방 커다란 자물쇠를 하나 사 가지고 왔다. 신사는 다시 네놈은 쳐다보기도 싫다는 듯이 수남이를 전혀 상대 안 하고, 묵묵히 자전거 바퀴에다 자물쇠를 채우고, 앞에 빌딩을 가리키면서,

"나 저기 306호실에 있으니까 돈 오천 원 갖고 와. 그러면 열쇠 내줄 테니."

하고는 수남이를 힐끗 흘겨보고 유유히 빌딩 속으로 사라져 갔다.

마 수남이는 울지도 못하고 빌지도 못하고 그냥 막연히 서 있었다. 수남이와 신사의 시비를 흥미진진하게 구경하던 사람들도 헤어지지 않고 그냥 서 있었다. 아마 수남이가 앙앙 울거나, 펄펄 뛰면서 욕을 하거나 그런 일이 일어나 주기를 기다리는 눈치였다.
옳고 그름을 따지는 말다툼

수남이는 바보가 돼 버린 아이처럼 조용히 멍청히 서 있었다. 누군가 나직이 속삭였다.

"토껴라 토껴. 그까짓 것 갖고 토껴라."
'도망가라'를 속되게 이르는 말
그것은 악마의 속삭임처럼 은밀하고 감미로웠다. 수남이의 가슴은 크게 뛰었다. 이번에는 좀 더 점잖고 어른스러운 소리가 나섰다.
달콤한 느낌이 있었다

"그래라, 그래. 그까짓 거 들고 도망가렴. 뒷일은 우리가 감당할게."

그러자 모든 구경꾼이 수남이의 편이 되어 와글와글 외쳐 댔다.

"도망가라. 어서어서 자전거를 번쩍 들고 도망가라, 도망가라."

바 수남이는 자기 편이 되어 준 이 많은 사람들을 도저히 배반할 수 없었다. 이상한 용기가 솟았다. 수남이는 자전거를 마치 검부러기처럼 가볍게 옆구리에 끼고 질풍같이 달렸다.
마른 나뭇가지, 낙엽 따위의 부스러기　　　　　　몹시 빠르고 거세게 부는 바람
정말이지 조금도 안 무거웠다. 타고 달릴 때보다 더 신나게 달렸다. 달리면서 마치 오래 참았던 오줌을 시원스레 내깔기는 듯한 쾌감까지 느꼈다.

위기 신사의 차에 흠집을 내서 수리비를 물어야 하자 수남이가 (　　　　　　)를 들고 도망침.

05 [라]~[마]에서 알 수 있는 내용이 <u>아닌</u> 것은?

① 신사는 운전사까지 둔 부자이다.
② 신사는 인정이 없고 냉정한 성격을 지녔다.
③ 수남이는 물건값 만 원만은 지키겠다고 각오한다.
④ 구경꾼들은 수남이가 도망가도록 부추기고 있다.
⑤ 구경꾼들은 신사가 더욱 화를 내기를 바라고 있다.

06 ㉠이 의미하는 바가 무엇인지 쓰시오.

____

07 수남이가 신사와의 갈등을 해결하기 위해 취한 행동으로 알맞은 것은?

① 그냥 막연히 서 있는다.
② 구경꾼들이 외치는 말을 무시한다.
③ 자전거를 옆구리에 끼고 도망친다.
④ 신사를 끝까지 따라가 울면서 빈다.
⑤ 구경꾼들에게 자신의 억울함을 호소한다.

08 [마]~[바]에 나타난 수남이의 심리 변화로 알맞은 것은?

① 지루함 → 상쾌함
② 우울함 → 황당함
③ 민망함 → 서글픔
④ 난감함 → 신이 남
⑤ 부끄러움 → 섭섭함

사 주인 영감님은 자전거를 옆에 끼고 질풍처럼 달려온 놈을 눈을 휘둥그렇게 뜨고 바라볼 뿐이었다. 오늘 바람이 세더니만 필시 이 조그만 놈이 바람에 날아왔나, 설마 그럴 리야 없을 텐데 내 눈이 어떻게 된 것인가 그런 눈치였다.

수남이는 너무 숨이 차서 이런 주인 영감님의 궁금증을 시원히 풀어 주지 못하고 한동안 헉헉대기만 한다. / "인마, 말을 해. 무슨 일이야? 네놈 꼴이 영락없이 도둑놈 꼴이다, 인마."

도둑놈 꼴이라는 소리가 수남이의 가슴에 가시처럼 걸린다.

수남이는 겨우 숨을 가라앉히고 자초지종을 주인 영감님께 고해바친다. 다 듣고 난 주인 영감님은 무엇이 그리 좋은지 무릎을 치면서 통쾌해한다.

"잘했다, 잘했어. 맨날 촌놈인 줄만 알았더니 제법인데, 제법이야."

그러고는 가게에서 쓰는 드라이버니 펜치를 가지고 자전거에 채운 자물쇠를 분해하기 시작한다. 엎드려서 그 짓을 하고 있는 주인 영감님이 수남이의 눈에 흡사 도둑놈 두목 같아 보여 속으로 정이 떨어진다. 주인 영감님 얼굴이 누런 똥빛인 것조차 지금 깨달은 것 같아 속이 메스껍다.

아 마침내 자물쇠를 깨뜨렸나 보다. 영감님 얼굴에 회심의 미소가 떠오르더니 자유롭게 된 자전거 바퀴를 시험이라도 하려는 듯이 자전거로 골목을 한 바퀴 빙그르르 돌아 들어와서는,

"네놈 오늘 운 텄다."

그러고는 수남이의 머리를 쓰다듬고 볼과 턱을 두둑한 손으로 귀여운 듯이 감싼다. 영감님이 기분이 좋을 때면 수남이에 대한 애정의 표시로 으레 그렇게 했었고, 수남이도 그걸 좋아했었다.

그런데 오늘은 싫다. 영감님의 손이 싫다. 그것이 운 트기는커녕 재수 옴 붙었다는 생각이 여전하고, 수남이는 그날 온종일 우울했다. 그러나 자기가 왜 그렇게 우울한지 그걸 차분히 생각할 새도 없는 바쁜 하루였다.

자 가게 문을 닫고 주인댁에서 날라 온 저녁밥을 먹고 나면 비로소 수남이 혼자만의 시간이다. 꿀 같은 시간이었다. 책을 펴 놓고 영어 단어를 찾고, 수학 문제를 풀어 보고, 턱을 괴고 소년답게 감미로운 공상에 잠길 수 있는 그런 시간이었다. / ㉠그러나 오늘 수남이는 그게 되지를 않았다. 책을 집어 던졌다.

낮에 내가 한 짓은 옳은 짓이었을까? 옳을 것도 없지만 나쁠 것은 또 뭔가. 자가용까지 있는 주제에 나 같은 아이에게 오천 원을 우려내려고 그렇게 간악하게 굴던 신사를 그 정도 골려 준 것이 뭐가 나쁜가? 그런데도 왜 무섭고 떨렸던가. 그때의 내 꼴이 어땠으면, 주인 영감님까지 "네놈 꼴이 꼭 도둑놈 꼴이다."라고 하였을까.

그럼 내가 한 짓은 도둑질이었단 말인가. 그럼 나는 도둑질을 하면서 그렇게 기쁨을 느꼈더란 말인가. / 수남이는 몸을 부르르 떨면서 낮에 자전거를 갖고 달리면서 맛본 공포와 함께 그 까닭 모를 쾌감을 회상한다. 마치 참았던 오줌을 내깔길 때처럼 무거운 억압이 갑자기 풀리면서 전신이 날아갈 듯이 가벼워지는 그 상쾌한 해방감 ─ 한 번 맛보면 도저히 잊혀질 것 같지 않은 그 짙은 쾌감, 아아 도둑질하면서도 나는 죄책감보다는 쾌감을 더 짙게 느꼈던 것이다.

스스로 정리 노트

◆ 주인 영감에 대한 수남이의 심리 변화

> 고마움, 쓰다듬는 손길이 좋음

|

- 주인 영감이 수남이의 잘못을 칭찬함.
- 주인 영감이 비도덕적이고 금전적 이익을 중시하는 인물임을 깨달음.

↓

> 실망감, 거부감, 혐오감

◆ 수남이의 내적 갈등

> 자전거를 들고 도망친 행동

| 옳은 짓이었을까? 간악하게 굴던 신사를 그 정도 골려 준 것이 뭐가 나쁜가? | ↔ | 내가 한 짓은 도둑질이었단 말인가. 도둑질을 하면서 그렇게 기쁨을 느꼈더란 말인가. |

어휘 갈무리

* 영락없이 : 조금도 틀리지 아니하고 꼭 들어맞게.
* 자초지종 : 처음부터 끝까지의 과정.
* 회심 : 마음에 흐뭇하게 들어맞음. 또는 그런 상태의 마음.
* 우려내다 : 꾀거나 위협하거나 하여서 자신에게 필요한 돈이나 물품을 빼내다.

09 [사]에서 수남이가 주인 영감의 얼굴을 '누런 똥빛'으로 느낀 이유는?

① 주인 영감의 건강이 좋지 않다는 것을 깨달았기 때문에
② 자신을 걱정하는 주인 영감의 따뜻한 마음을 느꼈기 때문에
③ 주인 영감이 자신을 '촌놈'으로 여기고 있던 것에 화가 났기 때문에
④ 자신더러 '도둑놈 꼴'이라고 말한 주인 영감에게 배신감을 느꼈기 때문에
⑤ 주인 영감이 속물적이고 비도덕적인 사람이라는 것을 깨달았기 때문에

10 [아]에 나타난 주인 영감에 대한 수남이의 심리로 묶인 것은?

① 미안함, 혐오감　　② 실망감, 거부감
③ 서운함, 억울함　　④ 배신감, 부러움
⑤ 통쾌함, 홀가분함

11 ㉠의 이유로 가장 적절한 것은?

① 금전적으로 큰 손해를 보게 되었기 때문에
② 가게가 온종일 너무 바빠서 피곤했기 때문에
③ 낮에 있었던 자전거 사건으로 심란했기 때문에
④ 신사를 다시 마주치게 될까 봐 두려웠기 때문에
⑤ 서울 생활이 고독하여 집에 돌아가고 싶었기 때문에

12 [자]에 두드러지는 갈등의 양상과 유사한 것은?

① 놀이공원에 갈지, 야구장에 갈지를 고민하는 지훈
② 두발 규제를 하는 학교 측과 두발 자율을 원하는 윤희
③ 신분 제도 때문에 아버지를 아버지라고 부를 수 없는 길동
④ 아침밥을 먹고 가라는 어머니와 늦어서 먹지 않겠다는 승환
⑤ 축제 때 댄스 경연 대회를 하자는 1반과 연극을 하자는 2반

➕ **중간 부분의 줄거리** 낮에 자신이 한 행동에 대해서 갈등하던 수남이는 형과 아버지를 떠올린다. 어느 날 서울에 돈 벌러 간다고 집을 떠난 형은 2년 동안 소식이 없었고, 가족들은 형이 돈을 많이 벌어 올 거라는 기대를 가졌다.

차 수남이도 뭔가 형에 대한 기대를 안 할 수가 없었다. 동생들이 발바닥이 다 닳아 없어져 윗더껑이만 남은 운동화를 신고 다니는 걸 봐도 "조금만 참아, 큰형이 돈 많이 벌어 가지고 오면 운동화랑 잠바랑 다 사 줄게." 하는 말을 할 지경이었다.

형이 돈을 많이 벌어 오면 — 이런 기대에 온 집안 식구가 하루하루를 매달려 살았다.

어느 날 밤, 형은 돌아왔다. 옷과 운동화와 과자와 고기를 한 짐이나 되게 사 가지고. 아버지는 밤중이지만 동네 사람을 모아 큰 잔치를 벌이지 못해 안달을 했다.

형이 험악한 얼굴을 하고 안 된다고 했다.

잔치는커녕 동생들이 좋아서 떠드는 것도 못하게 윽박질렀다.

수남이는 지금도 그날 밤 일이 생생하다. 그날 밤 형의 누런 똥빛 얼굴은 정말로 못 잊겠다. 꼭 악몽 같다. 다음 날 형은 읍내에서 온 순경한테 수갑이 채워져 붙들려 갔다. 형은 악을 써서 변명을 하며 갔다.

"2년 만에 빈손으로 집에 들어갈 수는 없었단 말야. 도저히 그럴 수는 없었단 말야."

그래서 읍내 양품점을 털어 돈과 물건을 훔친 것이다. 다음에 수남이가 형을 본 것은 읍내에 현장 검증인가를 나왔을 때다. 도둑질한 것을 다시 한번 되풀이해 보여 주는 것인데, 딴 구경꾼들 틈에 섞여 수남이는 몸서리를 치면서 그것을 봤다. 그 도둑놈과 형제간이란 게 두고두고 생각해도 몸서리가 쳐졌다.

카 아버지는 화병으로 몸져 눕고 집안 형편은 말이 아니었다. 수남이는 드디어 어느 날 형이 그랬던 것처럼 서울 가서 돈 벌어 오겠다고 집을 나섰다. 아버지는 말리지 않았다. 문지방을 짚고 일어나 앉아서 띄엄띄엄 수남이를 타일렀다.

"무슨 짓을 하든지 그저 도둑질은 하지 말아라, 알았쟈."

타 그런데 도둑질을 하고 만 것이다. 하지만 수남이는 스스로 그것은 결코 도둑질이 아니었다고 변명을 한다.

그런데 왜 그때, 그렇게 떨리고 무서우면서도 짜릿하니 기분이 좋았던 것인가? 문제는 그때의 그 쾌감이었다. 자기 내부에 도사린 부도덕성이었다. 오늘 한 짓이 도둑질이 아닐지 모르지만 앞으로 도둑질을 할지도 모르겠다는 생각이 들었다. 형의 일이 자기와 정녕 무관한 일이 아니란 생각이 들었다.

절정 자신의 행동에 괴로워하며 (   )과 (   )를 떠올리는 수남이

파 소년은 아버지가 그리웠다. 도덕적으로 자기를 견제해 줄 어른이 그리웠다. 주인 영감님은 자기가 한 짓을 나무라기는커녕 손해 안 난 것만 좋아서 "오늘 운텄다."라고 좋아하지 않았던가.

수남이는 짐을 꾸렸다. 아아, 내일도 바람이 불었으면. 바람이 물결치는 보리밭을 보았으면.

마침내 결심을 굳힌 수남이의 얼굴은 누런 똥빛이 말끔히 가시고, 소년다운 청순함으로 빛났다.

결말 아버지가 계신 (   )으로 돌아가기로 결심한 수남이

현재	서울에 와서 일하던 중 자전거를 들고 도망치게 된 수남이
↓	
과거	도둑질로 잡혀간 형과, 도둑질만은 하지 말라던 아버지의 당부
↓	
현재	아버지가 계신 고향으로 돌아가겠다고 결심하는 수남이

13 이 글에 대한 설명으로 알맞은 것은?

① 비현실적이고 초월적인 공간을 배경으로 한다.
② 개인과 사회 제도 간의 치열한 갈등이 드러난다.
③ [차]~[타]는 전체 구성 단계상 전개에 해당한다.
④ 작품 안의 관찰자가 주인공에 대해 이야기하고 있다.
⑤ '현재 – 과거 – 현재'의 입체적 구성 방식을 취하고 있다.

14 이 글을 읽고 난 반응으로 적절하지 <u>않은</u> 것은?

① 정재 : 수남이의 아버지는 도덕성을 중시하는 인물이야.
② 다희 : 수남이는 도둑질을 한 형을 수치스럽게 생각했어.
③ 정욱 : 수남이가 서울을 떠나려는 것은 고향의 바람과 보리밭이 그리워서야.
④ 석현 : 수남이는 자전거를 들고 도망칠 때 느낀 쾌감 때문에 마음속으로 갈등했어.
⑤ 재민 : 수남이는 자전거를 들고 도망친 자신이 도둑질을 했던 형과 무관하지 않다고 생각하고 있어.

15 [차]에서 수남이 형의 부도덕함을, [파]에서 수남이의 부도덕함을 의미하는 공통된 표현을 찾아 2어절로 쓰시오.

____

16 수남이의 마음속 갈등이 해소되었음을 보여 주는 문장을 찾아 첫 어절과 끝 어절을 쓰시오.

____

17 이 글을 통해 작가가 궁극적으로 말하고자 하는 바는? (정답 2개)

① 교양 있는 사람들의 행동과 마음가짐
② 현대인이 추구해야 할 도덕성과 양심
③ 아동 학대와 노동력 착취에 대한 고발
④ 아이들을 도덕적으로 견제해 줄 어른의 필요성
⑤ 무분별한 산업화에 대한 비판과 전원생활에 대한 소망

작품 한눈에 보기

핵심 정리

갈래	현대 소설, 단편소설, 성장소설	성격	교훈적, 사회 비판적	시점	전지적 작가 시점
배경	[시간적] 1970년대 　[공간적] 서울 청계천 세운 상가			제재	자전거
주제	현대인들의 ① [　　　] 에 대한 비판, 아이들을 도덕적으로 견제해 줄 어른의 필요성				
특징	① 순진한 소년이 겪는 갈등을 통해 현대인들의 이기적이고 부도덕한 모습을 드러낸다. ② 현재와 과거를 오가는 ② [　　　] 구성으로 사건을 전개한다.				

◆ 이 글 전체의 구성

발단	전개	위기	절정	결말
청계천 세운 상가의 전기용품 도매상 점원 수남이는 주인 영감에게 고마워하며 부지런히 일함.	바람이 심한 어느 봄날, 자전거를 타고 심부름을 간 수남이가 물건값 만 원을 받아 냄.	③ [　　] 의 자동차에 흠집을 내서 수리비를 물어야 하자, 수남이가 자전거를 들고 도망침.	주인 영감은 수남이의 행동을 칭찬하지만, 수남이는 죄책감 때문에 괴로워함.	④ [　　　] 을 하지 말라고 당부하던 아버지를 떠올린 수남이가 고향으로 돌아갈 결심을 하고 짐을 꾸림.

◆ 등장인물의 성격

수남이	순수함, 부지런함, 성실함	⑤ [　　　　]	비도덕적, 이기적, 인색함
아버지	도덕적	신사	야박함, 냉정함, 경망스러움

◆ 이 글에 나타난 주요 갈등

갈등 유형	갈등 양상	갈등 해결 방식
수남이와 신사의 ⑥ [　　] 갈등	자전거 때문에 고급 차에 흠집이 나자 수리비를 요구하는 신사와 주지 않으려는 수남이	수남이가 자전거를 들고 도망침.
수남이의 내적 갈등	자전거를 들고 도망친 것이 옳은 일이었는지에 대한 고민, 쾌감을 느낀 데 대한 ⑦ [　　　]	아버지가 있는 고향으로 돌아가기로 결심함.

◆ 주인 영감에 대한 수남이의 심리 변화

주인 영감이 수남이가 걱정된다는 핑계로 점원을 더 쓰지 않고, 수남이가 틈만 있으면 책을 본다고 남들에게 자랑함.	➡	주인 영감이 ⑧ [　　　] 를 들고 도망친 수남이의 행동을 칭찬함
고마움, 주인 영감의 손길이 좋음		정이 떨어짐, 거부감과 혐오감을 느낌

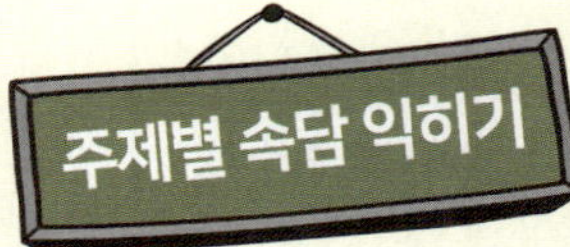

신중한 태도와 관련된 속담

아는 길도 물어 가랬다 / 돌다리도 두들겨 보고 건너라

잘 아는 일이라도 세심하게 주의를 하라는 말.

먹던 술도 떨어진다

늘 하던 숟가락질도 간혹 잘못하여 숟가락을 떨어뜨릴 수 있다는 뜻으로, 매사에 잘 살피고 조심하여서 잘못이 없도록 하라는 말.

신중한 태도

홍시 먹다가 이 빠진다

① 전혀 그렇게 될 리가 없음에도 일이 안되거나 꼬이는 경우를 비유적으로 이르는 말.
② 쉽게 생각했던 일이 뜻밖에 어려워 힘이 많이 들거나 실패한 경우를 이르는 말.
③ 마음을 놓으면 생각지 아니하던 실수가 생길 수 있으니 항상 조심하라는 말.

새도 가지를 가려서 앉는다

① 새조차도 앉을 때 가지를 고르고 가려서 앉는다는 뜻으로, 친구를 사귀거나 직업을 택하는 데에도 신중하게 잘 가려서 택해야 한다는 말.
② 주위의 환경을 잘 살펴서 신중하게 처신하라는 말.

헷갈리는 단어 한자로 확인

過	失	果	實
지날 **과**	잃을 **실**	열매 **과**	열매 **실**
부주의나 게으름에서 비롯된 잘못이나 실수		사람이 먹을 수 있는 나무의 열매	
過	失	果	實

家	長	假	裝
집 **가**	어른 **장**	거짓 **가**	꾸밀 **장**
한 가정을 이끌어 나가는 사람		태도를 거짓으로 꾸밈	
家	長	假	裝

04 동백꽃 ❶ _김유정

가 ㉠오늘도 또 우리 수탉이 막 쪼이었다. 내가 점심을 먹고 나무를 하러 갈 양으로 나올 때이었다. 산으로 올라서려니까 등 뒤에서 '푸드덕푸드덕' 하고 닭의 횟소리가 야단이다. 깜짝 놀라며 고개를 돌려 보니 아니나 다르랴, 두 놈이 또 얼리었다.

점순네 수탉(은 대강이가 크고 똑 오소리같이 실팍하게 생긴 놈)이 덩저리 작은 우리 수탉을 함부로 해내는 것이다. 그것도 그냥 해내는 것이 아니라, 푸드덕 하고 면두를 쪼고 물러섰다가 좀 사이를 두고 푸드덕 하고 모가지를 쪼았다. 이렇게 멋을 부려 가며 여지없이 닭아 놓는다. 그러면 이 못생긴 것은 쪼일 적마다 주둥이로 땅을 받으며 그 비명이 킥, 킥 할 뿐이다. 물론, 미처 아물지도 않은 면두를 또 쪼이어 붉은 선혈이 뚝뚝 떨어진다.

이걸 가만히 내려다보자니 내 대강이가 터져서 피가 흐르는 것같이 두 눈에서 불이 번쩍 난다. ㉡대뜸 지게막대기를 메고 달겨들어 점순네 닭을 후려칠까 하다가 생각을 고쳐먹고 헛매질로 떼어만 놓았다.

이번에도 점순이가 쌈을 붙여 났을 것이다. 바짝바짝 내 기를 올리느라고 그랬음에 틀림없을 것이다. 고놈의 계집애가 요새로 들어서서 왜 나를 못 먹겠다고 고렇게 아르렁거리는지 모른다.

발단 현재(오늘) | 점순이 '나'의 (   )과 자신의 닭을 (   ) 붙여 '나'를 괴롭힘.

나 나흘 전 감자 쪼간만 하더라도 나는 저에게 조금도 잘못한 것은 없다.

계집애가 나물을 캐러 가면 갔지 남 울타리 엮는 데 쌩이질을 하는 것은 다 뭐냐. 그것도 발소리를 죽여 가지고 등 뒤로 살며시 와서,

"애! 너, 혼자만 일하니?" / 하고 긴치 않은 수작을 하는 것이었다.

㉢어제까지도 저와 나는 이야기도 잘 않고 서로 만나도 본척만척하고 이렇게 점잖게 지내던 터이련만, 오늘로 갑작스레 대견해졌음은 웬일인가. 황차 망아지만 한 계집애가 남 일하는 놈 보고…….

ⓐ"그럼 혼자 하지 떼루 하디?"

내가 이렇게 내뱉는 소리를 하니까

㉣"너, 일하기 좋니?" / 또는, / "한여름이나 되거든 하지 벌써 울타리를 하니?"

다 잔소리를 두루 늘어놓다가 남이 들을까 봐 손으로 입을 틀어막고는 그 속에서 깔깔대인다. ㉤별로 우스울 것도 없는데, 날씨가 풀리더니 이놈의 계집애가 미쳤나 하고 의심하였다. 게다가 조금 뒤에는 제 집께를 할끔할끔 돌아보더니, 행주치마의 속으로 꼈던 바른손을 뽑아서 나의 턱 밑으로 불쑥 내미는 것이다. 언제 구웠는지 아직도 더운 김이 홱 끼치는 굵은 감자 세 개가 손에 뿌듯이 쥐였다.

갈래	현대 소설, 단편 소설, 순수 소설, 농촌 소설
성격	향토적, 해학적, 서정적
시점	1인칭 주인공 시점
배경	• 시간적 : 1930년대 봄 • 공간적 : 강원도 산골 마을
제재	감자, 닭싸움, 동백꽃
주제	산골 마을 사춘기 소년, 소녀의 순박한 사랑
특징	① 사투리와 향토적인 소재를 통해 작품의 정서와 분위기를 형성한다. ② 사춘기 소년, 소녀의 순박한 사랑을 해학적으로 그리고 있다. ③ '나'의 어수룩한 행동과 말을 통해 독자의 웃음을 자아낸다. ④ '현재-과거-현재'의 역순행적 구성 방식을 취한다.

스스로 정리 노트

◆ 이 소설의 서술자

서술자 '나'
• 열일곱살 소년 • 가난한 소작농의 아들 • 순진하고 어수룩한 성격

↓

'나'를 서술자로 설정한
이유와 그 효과

↓

• 점순이의 마음을 알아채지 못하는 '나'의 시점으로 사건을 전달하여 독자에게 웃음을 줌.
• 산골 마을 사춘기 남녀의 사랑을 순박하게 그려 냄.

---

01 이 글의 서술자에 대한 설명으로 적절하지 <u>않은</u> 것은? (정답 2개)

① 작품에 등장하는 인물이다.
② 자신의 이야기를 들려주고 있다.
③ 작품 밖에서 사건을 관찰하여 전달한다.
④ 신처럼 사건과 인물에 대한 모든 것을 알고 있다.
⑤ 주인공이 아닌 인물의 심리는 간접적으로 드러낸다.

02 이 글에 대한 감상으로 적절하지 <u>않은</u> 것은?

① '나'는 점순이에게 관심이 있지만 티 내지 않으려 하는군.
② '나'는 일을 하고 있는데 말을 거는 점순이를 귀찮아하고 있어.
③ '나'와 점순이가 갈등하게 된 원인은 '감자'와 관련이 있는 것 같아.
④ '나'는 점순이가 닭싸움을 붙이며 자신을 괴롭히는 이유를 모르는군.
⑤ '나'는 닭싸움이 붙은 현재 상황을 이야기하다가 과거의 일을 회상하는군.

03 ㉠~㉤에 대한 설명으로 적절하지 <u>않은</u> 것은?

① ㉠ : 점순이가 닭싸움을 붙인 것이 처음이 아님이 드러난다.
② ㉡ : 짐승을 아끼는 마음에서 비롯한 의식적인 행동이다.
③ ㉢ : 그동안 '나'와 점순이의 관계가 어떠했는지가 드러난다.
④ ㉣ : '나'에 대한 점순이의 관심 표현이다.
⑤ ㉤ : 점순이의 마음을 모르는 '나'의 반응이 웃음을 유발한다.

어휘 갈무리

* **실팍하다** : 사람이나 물건 따위가 보기에 매우 실하다.
* **면두** : '볏'의 사투리. 닭이나 새 따위의 이마 위에 세로로 붙은 살 조각.
* **아르렁거리다** : 부드럽지 못한 말로 자꾸 크게 외치거나 다투다.
* **쪼간** : 어떤 사건이나 일.
* **쌩이질** : 한창 바쁠 때에 쓸데없는 일로 남을 귀찮게 구는 짓.
* **황차** : 하물며.
* **뿌듯이** : 집어넣거나 채우는 것이 한도보다 조금 더하여 불룩하게.

04 ⓐ에서 알 수 있는 '나'의 성격으로 알맞은 것은?

① 다정함　　② 대범함　　③ 무뚝뚝함
④ 이기적임　　⑤ 적극적임

라 "느 집엔 이거 없지?" / 하고 생색 있는 큰소리를 하고는, 제가 준 것을 남이 알면 큰일 날 테니 여기서 얼른 먹어 버리란다. 그리고 또 하는 소리가

"너, 봄 감자가 맛있단다." / ㉠"난 감자 안 먹는다, 니나 먹어라."

나는 고개도 돌리지 않고 일하던 손으로 그 감자를 도로 어깨 너머로 쑥 밀어 버렸다.

마 그랬더니 그래도 가는 기색이 없고, 뿐만 아니라 쌔근쌔근하고 심상치 않게 숨소리가 점점 거칠어진다. 이건 또 뭐야 싶어서 그때서야 비로소 돌아다보니 나는 참으로 놀랐다. 우리가 이 동리에 들어온 것은 근 삼 년째 되어 오지만, 여지껏 가무잡잡한 점순이의 얼굴이 이렇게까지 홍당무처럼 새빨개진 법이 없었다. 게다가 눈에 독을 올리고 한참 나를 요렇게 쏘아보더니 나중에는 눈물까지 어리는 것이 아니냐. 그리고 바구니를 다시 집어 들더니 이를 꼭 악물고는 엎어질 듯 자빠질 듯 논둑으로 힝하게 달아나는 것이다.
마을
서둘러서 빨리

바 어쩌다 동리 어른이 / "너, 얼른 시집가야지?" / 하고 웃으면

"염려 마세유. 갈 때 되면 어련히 갈라구……." / 이렇게 천연덕스레 받는 점순이었다. 본시 부끄럼을 타는 계집애도 아니거니와, 또한 분하다고 눈에 눈물을 보일 얼병이도 아니다. 분하면 차라리 나의 등어리를 바구니로 한번 모지게 후려때리고 달아날지언정.
시치미를 뚝 떼어 겉으로는 아무렇지 않은 체하는 태도가 있게
다부지지 못하고 겁이 많은 어수룩한 사람

사 그런데 고약한 그 꼴을 하고 가더니 그 뒤로는 나를 보면 잡아먹으려고 기를 복복 쓰는 것이다.

설혹 주는 감자를 안 받아 먹는 것이 실례라 하면, 주면 그냥 주었지 "느 집엔 이거 없지?"는 다 뭐냐? 그렇잖아도 저희는 마름이고 우리는 그 손에서 배재를 얻어 땅을 부치므로 일상 굽실거린다. 우리가 이 마을에 처음 들어와 집이 없어서 곤란으로 지낼 제, 집터를 빌리고 그 위에 집을 또 짓도록 마련해 준 것도 점순네의 호의였다. 그리고 우리 어머니, 아버지도 농사 때 양식이 딸리면 점순네한테 가서 부지런히 꾸어다 먹으면서, 인품 그런 집은 다시 없으리라고 침이 마르도록 칭찬하곤 하는 것이다. 그러면서도 열일곱씩이나 된 것들이 수군수군하고 붙어 다니면 동리의 소문이 사납다고 주의를 시켜 준 것도 또 어머니였다. 왜냐하면, 내가 점순이하고 일을 저질렀다가는 점순네가 노할 것이고, 그러면 우리는 땅도 떨어지고 집도 내쫓기고 하지 않으면 안 되는 까닭이었다.
농사를 지으므로
땅 주인을 대신하여 소작권을 관리하는 사람
땅을 소작할 수 있는 권리
사람이 사람으로서 가지는 품격이나 됨됨이

그런데 이놈의 계집애가 까닭없이 기를 복복 쓰며 나를 말려 죽이려고 드는 것이다.

전개 1 과거(나흘 전) | '나'가 점순이 건네는 (　　　　　　　)를 거절함.

아 눈물을 흘리고 간 담날 저녁나절이었다. 나무를 한 짐 잔뜩 지고 산을 내려오려니까 어디서 닭이 죽는 소리를 친다. 이거 뉘 집에서 닭을 잡나 하고 점순네 울 뒤로 돌아오다가 나는 고만 두 눈이 뚱그레졌다. 점순이가 저희 집 봉당에 홀로 걸터앉았는데, 아 이게 치마 앞에다 우리 씨암탉을 꼭 붙들어 놓고는
안방과 건넌방 사이의 마루를 놓을 자리에 마루를 놓지 않고 흙바닥 그대로 둔 곳

"이놈의 닭! 죽어라, 죽어라."

요렇게 암팡스레 패 주는 것이 아닌가? 그것도 대가리나 치면 모른다마는 아주 알도 못 낳으라고 그 볼기짝께를 주먹으로 콕콕 쥐어박는 것이다.
몸은 작아도 아무지고 다부진 면이 있게

스스로 정리 노트

◆ 인물의 특성

'나'		점순
소작농의 아들		마름의 딸
순박하고 어수룩하며 눈치가 없음.	←갈등→	'나'에 비해 성숙하고 감정 표현에 적극적임.

05 점순에 대한 설명으로 알맞지 <u>않은</u> 것은?

① 마름의 딸이다.
② '나'에게 관심이 있다.
③ 천연덕스럽고 괄괄하다.
④ 평소 눈물이 많고 부끄럼을 잘 탄다.
⑤ '감자'를 통해 자신의 마음을 표현하였다.

06 [마]에 나타난 점순의 심리와 거리가 <u>먼</u> 것은?

① 분함   ② 무안함   ③ 창피함
④ 초조함   ⑤ 민망함

07 '나'가 ㉠과 같이 말한 이유로 적절한 것은?

① 감자가 너무 뜨거웠기 때문에
② 감자를 별로 좋아하지 않기 때문에
③ 점순이 '나'의 닭을 괴롭혔기 때문에
④ 점순이 '나'의 자존심을 건드렸기 때문에
⑤ 점순이 이성으로 느껴져서 부끄러웠기 때문에

08 '나'와 점순의 신분 차이가 직접적으로 드러난 문장을 [사]에서 찾아 첫 어절과 끝 어절을 쓰시오.

____

어휘 갈무리

* 생색 : 다른 사람 앞에 당당히 나설 수 있거나 자랑할 수 있는 체면.
* 동리 : 마을.
* 천연덕스레 : 시치미를 뚝 떼어 겉으로는 아무렇지 않은 체하는 태도가 있게.
* 마름 : 땅 주인을 대신하여 소작권을 관리하는 사람.
* 부치다 : 논밭을 이용해 농사를 짓다.
* 인품 : 사람이 사람으로서 가지는 품격이나 됨됨이.
* 암팡스레 : 몸은 작아도 아무지고 다부진 면이 있게.

09 이 글에서 사투리를 사용하여 얻는 효과로 적절한 것은? (정답 2개)

① 시대적 배경을 드러낸다.
② 작품의 긴장감을 고조시킨다.
③ 향토적인 분위기를 형성한다.
④ 주제 의식을 직접적으로 드러낸다.
⑤ 작품의 현장감과 인물의 생동감을 높인다.

➕ **중간 부분의 줄거리** '나'의 집 닭을 괴롭히고 '나'에게 욕을 하는 등 '나'를 못 잡아먹어서 안달인 점순이에게 '나'는 적극적으로 대응하지 못하고 분해한다. 이도 모자라 점순이는 제집 수탉과 '나'의 집 수탉을 싸움 붙여 '나'의 마음을 상하게 한다.

자 이렇게 되면 나도 다른 배차를 차리지 않을 수 없었다. 하루는 우리 수탉을 붙들어 가지고 넌지시
장독께로 갔다. 쌈닭에게 고추장을 먹이면, 병든 황소가 살모사를 먹고 ⓐ용을 쓰는 것처럼 기운이 뻗친
다 한다. 장독에서 고추장 한 접시를 떠서 닭 주둥아리께로 들이밀고 먹여 보았다. 닭도 고추장에 맛을
들였는지 거스르지 않고 거진 반 접시 턱이나 곧잘 먹는다.
　그리고 먹고 금세는 용을 못 쓸 터이므로 얼마쯤 기운이 돌도록 홰 속에다 가두어 두었다.

차 밭에 두엄을 두어 짐 져 내고 나서 쉴 참에 그 닭을 안고 밖으로 나왔다. 마침 밖에는 아무도 없고
점순이만 저희 울안에서 헌 옷을 뜯는지 혹은 솜을 터는지 옹크리고 앉아서 일을 할 뿐이다.
　나는 점순네 수탉이 노는 밭으로 가서 닭을 내려놓고 가만히 맥을 보았다. 두 닭은 여전히 얼리어 쌈
을 하는데 처음에는 아무 보람이 없다. 멋지게 쪼는 바람에 우리 닭은 또 피를 흘리고 그러면서도 날갯
죽지만 푸드덕푸드덕 하고 올라 뛰고 뛰고 할 뿐으로 제법 한 번 쪼아 보지도 못한다.
　그러나 한번은 어쩐 일인지 용을 쓰고 펄쩍 뛰더니 발톱으로 눈을 하비고 내려오며 면두를 쪼았다.
큰 닭도 여기에는 놀랐는지 뒤로 멈씰하며 물러난다. 이 기회를 타서 작은 우리 수탉이 또 날쌔게 덤벼
들어 다시 면두를 쪼니 그제서는 감때사나운 그 대강이에서도 피가 흐르지 않을 수 없었다.
　옳다, 알았다. 고추장만 먹이면 되는구나 하고 나는 속으로 아주 쟁그러워 죽겠다. 그때에는 뜻밖
[A] 에 내가 닭쌈을 붙여 놓는 데 놀라서, 울 밖으로 내다보고 섰던 점순이도 ⓑ입맛이 쓴지 눈살을 찌
푸렸다. / 나는 두 손으로 볼기짝을 두드리며 연방
　"잘한다! 잘한다!" / 하고 신이 머리끝까지 뻗치었다.

　그러나 얼마 되지 않아서 나는 넋이 풀리어 기둥같이 묵묵히 서 있게 되었다. 왜냐하면, 큰 닭이 한
번 쪼인 ⓒ앙갚음으로 호들갑스레 ⓓ연거푸 쪼는 서슬에 우리 수탉은 찔끔 못 하고 막 꿇는다. 이걸 보
고서 이번에는 점순이가 깔깔거리고 되도록 이쪽에서 많이 들으라고 웃는 것이다.

카 나는 보다 못하여 덤벼들어서 우리 수탉을 붙들어 가지고 도로 집으로 들어왔다. 고추장을 좀 더 먹
였더라면 좋았을 걸 너무 급하게 쌈을 붙인 것이 퍽 후회가 난다. 장독께로 돌아와서 다시 턱 밑에 고추
장을 들이댔다. 흥분으로 말미암아 그런지 당최 먹질 않는다. 나는 ⓔ하릴없이 닭을 반듯이 눕히고 그
입에다 궐련 물부리를 물리었다. 그리고 고추장 물을 타서 그 구멍으로 조금씩 들이부었다. 닭은 좀 괴
로운지 킥킥 하고 재채기를 하는 모양이나, 그러나 당장의 괴로움은 매일같이 피를 흘리는 데 댈 게 아
니라 생각하였다.
　그러나 한 두어 종지가량 고추장 물을 먹이고 나서는 나는 고만 풀이 죽었다. 싱싱하던 닭이 왜 그런
지 고개를 살며시 뒤틀고는 손아귀에서 뻐드러지는 것이 아닌가. 아버지가 볼까 봐서 얼른 홰에다 감추
어 두었더니 오늘 아침에서야 겨우 정신이 든 모양 같다.

　위기 과거(어제) | 닭에게 (　　　　　　　)을 먹여 닭싸움에서 이기려던 '나'의 계획이 실패함.

10 '나'가 닭에게 고추장을 먹인 이유로 알맞은 것은?

① '나'의 닭이 고추장을 좋아하기 때문에
② 닭이 모이를 먹지 않아 힘을 못 쓰므로
③ 닭싸움을 하다 다친 닭을 치료해 주려고
④ 점순네 수탉이 고추장 때문에 잘 싸워서
⑤ 점순네 수탉과의 싸움에서 이기기 위해서

11 이 글을 읽고 난 반응으로 적절하지 <u>않은</u> 것은?

① 지현 : '나'의 닭이 점순네 수탉을 제법 세게 공격해서 피를 냈어.
② 수경 : '나'의 닭이 힘을 쓰는가 싶다가 결국 점순네 수탉이 이겼네.
③ 윤우 : '나'는 닭에게 고추장을 적게 먹여서 싸움에서 졌다고 생각하고
있어.
④ 유나 : '나'가 먼저 자기네 닭을 데리고 가서 점순네 수탉과 싸움을 붙
였어.
⑤ 민준 : 점순이는 닭에게 고추장을 먹이는 '나'를 한심하게 여기고 비웃
었어.

12 [A]에 나타난 '나'의 심리로 가장 적절한 것은?

① 신남　　　　　② 다급함　　　　　③ 화가 남
④ 부끄러움　　　⑤ 당황스러움

13 ⓐ~ⓔ의 뜻풀이로 알맞지 <u>않은</u> 것은?

① ⓐ : 한꺼번에 힘을 몰아 쓰는
② ⓑ : 일이 뜻대로 되지 않아 기분이 언짢거나 괴로운지
③ ⓒ : 남이 저에게 해를 준 대로 저도 그에게 해를 줌
④ ⓓ : 몹시 매섭고 독하게
⑤ ⓔ : 달리 어떻게 할 도리가 없이

➕ **중간 부분의 줄거리** 오늘, 산에서 나무를 하고 내려오던 '나'는 노란 동백꽃이 깔린 틈에서 호드기를 불고 있는 점순이와 그 앞에서 닭싸움이 붙어 피를 흘리는 제집 닭을 발견한다.

타 나는 약이 오를 대로 다 올라서 두 눈에서 불과 함께 눈물이 퍽 쏟아졌다. 나무 지게도 벗어 놀 새 없이 그대로 내동댕이치고는 지게막대기를 뻗치고 허둥지둥 달려들었다.

가까이 와 보니, 과연 나의 짐작대로 우리 수탉이 피를 흘리고 거의 빈사지경에 이르렀다. 닭도 닭이
　　　　　　　　　　　　　　　　　　　　　　　　　　　　　거의 죽게 된 처지나 형편
려니와 그러함에도 불구하고 눈 하나 깜짝 없이 고대로 앉아서 호드기만 부는 그 꼴에 더욱 치가 떨린
　　　　　　　　　　　　　　　　　　　　　　　　　버드나무 가지의 껍질로 만든 피리
다. 동네에서도 소문이 났거니와 나도 한때는 걱실걱실히 일 잘하고 얼굴 예쁜 계집애인 줄 알았더니,
　　　　　　　　　　　　　　　　　　　성질이 너그러워 말과 행동을 시원스럽게 하는 모양
시방 보니까 그 눈깔이 꼭 여우 새끼 같다.
지금

파 나는 대뜸 달려들어서 나도 모르는 사이에 큰 수탉을 단매로 때려 엎었다. 닭은 푹 엎어진 채 다리
　　　　　　　　　　　　　　　　　　　　　　　단 한 번 때리는 매
하나 꼼짝 못 하고 그대로 죽어 버렸다. 그리고 나는 멍하니 섰다가 점순이가 매섭게 눈을 홉뜨고 닥치
　　　　　　　　　　　　　　　　　　　　　　　　　　　　　　　눈알을 위로 굴리고 눈시울을 위로 치뜨고
는 바람에 뒤로 벌렁 나자빠졌다.

"이놈아! 너, 왜 남의 닭을 때려죽이니?" / "그럼 어때?" / 하고 일어나다가

"뭐, 이 자식아! 누 집 닭인데?"

하고 복장을 떼미는 바람에 다시 벌렁 자빠졌다. 그러고 나서 가만히 생각을 하니 분하기도 하고 무안도
　　　　　　　가슴의 한복판
스럽고, 또 한편 일을 저질렀으니 인젠 땅이 떨어지고 집도 내쫓기고 해야 되는지 모른다.

절정 현재(오늘) | 또 (　　　　　　　　　)을 붙인 점순에게 화가 난 '나'가 점순네 닭을 때려죽임.

하 나는 비슬비슬 일어나며 소맷자락으로 눈을 가리고는 얼김에 엉 하고 울음을 놓았다. 그러다 점순
　　　　　　자꾸 힘없이 바틀거리는 모양　　　　　　　　　　어떤 일이 벌어지는 바람에 자기도 모르게 정신이 얼떨떨한 상태
이가 앞으로 다가와서

㉠"그럼 너, 이담부턴 안 그럴 테냐?"

하고 물을 때에야 비로소 살 길을 찾은 듯싶었다. 나는 눈물을 우선 씻고 뭘 안 그러는지 명색도 모르건만 / "그래!"/ 하고 무턱대고 대답하였다.

"요담부터 또 그래 봐라, 내 자꾸 못살게 굴 테니."

"그래그래, 인젠 안 그럴 테야." / "닭 죽은 건 염려 마라. 내 안 이를 테니."

그리고 뭣에 떠다밀렸는지 나의 어깨를 짚은 채 그대로 퍽 쓰러진다. 그 바람에 나의 몸뚱이도 겹쳐서 쓰러지며 한창 피어 퍼드러진 ㉡노란 동백꽃 속으로 폭 파묻혀 버렸다.

알싸한 그리고 향긋한 그 냄새에 나는 땅이 꺼지는 듯이 온 정신이 고만 아찔하였다.
매운맛이나 독한 냄새 따위로 콧속이나 혀끝이 알알한

거 "너, 말 마라." / "그래!" / 조금 있더니 요 아래서,

"점순아! 점순아! 이년이 바느질을 하다 말구 어딜 갔어?"

하고 어딜 갔다 온 듯싶은 그 어머니가 역정이 대단히 났다.
　　　　　　　　　　　　　　　　　　몹시 언짢거나 못마땅하여서 내는 성
점순이가 겁을 잔뜩 집어먹고 꽃 밑을 살금살금 기어서 산 아래로 내려간 다음, 나는 바위를 끼고 엉금엉금 기어서 산 위로 치빼지 않을 수 없었다.
　　　　　　　　　　　　　　　　　　　　　　　　　　　냅다 달아나지

결말 현재(오늘) | '나'와 점순이 화해하고 함께 (　　　　　　　　) 속으로 파묻힘.

주제의 완결 ■ 봄 / 사랑 / 연정 / 갈등 / 고향애정 / 고향소식 / 고향방문

스스로 정리 노트

◆ '닭싸움'과 '동백꽃'의 의미와 역할

닭싸움	• 점순이 '나'의 관심을 끌기 위한 수단 • 점순이 '나'에게 앙갚음하는 수단 • 갈등을 심화시킴. • 갈등을 해소하는 계기가 됨.
동백꽃	• 향토적·서정적·낭만적 분위기를 형성함. • 갈등의 해소를 나타냄. • '나'와 점순의 풋풋한 사랑을 감각적으로 형상화함.

어휘 갈무리

* 빈사지경 : 거의 죽게 된 처지나 형편.

* 걱실걱실히 : 성질이 너그러워 말과 행동을 시원스럽게 하는 모양.

* 홉뜨다 : 눈알을 위로 굴리고 눈시울을 위로 치뜨다.

* 얼김 : 어떤 일이 벌어지는 바람에 자기도 모르게 정신이 얼떨떨한 상태.

* 알싸하다 : 매운맛이나 독한 냄새 따위로 콧속이나 혀끝이 알알하다.

* 역정 : 몹시 언짢거나 못마땅하여서 내는 성.

---

14 이 글에 대한 설명으로 알맞지 <u>않은</u> 것은?

① 배경과 소재를 통해 향토적인 분위기를 형성하고 있다.
② '현재 – 과거 – 현재'의 역순행적 구성으로 이루어져 있다.
③ 주인공인 '나'와 점순 사이의 풋풋한 사랑을 주제로 하고 있다.
④ 1930년대 농촌 계급 사회의 문제를 비판적으로 바라보고 있다.
⑤ '나'의 어수룩한 말과 행동을 통해 독자의 웃음을 자아내고 있다.

15 이 글에서 〈보기〉의 역할을 하는 소재는?

┤ 보기 ├
• '나'에 대한 점순의 관심의 표현이자 앙갚음의 수단이다.
• 갈등을 고조시키는 역할을 하며, 갈등을 해소하는 계기가 되기도 한다.

① 감자　　　　　② 호드기　　　　　③ 닭싸움
④ 고추장　　　　⑤ 동백꽃

16 ㉠에 담긴 점순의 속마음으로 가장 적절한 것은?

① 다시는 나한테 까불지 마.
② 다시는 우는 모습을 보이지 마.
③ 앞으로는 내 호의를 거절하지 마.
④ 앞으로는 우리 집 닭을 절대 때리지 마.
⑤ 닭에게 고추장을 먹이고 싸움을 붙이지 마.

17 ㉡에 대한 설명으로 알맞지 <u>않은</u> 것은?

① 향토적이고 서정적인 분위기를 형성한다.
② 사춘기 남녀 사이의 낭만적 분위기를 연출한다.
③ '나'와 점순의 풋풋한 사랑이 시작됨을 암시한다.
④ '나'와 점순 사이의 모든 갈등이 해소됨을 암시한다.
⑤ 금방 지는 꽃처럼 '나'와 점순의 사랑도 짧을 것임을 암시한다.

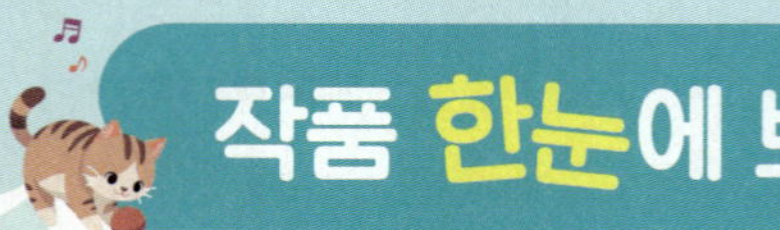

작품 한눈에 보기

핵심 정리

갈래	현대 소설, 단편 소설, 순수 소설, 농촌 소설	성격	향토적, 해학적, 서정적
시점	1인칭 ① ☐☐☐ 시점	배경	[시간적] 1930년대 봄 [공간적] 강원도 산골 마을
제재	감자, 닭싸움, 동백꽃	주제	산골 마을 사춘기 소년, 소녀의 순박한 사랑
특징	① 사투리와 향토적인 소재를 통해 작품의 정서와 분위기를 형성한다. ② 사춘기 소년, 소녀의 순박하고 풋풋한 애정을 해학적으로 그리고 있다. ③ '나'의 어수룩한 행동과 말을 통해 독자의 ② ☐☐ 을 자아낸다. ④ '현재 – 과거 – 현재'의 역순행적 구성 방식을 취한다.		

◈ 이 글 전체의 구성

발단	전개	위기	절정	결말
오늘	나흘 전, 사흘 전	어제	오늘	오늘
점순이 자신의 집 닭과 '나'의 집 닭을 싸움 붙여 '나'를 괴롭힘.	나흘 전 점순이 건네는 ③ ☐☐ 를 거절한 이후, '나'에 대한 점순의 괴롭힘이 점차 심해짐.	'나'가 제집 닭에게 고추장을 먹여 닭싸움을 붙였으나 점순네 닭에게 짐.	또 닭싸움을 붙인 점순에게 화가 난 '나'가 점순네 수탉을 때려죽임.	'나'와 점순이 화해하고 ④ ☐☐☐ 속에 함께 파묻힘.

◈ 소재의 의미와 역할

감자	• '나'에 대한 점순의 관심과 애정의 표현 • '나'와 점순의 갈등을 유발하는 매개체
⑤ ☐☐☐	• 점순이 '나'의 관심을 끌기 위한 수단이자, 호의를 거절한 것에 대해 앙갚음하는 수단 • '나'와 점순의 갈등을 고조시키고, 갈등을 해소하는 계기가 됨.
동백꽃	• ⑥ ☐☐ 적 · 서정적 · 낭만적 분위기를 형성함. • '나'와 점순의 화해와 풋풋한 사랑을 감각적으로 보여 줌.

◈ 인물의 특징과 갈등 양상

'나'		점순
• ⑦ ☐☐☐ 의 아들 • 순진하고 어수룩하며 무뚝뚝한 성격 • 점순의 마음을 알아채지 못하고 점순의 말과 행동을 엉뚱하게 해석함.	⟷ 외적 갈등	• ⑧ ☐☐ 의 딸 • 적극적이고 조숙한 성격 • 자신의 마음을 알아주지 않고 호의를 거절한 '나'를 괴롭힘.

기우(杞憂)

기나라에 늘 걱정이 많은 사내가 살고 있었다.

사내가 하는 걱정은 터무니없는 것들이었다.

그는 하늘을 보면서는 "하늘이 갑자기 무너지면 어쩌지?"라고 근심했고,

땅을 보면서는 "발밑의 땅이 꺼지면 어쩌지?"라고 근심했다.

불안해서 잠도 못 자고 밥도 못 먹는다는 사내의 소식을 듣고

한 사람이 찾아왔다. 그는 사내에게 말했다.

"하늘은 무너지지 않습니다. 눈에 보이지 않지만 단단한 기운이

하늘을 가득 채우고 있으니까요. 또한 땅은 흙이 쌓여 단단하니

무너지지 않습니다."

그 말을 들은 사내는 비로소 마음을 놓고 밝은 얼굴이 되었다.

여기에서 비롯한 말이 기우(杞憂)이다.

이는 기나라 사람의 걱정이라는 뜻으로, 앞일에 대해 쓸데없는 걱정을 하는 것을 이르는 말이다.

 ## 한자로 확인

記	號	嗜	好
기록할 **기**	이름 **호**	즐길 **기**	좋을 **호**
어떠한 뜻을 나타내는 부호나 문자		즐기고 좋아함	
記	號	嗜	好

寬	容	慣	用
너그러울 **관**	얼굴 **용**	익숙할 **관**	쓸 **용**
남의 잘못을 너그럽게 받아들이거나 용서함		습관적으로 늘 그렇게 쓰는 것	
寬	容	慣	用

05 고무신 ❶ _오영수

갈래	현대 소설, 단편 소설
성격	서정적, 애상적
시점	전지적 작가 시점
배경	• 시간적 : 1940년대 후반 • 공간적 : 산기슭 마을
제재	고무신
주제	젊은 남녀의 순수하고 애틋한 사랑
특징	① 산기슭 마을의 봄 풍경을 배경으로 젊은 남녀의 순수한 사랑을 서정적으로 그리고 있다. ② 비유적인 표현과 감각적인 묘사를 통해 장면을 생생하게 표현한다.

가　엿장수가 엿판을 길목에 내리자 남이는 ㉠<u>가시처럼 꼭 찌르는 소리로,</u> / "보소!"

　엿장수는 놀란 듯 힐끗 한 번 돌아보고는 담을 싼 아이들을 헤치고 남이에게로 오는데 남이는 ㉡<u>입을 쌜쭉하면서</u> 대뜸,

　"내 신 내놓소!" / 했다.

　엿장수는 걸음을 멈추고 한참 동안 남이를 바라보다 말고 은근한 말투로, / "신은 웬 신요?"/ 하고는 상대편의 의심을 받을 만큼 히죽이 웃어 보이자, 남이는 ㉢<u>눈이 까칠해 가지고,</u>

　"잡아떼면 누가 속을 줄 아는 가베!"

　그러나 ⓐ<u>엿장수는 수양버들 봄바람 맞듯 연신 히죽거리며,</u>

　"뭘요, ⓑ<u>그믐밤에 홍두깨도 분수가 있지?</u>"/ 남이는 발끈하고, / "신 말이오!"
_{별안간 엉뚱한 말이나 행동을 함을 비유적으로 이르는 말}

　"신을요?" / "어제 우리 집 아이들을 꾀어 간 옥색 고무신 말이오!"

　엿장수는 머리를 벅벅 긁으며, / "꾀기는 누가……."

하고는 한 걸음 앞으로 다가서서 길 아래위를 살핀 다음 낮은 소리로,

　"그 신이 당신 신이던교?" / "누구 신이든 내 봐요, 빨리!"

　엿장수는 또 머리를 긁으면서, / "당신 신인 줄 알았으면야, 이놈이 미친놈이 아닌 담에야……."

하고 지나치게 <u>고분거리는데</u> 남이는 한결같이 <u>앙살을</u> 부린다.
_{공손하고 부드럽게 행동하는데　　　　엄살을 부리며 버티고 겨루는 짓}

나　"내 봐요, 빨리!" / 엿장수는 손짓으로 어르듯 달래듯,

　"가만 있소. 도가에 가 보고 신이 있으면야 갖다 주고말고. 만일 신이 없으면 새 신이라도 사다 줄게요. 염려 마소!"
_{동업자들이 모여서 계나 장사에 대한 의논을 하는 집}

하고는 남이의 발을 눈짐작하는데, 이때 난데없이 굵다란 ㉣<u>벌</u> 한 마리가 날아와 남이의 얼굴 주위를 잉잉
_{눈짐작}
날아돈다. 남이는 상을 찌푸리고 한 손을 내저어 벌을 쫓고, 목을 돌리고 하는데, 벌은 갑자기 남이 저고리 앞섶에 붙어 가슴패기로 기어 오르고 있다. / 이것을 조마조마 보고 있던 엿장수는,
_{가슴팍}
_{옷의 앞자락에 대는 섶}
　"가, 가만……." / 하고는 한걸음에 뛰어들어, / "요놈의 벌이."

하고 손바닥으로 벌을 딱 덮어 눌렀다. 옆에서 보기에도 민망스런 순간이었다.

　남이는 당황하면서도 귀 언저리를 붉히고 한 걸음 뒤로 물러서자 함께, 엿장수 손아귀에는 벌이 쥐어졌다. 쥐인 벌은 고스란히 있을 리가 없다. 한 번 잉 소리를 내고는 그만 손바닥을 쏘아 버렸다. 동시에 엿장수는, / "앗!" / 하고, 쥐었던 손을 펴 불며 털며 <u>앙감질을</u> 하는 꼴이 남이는 어떻게나 우스웠던지
_{한 발은 들고 한 발로만 뛰는 짓}
ⓓ<u>그만 손등으로 입을 가리고 킥킥 하고 웃어 버렸다.</u> 엿장수는 반은 울상 반은 웃는 상 남이를 바라보

는데, 남이의 송곳니가 무척 예뻐 보였다. ⓔ남이는 엿장수와 눈이 마주치자 무색해서 눈을 땅바닥으로
겸연쩍고 부끄러워서
떨어뜨렸다. 살을 쏘아 버린 벌이 꽁무니에 흰 실 같은 것을 달고, 거추장스럽게 기어가고 있다. 남이의
일 따위가 성가시고 귀찮게
시선을 따라온 엿장수 눈이 이것을 보자 그만 억센 발로,
'문지르다'의 방언
"엥이, 엥이, 엥이." / 하고 망깨 다지듯 짓밟고 물질러 자취도 없이 해 버리자 남이는 또 웃음이 나올
토목 공사에서 여러 일꾼들이 들었다 놓았다 하면서 땅을 다지는 데 쓰는 도구
것만 같아 문을 밀고 안으로 들어가 버렸다.

> **전개 2** 엿장수가 남이의 저고리 앞섶에 붙은 (   )을 잡다 손바닥을 쏘임.

스스로 정리 노트

◆ '벌'의 기능

```
                벌
┌──────────┐  ┌──────────┐
│ 엿장수가 남 │  │ 벌에 쏘여 앙 │
│ 이 저고리 앞 │  │ 감질하는 엿 │
│ 섶에 붙은 벌 │  │ 장수를 보고 │
│ 을 잡음.    │  │ 남이가 웃음. │
└──────────┘  └──────────┘
      ↓              ↓
┌──────────┐  ┌──────────┐
│ 신체 접촉으 │  │ 남이와 엿장 │
│ 로 미묘한 감 │  │ 수의 갈등을 │
│ 정(연정)이 싹 │  │ 해소하는 매 │
│ 틈.        │  │ 개체       │
└──────────┘  └──────────┘
```

어휘 갈무리

* 쌜쭉하다 : 어떤 감정을 나타내면서
입이나 눈이 한쪽으로 약간 배뚤어
지거나 기울어지게 움직이다.

* 고분거리다 : 공손하고 부드럽게 행
동하다.

* 앙살 : 엄살을 부리며 버티고 겨루는
짓.

* 도가 : 동업자들이 모여서 계나 장사
에 대한 의논을 하는 집.

* 앙감질 : 한 발은 들고 한 발로만 뛰
는 짓.

* 무색하다 : 겸연쩍고 부끄럽다.

---

01 이 글을 읽은 학생들의 감상으로 적절하지 <u>않은</u> 것은?

① 태훈 : 엿장수의 모습을 보니 남이에게 호감을 느끼고 있는 것 같아.

② 민정 : 엿장수는 남이의 관심을 다른 데로 돌리기 위해 벌을 잡았어.

③ 재희 : 남이는 엿장수를 아이들을 꾀어 엿을 판 나쁜 사람으로 오해하
고 있어.

④ 하윤 : 남이의 뜬금없는 말에도 웃으면서 반응하는 것을 보니 엿장수
가 참 착하고 순박하군.

⑤ 범준 : 엿장수를 보자마자 대뜸 신을 내놓으라고 하는 것을 보니 남이
가 흥분한 상태인 것 같아.

02 ㉠~㉢을 통해 알 수 있는 남이의 심리로 알맞은 것은?

① 엿장수에게 미안해한다.

② 엿장수에게 적대감이 있다.

③ 엿장수에게 관심이 없는 척한다.

④ 엿장수 때문에 수줍어하고 있다.

⑤ 엿장수에게 예쁘게 보이고 싶어 한다.

03 ⓐ~ⓔ에 대한 설명으로 알맞지 <u>않은</u> 것은?

① ⓐ : 엿장수가 웃는 모습을 자연물에 빗대어 표현하였다.

② ⓑ : 남이의 요구가 엉뚱하고 뜬금없음을 말하고 있다.

③ ⓒ : 남이와 엿장수가 갈등을 해소하는 매개체가 된다.

④ ⓓ : 엿장수가 벌에 쏘여 고소해하는 남이의 반응이다.

⑤ ⓔ : 남이가 엿장수에게 미묘한 감정을 느껴 수줍어하고 있다.

다 　오늘따라 엿장수는 일찍 왔다. 엿장수가 오는 시간을 누구보다 더 잘 알고 있는 이 마을 아이들에게는 작지 않은 사건이었다. 또 하나 의외의 일은 한 담배 참씩이면 다음 마을로 가 버리는 엿장수가 오늘은 제법 아이들과 시시덕거리고 놀기를 시작한 것이다. 그뿐만 아니라, 길목 타작마당에서 아이들과 뜀뛰기까지 하다가 점심때 가까이 해서야 다음 마을로 건너가는 것이었다.

　　일을 시작하여서 일정하게 쉬는 때까지의 사이

　아이들은 어제 모양으로 엿을 한 동강이씩 주지 않고 가는 것이 퍽이나 섭섭한 눈초리로 뒤 꼴을 바라보았으나, 보리쌀 삶을 즈음해서 엿장수는 또 왔고, 해가 져서야 돌아갔다.

　다음 날도 그랬고 그다음 날도 그랬다. 다만 전날과 다른 것은 영이와 윤이에게 엿을 한 가락씩 쥐여 주고 간 것이다. 동네 아이들은 영이와 윤이가 무척 부러웠다.

라 　㉠날씨는 한결같이 좋았다. 산기슭 잔디 언덕에는 쑥 싹을 캐는 소녀들의 색 낡은 분홍 치마가 애틋하게 정다워 보이고 개울가에는 냉이랑 독새랑 여뀌랑 미나리랑 싹이 뾰족뾰족 돋아났다.

　　독새풀

　엿장수는 한결같이 왔고 와서는 갈 줄을 몰랐다. ⓐ어떤 날은 벙글벙글 웃었고, 웃는 날은 애들에게 엿을 나눠 주었으나 ⓑ벙어리처럼 덤덤히 앉았다가 가는 날은 엿 맛을 못 보았다. 그렇기에 아이들은 엿장수가 오면 엿판보다 먼저 엿장수 눈치부터 보는 버릇이 생겼다.

　요즘은 그 텁수룩한 머리에다 기름 칠갑을 해 가지고는 억지로 빗어 넘기고 또 옥색 인조견 조끼도 입었다. 낯익은 동네 아낙들이,

　　겉면에 다른 물질을 흠뻑 칠하여 바름　　　　사람이 만든 명주실로 짠 비단

　"엿장수 요새 장가갔는가 베?"

라고 할라치면 엿장수는 수줍게도 씩 웃으며 그 펑퍼짐한 얼굴을 모로 돌리곤 했다.

　　옆쪽으로

마 　하루는 철수가 저녁을 딴 데서 치르고 늦게 돌아오는데, 어떤 젊은 사내가 대문 틈으로 정신없이 집 안을 들여다보고 있었다. 철수는 이놈이 바로 좀도둑이거니 하고 손가방으로 궁둥짝을 후려치며,

　"웬놈이냐?" / 하고 고함을 질렀다. 사나이는 그야말로 뱀이나 밟은 것처럼 기겁을 하고는 철수를 보자 이내 한 손을 머리로 올리고 꾸벅꾸벅 절만 했다.

　　숨이 막힐 듯이 갑작스럽게 겁을 내며 놀람

　"뭣을 훔치려고 노리는 거야?" / "아, 아니올시더. 예, 예, 저 댁의 강아지가, 예, 헤헤⋯⋯."

　"강아지가 어쨌단 거야?" / "예, 저 아니올시더. 헤헤."

　연신 허리를 꾸벅거리고는 비슬비슬 달아나 버렸다.

　　자꾸 힘없이 비틀거리는 모양

　"그놈 미친놈이군!" / 했을 뿐, 그 사나이가 엿장수인 줄 철수는 몰랐다.

바 　밤이면 개 짖는 소리가 요란했고, 그런 밤이면 마을 사람들은 안팎 문을 꼭꼭 걸어 닫았다.

　어떤 사람은 철수네 집 담 밑에서 도둑놈을 보았다고 했고 또 어떤 사람은 길목에서도 보았다고들 했다. 개울 빨래터에서도 보았고 동네 우물가에서도 보았다고들 했다. 그러나 막상 도둑을 맞은 사람은 한 사람도 없건만 마을에서는 도둑 소문이 자자한 채 달도 바뀌고 제비 올 무렵 어느 날 저녁녘에 우연히도 남이 아버지가 찾아왔다.

　　여러 사람의 입에 오르내려 떠들썩한

전개 3　엿장수가 (　　　　　　　　)를 보기 위해 마을에 자주 드나듦.

스스로 정리 노트

◆ 시간의 흐름에 따른 엿장수의 심리

초봄	남이에 대한 연정이 시작됨.

↓

봄이 무르익을 무렵	남이에 대한 연정이 무르익음.

어휘 갈무리

* 칠갑 : 물건의 겉면에 다른 물질을 흠뻑 칠하여 바름.

* 기겁 : 숨이 막힐 듯이 갑작스럽게 겁을 내며 놀람.

* 비슬비슬 : 자꾸 힘없이 비틀거리는 모양.

* 자자하다 : 여러 사람의 입에 오르내려 떠들썩하다.

04 이 글을 읽고 짐작한 내용으로 적절하지 <u>않은</u> 것은? (정답 2개)

① 철수는 엿장수를 일부러 도둑으로 몰았다.
② 엿장수는 남이에게 잘 보이려고 외모에 신경을 썼다.
③ 남이는 개울 빨래터나 동네 우물가를 드나들곤 했다.
④ 엿장수는 강아지를 좋아해서 마을의 강아지를 구경하고 다녔다.
⑤ 엿장수는 도둑으로 의심을 받을 정도로 마을 이곳저곳을 자주 드나들었다.

05 〈보기〉를 참고할 때, ㉠에 대한 설명으로 적절한 것은?

> ┤ 보기 ├
>
> 사계절 중 '봄'은 만물이 생동하는 계절이다. 문학 작품에서는 이러한 봄의 모습을 통해 청춘 남녀의 애정을 간접적으로 형상화하기도 한다.

① 엿장수의 장사가 번창할 것임을 알려 준다.
② 엿장수와 남이가 곧 결혼할 것임을 암시한다.
③ 엿장수의 연정이 커져 가고 있음을 드러낸다.
④ 엿장수와 남이 사이에 갈등이 일어날 것임을 예고한다.
⑤ 엿장수의 마음이 해이해져서 일을 게을리하게 될 것임을 나타낸다.

06 엿장수가 ⓐ와 ⓑ처럼 행동을 달리하는 기준으로 알맞은 것은?

① 동네 아낙들의 말에 따라
② 날씨의 좋고 나쁨에 따라
③ 마을 아이들의 반응에 따라
④ 남이와의 만남 여부에 따라
⑤ 엿 장사의 수입 여부에 따라

07 새로운 사건을 예고하는 인물을 [바]에서 찾아 쓰시오.

# 고무신 ❸

사 "윤아, 아지마 가먼 니 '빠빠' 누가 줄고?"/ 하자, 영이가 또, / "아지마, 어데 가노?"

하고 묻는다. / 남이는 목멘 낮은 소리로, / "우리 집에 간다."

감정이 북받쳐 솟아올라 그 기운이 목에 엉기어 막힌

　그러나 영이는, / ⓙ"거짓말이다. 이거 너거 집 앙이고 머고?" / 하고, 발까지 구르며 짜증을 낸다. 갑자기 윤이가 그 넓적한 입을 삐죽거리면서 억실억실한 눈에 눈물을 함빡 가둔다. 남이는 지그시 팔에 힘

얼굴 모양이나 생김새가 선이 굵고 시원시원한

을 준다. 윤이 눈에서 눈물 한 방울이 떨어져 남이의 자줏빛 옷고름에 얼룩이 진다.

> **위기** 남이 아버지가 남이를 데려가 (　　　　　　　　　)보내겠다며 찾아오고, 남이는 떠날 채비를 함.

아 바로 이때다. 골목에서 엿장수 가위 소리가 들려왔다. 남이는 재빨리 윤이를 업고, 영이의 손목을 잡은 채 밖으로 나갔다. 남이 아버지는 벌써 저만치 철수와 하직을 하면서 내려가고, 엿장수는 막 철수네 집 앞에서 대문을 나서는 남이와 마주쳤다. ⓛ엿장수는 얼빠진 사람처럼 남이를 바라보는데 남이의 눈에는 순간 어두운 그림자가 지나갔다.

　남이는 윤이를 업은 채 허리를 굽히고, 몸을 약간 둘러 치맛자락을 걷고 빨간 콩 주머니에서 십 원짜리 두 장을 꺼내 엿장수를 주었다. ⓒ엿장수는 그제서야 눈을 돌려 남이와 돈을 번갈아 보다 말고 신문지 조각에 엿을 네댓 가락 싸서 아무 말도 없이 돈과 함께 내민다.

자 남이는 약간 망설이다가 역시 암말도 없이 한 손으로 받아 가지고는 영이를 앞세우고 안으로 들어왔다. 엿장수는 멍하니 대문만 쳐다보고 있다가 침을 한 번 꿀꺽 삼키고 나서 엿판을 둘러메고는 혼잣말로, / ⓔ"꽃놀이를 가면 자천 골짜기지. 그럼 한 걸음 앞서 울음 고개로 질러감 되겠지."

　이렇게 중얼대면서 엿장수는 빠른 걸음으로 담 모퉁이를 돌아 울음 고개로 향해 갔다.

　남이는 그 엿장수에게 받은 엿을 영이에게 둘, 윤이에게 둘 각각 손에 쥐여 주고서도 한 동강이 잘라 입에 넣고는 수건으로 윤이 눈물 자국과 영이 코 밑을 닦아 주고서야 보퉁이를 들고 일어섰다.

　영이와 윤이는 엿 먹기에 여념이 없었다.

> **절정** 남이가 때마침 나타난 (　　　　　　　　　)에게서 엿을 사 아이들에게 줌.

차 철수 아내는 보퉁이 한 개를 들고 따라 나오면서 남이에게 귀엣말로 뭣을 일러 주고…… 이래서 남이는 떠나간다. 다만 한 가지 철수 내외에게 수수께끼는 마을 중턱에서 남이를 보내고 서서 그의 뒷모양을 바라보는데, 남이가 어이한 옥색 고무신을 신고 가는 것이다. 더구나 한 번도 신지 않은 새것을……

어찌한. 여기서는 '어디서 생겼는지 알 수 없는'의 뜻

　철수 내외는 서로 얼굴만 쳐다볼 뿐 도로 물어본달 수도 없고 해서 그만두었다.

　보리밭 사이 조그만 언덕길로 ⓐ옥색 고무신을 신은 남이는 갔다. 자천 골짜기로 꽃놀이를 가는 줄만 알았던 남이가 난데없는 영감 하나를 따라가고 있는 광경을 엿장수는 ⓜ울음 고개 위에서 멀거니 바라보고 있는 것을 남이 자신이야 알 리도 없었다.

> **결말** 아버지를 따라 마을을 떠나는 남이를 엿장수가 (　　　　　　　　　)에서 멀거니 바라봄.

▪️ 주제제 고무신 / 이별 / 시집 / 부정적 / 옥색 고무신 / 물통 교개

스스로 정리 노트

◆ '옥색 고무신'의 의미

'전개'에서의 의미
• 철수가 남이에게 준 추석 선물 • 남이가 애지중지한 물건 • 아이들이 엿과 바꿔 먹어 남이와 엿장수가 만나게 되는 매개체

'결말'에서의 의미
• 남이가 아버지를 따라 떠날 때 신은 신발 • 엿장수의 선물로 추측되는 물건(남이와 엿장수 간의 사연이 더 있었음을 짐작하게 함.)

↓

소중한 물건, 추억이 담긴 물건, 애정의 징표, 이별의 상징

어휘 갈무리

* 목메다 : 기쁨이나 설움 따위의 감정이 북받쳐 솟아올라 그 기운이 목에 엉기어 막히다.
* 억실억실하다 : 얼굴 모양이나 생김새가 선이 굵고 시원시원하다.
* 여념 : 어떤 일에 대하여 생각하고 있는 것 이외의 다른 생각.

08 [사]~[아]에 드러난 남이의 심리와 거리가 먼 것은?

① 슬픔 ② 아쉬움 ③ 흐뭇함
④ 안타까움 ⑤ 걱정스러움

09 ㉠~㉤에 대한 설명으로 적절하지 않은 것은?

① ㉠ : 남이를 식구로 여기는 아이의 순진한 모습이 드러난다.
② ㉡ : 엿장수는 말도 없이 떠나려는 남이의 행동에 당황하였다.
③ ㉢ : 돈을 받지 않고 엿을 주는 것으로 남이에 대한 사랑을 표현하고 있다.
④ ㉣ : 엿장수는 남이가 꽃놀이를 가는 것이라고 생각한다.
⑤ ㉤ : 남이와 엿장수의 슬픈 이별을 나타내는 소재이다.

10 [차]에 대한 학생들의 반응으로 알맞지 않은 것은?

① 영준 : 남이는 엿장수가 자신을 바라보고 있다는 것을 모르겠지.
② 주영 : 엿장수가 떠나는 남이를 바라보는 장면이 애틋하게 느껴져.
③ 소민 : 남이는 엿장수와 다시 만날 날을 기약하며 길을 떠나고 있어.
④ 의현 : 갑자기 남이와 이별하게 된 엿장수의 마음이 얼마나 허탈할까.
⑤ 우정 : 엿장수는 남이가 따라가고 있는 사람이 누구인지 몰라 더 답답할 거야.

11 ⓐ에 대한 설명으로 알맞지 않은 것은?

① 애틋한 이별을 나타낸다.
② 영이와 윤이가 엿을 바꿔 먹은 신발이다.
③ 엿장수가 남이에게 선물한 것으로 추측된다.
④ 남이와 엿장수의 사랑의 징표라고 볼 수 있다.
⑤ 남이와 엿장수의 감춰진 사연을 짐작할 수 있게 한다.

작품 한눈에 보기

핵심 정리

갈래	현대 소설, 단편 소설	성격	서정적, 애상적	시점	전지적 작가 시점
배경	[시간적] 1940년대 후반 [공간적] 산기슭 마을			제재	① ☐☐☐
주제	젊은 남녀의 순수하고 애틋한 사랑				
특징	① 산기슭 마을의 봄 풍경을 배경으로 젊은 남녀의 순수한 사랑을 서정적으로 그리고 있다. ② 비유적인 표현과 감각적인 묘사를 통해 장면을 생생하게 표현한다.				

◈ 이 글 전체의 구성

발단	전개	위기	절정	결말
산기슭 마을에 찾아오는 엿장수가 가난하고 무료한 아이들에게 즐거움을 주고 부러움의 대상이 됨.	영이와 윤이가 남이의 옥색 고무신으로 엿을 바꿔 먹은 사건을 계기로 엿장수가 ② ☐☐를 보러 마을에 자주 드나듦.	어느 날 남이의 아버지가 찾아와 남이를 데려가 시집보내겠다고 하고, 다음 날 남이는 철수네 가족과 작별 인사를 함.	남이가 떠나기 직전, 때마침 나타난 엿장수에게서 엿을 사 아이들에게 줌.	엿장수가 아버지를 따라 마을을 떠나는 남이를 ③ ☐☐ ☐☐에서 멀거니 바라봄.

◈ 등장인물의 특성

남이	④ ☐☐☐
• 철수네 식모. 주인집 아이들인 영이·윤이에게 친절하고 다정하게 대함. • 엿장수에게 호감이 있으나 아버지의 일방적인 결정에 순종함.	• 착하고 순박한 청년 • 남이에게 연정을 품고, 남이를 바라보거나 선물을 주는 행동으로 마음을 표현함.

◈ 소재의 상징적 의미

옥색 고무신	[전개] 철수가 남이에게 준 추석 선물로, 남이와 엿장수의 ⑤ ☐☐의 매개체가 됨.
	[결말] 엿장수가 남이에게 준 사랑의 징표이며, 남이와 엿장수의 애틋한 ⑥ ☐☐을 상징함.
울음 고개	남이와 엿장수의 이별을 상징하며, 두 사람의 서글픈 심정을 대변함.

◈ 이 글의 배경

계절적 배경	⑦ ☐	➡	• 풀들의 싹이 트는 봄에 엿장수의 연정도 싹틈. • 봄이 한창 무르익으며 남이를 향한 엿장수의 마음도 무르익음.
사회적 배경	1940년대 후반	➡	• 남녀 간의 애정 표현에 대해 보수적인 사회 분위기로, 남이와 엿장수가 적극적으로 마음을 표현하지 못함. • 봉건적 결혼 제도와 가부장적 질서가 확고했던 시대였기에, 남이가 아버지의 결정을 따라 시집가기 위해 떠남.

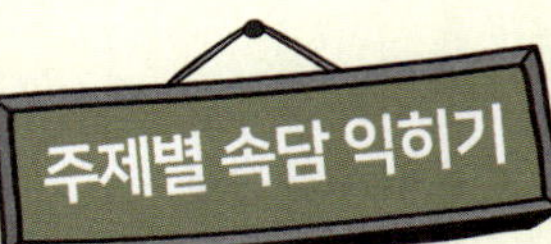

기다림과 관련된 속담

일각이 삼추(三秋) 같다

짧은 동안도 삼 년같이 생각된다는 뜻으로, 기다리는 마음이 간절함을 비유적으로 이르는 말.

구 년 홍수에 볕 기다리듯

구 년 동안 장마가 지고 큰물이 나는 가운데 햇볕 나기를 기다리는 모양을 비유적으로 이르는 말.

지키는 냄비가 더디 끓는다

결과를 초조하게 기다리고 있으면 시간이 더 걸리는 것같이 느껴진다는 것을 비유적으로 이르는 말.

굿에 간 어미 기다리듯

떡을 가지고 올까 하고 굿에 간 어미를 기다리는 아이처럼, 어떤 일에 희망이 있을 때 몹시 초조하게 기다림을 비유적으로 이르는 말.

새벽달 보자고 초저녁부터 기다린다

새벽에 뜰 달을 보겠다고 초저녁부터 나가서 기다리고 있다는 뜻으로, 일을 너무 일찍부터 서두름을 비유적으로 이르는 말.

헷갈리는 단어 · 한자로 확인

印	象	引	上
도장 **인**	모양 **상**	끌 **인**	윗 **상**
어떤 대상에 대해 마음속에 새겨지는 느낌		물건값, 요금 등을 올림	
印	象	引	上

傲	氣	誤	記
거만할 **오**	기운 **기**	그르칠 **오**	기록할 **기**
능력은 모자라면서도 남에게 지기 싫어하는 마음		잘못 기록함	
傲	氣	誤	記

06 꿩 ① _이오덕

가 "엄마, 정말 나 이젠 학교 안 갈래요."

김이 모락모락 오르는 그릇을 무릎 앞에 놓고 먹을 생각도 않는 용이가 투정을 부렸습니다.

"야가 또 이런다? 지발 어미 속 그만 썩여라. 3년이나 다닌 학교를 그만두면 어쩔래? 순이 봐라. 글 한 자도 모르제. 순인 기집애라서 그래도 괜찮지. 사내가 국민학교도 졸업 못 하면
초등학교의 전 용어
어떡할라고."

나 순이는 뒷집 아이입니다. 작년에 학교에 입학했는데, 하도 아이들이 곰보딱지라고 놀려서 한 달도 다니지 못하고 학교를 그
얼굴이 얽은(패인) 사람을 놀림조로 이르는 말
만두었습니다. 가까이에서 보면 얼굴이 조금 얽었습니다. 그래서
군데군데 패인 자국이 있습니다
순이는 요즘 아침밥만 먹으면 책 보퉁이 대신 바구니를 들고 혼
책을 보자기에 싸서 꾸려 놓은 것. 책보
자 들로 나갑니다. 냉이를 캐는 것입니다.

다 "나도 이젠 4학년 됐잖아요? 남의 책 보퉁이만 메고 다니는 거 부끄럽다니까요."

"글쎄, 그거 늘 하는 소리제. 지발 좀 참아라. 없는 기 원수지. 그놈 애들이 왜 그렇게 못살게 하나!"

어머니도 밥숟갈을 들 생각을 않으시고 한숨을 쉬시더니 또 말을 이었습니다.

"야야, 너 아부지도 올해나 남의 일을 하면 그만두실 끼다. 한 해만 참아라, 부디 한 해만……."

용이는 아버지가 남의 집 머슴살이를 올해만 하면 그만두신다는 말에 귀가 번쩍 열렸습니다.
남의 머슴 노릇을 하는 일
"정말 그만둬요? 올해만 하고?"

"너 장랠 생각해서도 그만두시게 해야지. 남의 산전을 얻어서 죽을 먹더래도……."
산에 있는 밭
용이는 된장국에 보리밥을 말더니 단숨에 퍼먹고는 책 보퉁이를 허리에 둘러매고 일어났습니다. '올해만 참으면 된다!'

발단 (   )는 남의 책 보퉁이를 메고 다니는 게 싫어서 (   )에 가지 않겠다고 함.

➕ **중간 부분의 줄거리**   용이는 아이들과 함께 학교로 향한다. 밭둑길을 지나 고갯길을 오르기 시작했을 때, 아이들은 용이 발밑에 책 보퉁이를 던진다.

라 "자! 인마, 너 이제 4학년이 돼서 기운도 세졌잖아. 하나 더 날라라."

지금까지 같은 반의 아이들만 그렇게 하던 것이 오늘은 한 학년 위의 성윤이까지도 따라와 커다란 책 보퉁이를 놓고 갑니다. / 책 보퉁이는 용이 제 것까지 모두 일곱 개나 되었습니다.

책 보퉁이가 없이 된 아이들은 모두 소리치면서 산길을 달려 올라갔습니다.

"올해만 참자!"

용이는 언제나처럼 바위 밑에 가서 참나무 지겟작대기를 찾아와 책 보퉁이를 모두 꿰어 달았습니다.
지게를 버티어 세우는 작대기
그러고는 어깨로 가운데를 메고 올라가기 시작했습니다.

갈래	현대 소설, 단편 소설, 성장 소설
성격	교훈적
시점	전지적 작가 시점
배경	• 시간적 : 1960년대 말 ~ 70년대 초 • 공간적 : 시골 마을
제재	꿩
주제	부당한 일에 당당하게 맞서는 용기와 자신감
특징	① 사투리를 사용하여 사실감, 현장감, 생동감을 준다. ② 인물의 내적 갈등과 심리 변화가 잘 드러난다. ③ 갈등의 전개 양상과 고개를 넘는 과정이 유사하게 진행된다.

스스로 정리 노트

01 이 글에 대한 설명으로 알맞은 것은?

① '용이'라는 실제 인물의 삶을 다룬 글이다.
② 직업에 귀천이 없다는 주장을 담은 글이다.
③ 시골 생활에 대한 정보를 전달하는 글이다.
④ 작가의 상상력으로 인물과 사건을 꾸며 쓴 글이다.
⑤ 시골을 배경으로 영화를 제작하기 위해 쓴 글이다.

◆ 용이와 어머니의 갈등

용이	어머니
남의 책 보퉁이를 메고 다니는 게 부끄러워서 학교에 안 가려 함.	사내가 초등학교도 졸업 못하면 안 되니 참고 학교에 다니라고 함.

└ 갈등의 해소 ┘
↓
아버지가 머슴살이를 올해까지만 하고 그만두실 거라는 어머니의 말에 용이가 학교에 감.

02 이 글을 읽고 난 학생들의 반응으로 적절하지 <u>않은</u> 것은?

① 은서 : 용이는 다른 애들의 책 보퉁이를 나르는 게 정말 싫은가 봐. 그 때문에 학교에 가지 않겠다고 할 정도잖아.
② 호정 : 용이 엄마는 용이의 투정에 그다지 공감하지 않는 것 같아. 용이를 학교에 보내려고 꾸짖기만 하잖아.
③ 서영 : 용이 엄마는 가난한 가정 형편과 머슴살이로 먹고사는 처지 때문에 용이에게 미안하고 속이 상했을 거야.
④ 지우 : 당시에는 여자아이는 학교에 안 다니더라도 남자아이는 꼭 학교에서 공부를 해야 한다고 생각했나 봐.
⑤ 경환 : 4학년이 되고부터 날라야 할 책 보퉁이가 늘어서 용이가 전보다 더 힘들 것 같아. 그런데도 용이는 조금만 더 참자고 스스로를 다독이고 있어.

03 [다]에 드러난 용이의 심리 변화로 알맞은 것은?

① 설렘 → 고마움　　② 불쌍함 → 화가 남
③ 속상함 → 기쁨　　④ 서러움 → 안타까움
⑤ 괴로움 → 부끄러움

어휘 갈무리

* 머슴살이 : 남의 머슴(주로 농가에 고용되어 그 집의 농사일과 잡일을 해 주고 대가를 받는 사내) 노릇을 하는 일.

* 산전 : 산에 있는 밭.

04 이 글에서 시대적 배경을 드러내는 소재는? (정답 2개)

① 냉이　　　　② 산길　　　　③ 보리밥
④ 국민학교　　⑤ 책 보퉁이

마 아침 햇빛이 산 위에서 쫙 비쳐 내렸습니다.

고갯마루까지는 산허리를 세 번이나 돌면서 올라가야 합니다. 더구나 오늘은 책 보퉁이가 모두 한 학
[고개에서 가장 높은 자리]
년씩 올라가서 그런지 굉장히 무겁습니다. 용이는 첫 굽이를 돌아가기도 전에 마른 잔디 위에 앉아 쉬어
야 했습니다. / 이렇게 무거운 짐을 날마다 메고 올라가야 할 일을 생각하니 기가 막힙니다.

더구나 5학년의 성윤이까지 맡기기 시작했으니 이러다가 올해는 지게로 져다 날라야 할지 모릅니다.
이걸 어떻게 하나?

전개 학년이 올라가면서 더 무거워진 (   )를 나르며 힘들어하는 용이

바 저 밑에서 따라 올라오던 2학년, 3학년 아이들이 모두 책 보퉁이를 허리에 둘러매고 용이를 앞질러
올라갑니다. 그 아이들은 용이를 돌아보면서 저희들끼리 무엇을 수군거렸습니다.

"헤헤, 4학년이 됐다는 아이가 남의 책 보퉁이나 메다 주고……." / "참 못난 아이제."

모두 이런 말로 수군거리는 것 같았습니다. / '뭐, 못난 아이라고?'

사 용이는 화가 났습니다. 벌써 고개 위에 다 올라갔는지 아이들의 고함소리가 산 위에서 들려왔을
때, 용이는 눈앞에 있는 책 보퉁이를 그냥 콱콱 짓밟아 버리고 싶은 충동이 났습니다. 발밑에 돌멩이 하
[순간적으로 어떤 행동을 하고 싶은 욕구를 느끼게 하는 마음속 자극]
나가 밟혔습니다. 용이는 벌떡 일어나 그 돌멩이를 집어 힘껏 골짜기 아래로 던졌습니다. 돌멩이가 저
밑에 떨어지자, 갑자기 온 산골을 뒤흔드는 소리를 치면서 커다란 뭉텅이 하나가 솟아올랐습니다.

"꼬공 꼬공 푸르득!" / 그것은 온 산골의 가라앉은 공기를 뒤흔들어 놓고 하늘을 날아오르는, 정말 살
아 있는 목숨이 부르짖는 소리였습니다.

'야, 참 멋지다!'

날개를 쫙 펴고 꽁지를 쭉 뻗고 아침 햇빛에 눈부신 모습으로 산을 넘어가는 ⊙꿩을 쳐다보는 용이의
[새의 꽁무니에 붙은 깃]
온몸에 갑자기 어떤 힘이 마구 솟구쳤습니다. 용이는 그 자리에서 한번 훌쩍 뛰어올라 보았습니다. 하늘
에라도 날아오를 듯합니다. 용이는 발에 채는 책 보퉁이 하나를 집어 들었습니다. 그리고 그것을 하늘
위로 던졌습니다.

아 횡! 공중에서 몇 바퀴 돌던 책 보퉁이가 퍽 소리를 내면서 골짜기에 떨어졌을 때, 용이는 두 번째
책 보퉁이를 집어 던졌습니다. / 또 하나, 또 하나…….

마지막에 던진 작대기는 건너편 벼랑의 소나무 가지를 철썩 치도록 멀리 떨어졌습니다.

됐다! / 용이는 이제 하늘이 탁 트이고 가슴이 시원해져서, 저 건너 산을 보고 하하하 웃었습니다.

떠가는 구름을 따라 마구 날아갈 것 같았습니다.

내가 정말 못난이였구나! / 이제 다시는 그런 짓 안 한다!

용이는 제 책 보퉁이만 허리에 둘러맸습니다. 그러고는 고갯마루를 한번 쳐다보더니 날 듯이 뛰어올
라갔습니다.

위기 날아오르는 (   )을 보고 용기를 얻은 용이가 책 보퉁이들을 던지고 고갯마루에 오름.

스스로 정리 노트

05 이 글의 내용과 일치하지 <u>않는</u> 것은?

① 용이는 아이들의 책 보퉁이를 나르는 자신의 처지에 화가 났다.
② 아이들은 용이에게 책 보퉁이를 맡기고 먼저 고갯마루에 올라갔다.
③ 용이는 골짜기에서 솟아오르는 꿩을 보고 참 멋지다고 감탄하였다.
④ 용이는 아이들의 책 보퉁이를 모두 던져 버리고 제 것만 허리에 둘러 맸다.
⑤ 책 보퉁이를 메고 가는 용이를 본 2, 3학년 아이들이 용이에게 들리 도록 흉을 보았다.

06 [사]에서 용이의 분노를 나타내는 소재를 찾아 쓰시오.

____

◆ '꿩'의 역할과 의미

꿩의 모습	• '정말 살아 있는 목숨이 부르짖는 소리'를 내며 하늘을 날아오름. • 날개를 쫙 펴고 꽁지를 쭉 뻗은, 아침 햇빛에 눈부신 모습

⋮

역할	용이에게 어떤 힘(용기, 자신감)이 마구 솟구치는 계기가 됨.

⋮

의미	용기, 자신감, 생명력

07 ㉠이 용이에게 미친 영향으로 가장 적절한 것은?

① 돌멩이를 골짜기 아래로 던지게 하였다.
② 용기와 자신감을 주어 행동을 변화시켰다.
③ 책 보퉁이를 짓밟아 버리고 싶은 충동을 일으켰다.
④ 아이들은 못 본 것을 자신은 보았다는 우월감을 느끼게 하였다.
⑤ 아이들의 책 보퉁이를 메고 단숨에 고갯마루까지 오르게 하였다.

08 [아]에 대한 설명으로 적절한 것은? (정답 2개)

① 내적 갈등이 해소된 인물의 모습이 드러난다.
② 불안감을 애써 지우기 위한 의식적인 행동이 드러난다.
③ 과거 자신의 모습을 반성하는 인물의 심리가 드러난다.
④ 인물에게 곧 안 좋은 일이 일어나리라는 암시가 드러난다.
⑤ 비현실적인 상황을 제시하여 현실을 외면하는 인물의 심리를 드러 낸다.

어휘 갈무리

＊ 고갯마루 : 고개에서 가장 높은 자리.
＊ 꽁지 : 새의 꽁무니에 붙은 깃.

자 고갯마루에는 아이들이 앉아 기다리고 있었습니다. 모두 손에 참꽃 가지를 한 줌씩 꺾어 들었습니다. / 어떤 가지는 벌써 불그레한 봉오리가 피어나려고 했습니다.

"어, 용이가 빈손으로 오네?" / "정말 저 새끼가?" / "인마, 책 보퉁이 모두 어쨌나?"

용이는 아무 말 없이 그냥 올라오고만 있습니다. 아이들이 용이를 빙 둘러쌌습니다.

"너, 책 보퉁이 어쨌어?" / "이 새끼, 죽고 싶나? 빨리 말해!"

차 용이는 아이들을 한번 둘러보고는 조용히, 그러나 힘찬 소리로 말했습니다. 이상하게도 책 보퉁이를 모두 날리고 나니 마음이 가라앉는 것이 조금도 겁이 나지 않았습니다.

㉠"너희들 책보 말이제? 저 밑의 뚜꺼비 바우 밑에 던져 놨어."
_{'바위'의 사투리}

"뭐? 이 새끼가!" / "이 새끼 돌았나?" / "빨리 못 가져오겠나?"

그러나 용이는 여전히 조용한 소리로 말했습니다. / "나, 이젠 못난 놈 아니야!"

"어, 이 새끼가." / ㉡"요런, 머슴의 새끼가…….." / "맛 좀 볼래?"

아이들의 발과 주먹이 용이를 향해 덮쳐 왔을 때, 용이는 번개같이 거기를 빠져 나와 몇 걸음 발을 옮기더니, 발밑에 있는 돌을 두 손으로 한 개씩 거머쥐고는 거기 있는 커다란 바윗돌 위에 껑충 뛰어올랐습니다. 그 몸놀림이 어찌나 재빠른지, 아이들이 모두 놀랐습니다. 지금까지의 용이와는 아주 다른 딴 아이였습니다.

"자, 덤빌람 덤벼! 누구든지 오는 놈은 이 돌로 박살 낼 끼다!"

카 아이들이 입을 벌리고 어쩔 줄 모르고 서 있을 때, 뒤에서 한 아이가,

"난, 내 책보 가지러 갈란다."

하고 달려갔습니다. 그 소리에 다른 아이들도 모두 정신이 돌아온 것처럼,

"나도 간다." / "나도 간다." / 하고 달려갔습니다.

"이놈 새끼, 두고 봐라." / 맨 마지막에 내려가면서 성윤이가 말했습니다.

"오냐 인마, 얼마든지 봐 준다." / 용이 목소리는 한층 크고 자랑스러웠습니다.

절정 책 보퉁이를 가져오라는 (   )에게 당당하게 맞서는 용이

타 아이들이 모두 와아 하고, 아까 올라온 길을 내려가는 뒷모양을 보면서 용이는 또 한 번 가슴을 확 펴고 하하하 웃었습니다.

"난 이젠 못난 놈 아니야!" / 그리고는 다시 혼잣말로 중얼거렸습니다.

㉢"내일 아침에는 순이를 데리고 오자. 순이를 놀리는 놈은 어떤 놈이고 용서 안 할 끼다."

용이는 돌아서서, ㉣햇빛이 눈부신 내리받이 길을 바라보았습니다. 이제는 단숨에 학교까지 뛰어갈
_{비탈진 곳의 내려가는 방향}
듯합니다. 하늘에는 하얀 구름 한 송이가 날고 있습니다. 용이는 훌쩍 한번 뛰더니 마구 두 팔을 내저으면서 내리달렸습니다. 그것은 마치 ㉤한 마리의 꿩이 소리치면서 날아오르는 모습과도 같았습니다.

결말 내일은 (   )를 데려오겠다고 결심하며 꿩처럼 고갯마루를 뛰어 내려가는 용이

◆ 용이와 아이들 사이의 갈등

용이	아이들
더 이상 아이들의 책 보퉁이를 메지 않겠다고 결심함.	용이에게 자신들의 책 보퉁이를 가져오라고 위협함.

└── 갈등의 해소 ──┘
↓

용이가 돌멩이를 쥐고 아이들에게 당당하게 맞섬.

09 [자]~[차]에 나타난 갈등의 유형으로 알맞은 것은?

① 용이의 내적 갈등
② 용이와 순이의 외적 갈등
③ 용이와 성윤이의 외적 갈등
④ 용이와 아이들의 외적 갈등
⑤ 성윤이와 아이들의 외적 갈등

10 [카]에서 아이들이 더 이상 용이에게 맞서지 못한 이유로 가장 적절한 것은?

① 학교에 늦을까 봐 걱정이 되었기 때문에
② 용이가 성윤이보다 싸움을 잘하기 때문에
③ 용이가 이전과는 다른 당당한 태도로 맞섰기 때문에
④ 머슴 자식이라고 놀림받는 용이가 불쌍해 보였기 때문에
⑤ 이제 더 이상 못난이가 아닌 용이와 친하게 지내고 싶었기 때문에

11 [타]에 나타난 용이의 심리로 알맞은 것은? (정답 2개)

① 억울함　　　② 자신감　　　③ 후련함
④ 고마움　　　⑤ 애틋함

12 ㉠~㉤에 대한 설명으로 적절하지 않은 것은?

① ㉠ : 사투리를 사용하여 사실감과 생동감을 느끼게 한다.
② ㉡ : 아이들이 용이를 못살게 군 원인이 드러난다.
③ ㉢ : 순이를 좋아하는 용이의 마음이 분명하게 드러난다.
④ ㉣ : 용이의 희망찬 미래를 암시한다.
⑤ ㉤ : 용기와 자신감을 얻은 용이의 모습을 나타낸다.

핵심 정리

갈래	현대 소설, 단편 소설, 성장 소설	성격	교훈적
시점	전지적 작가 시점	배경	[시간적] 1960년대 말 ~ 70년대 초 　[공간적] 시골 마을
제재	꿩	주제	부당한 일에 당당하게 맞서는 ① [　][　]와 자신감
특징	① ② [　][　][　]를 사용하여 사실감, 현장감, 생동감을 준다. ② 인물의 내적 갈등과 심리 변화가 잘 드러난다. ③ 갈등의 전개 양상과 고개를 넘는 과정이 유사하게 진행된다.		

◆ **이 글 전체의 구성**

발단	전개	위기	절정	결말
용이가 자신에게 책 보퉁이 드는 일을 시키는 아이들 때문에 학교에 안 가겠다고 투정을 부림.	4학년이 되면서 더 무겁고 많아진 책 보퉁이를 메고 용이가 힘들게 고개를 올라감.	힘차게 날아오르는 ③ [　]을 보고 용기를 얻은 용이가 아이들의 책 보퉁이를 던져 버리고 고갯마루에 올라감.	책 보퉁이를 가져 오라며 겁을 주는 아이들에게 용이가 당당히 맞섬.	용이가 내일은 순이를 데려오겠다고 결심하며 고갯마루를 꿩처럼 뛰어 내려감.

◆ **이 글에 나타난 갈등**

갈등 유형	갈등 양상	갈등의 해소
용이와 어머니의 외적 갈등	학교에 가기 싫어하는 용이와 학교에 가라는 어머니 사이의 갈등	아버지가 내년에는 ④ [　][　]살이를 그만두신다는 말에 용이가 올해까지만 참기로 함.
용이의 ⑤ [　][　] 갈등	남의 책 보퉁이를 나르는 자신을 못난 아이라고 생각하고, 저항하지 못하는 자신에게 화가 남.	꿩의 모습을 보고 용기를 얻어 아이들의 책 보퉁이를 모두 던져 버림.
용이와 아이들의 외적 갈등	아이들의 책 보퉁이를 던져 버린 용이와 책 보퉁이를 가져오라고 화내는 아이들 사이의 갈등	용이가 ⑥ [　]을 들고 아이들에게 당당히 맞섬.

◆ **용이의 심리 변화**

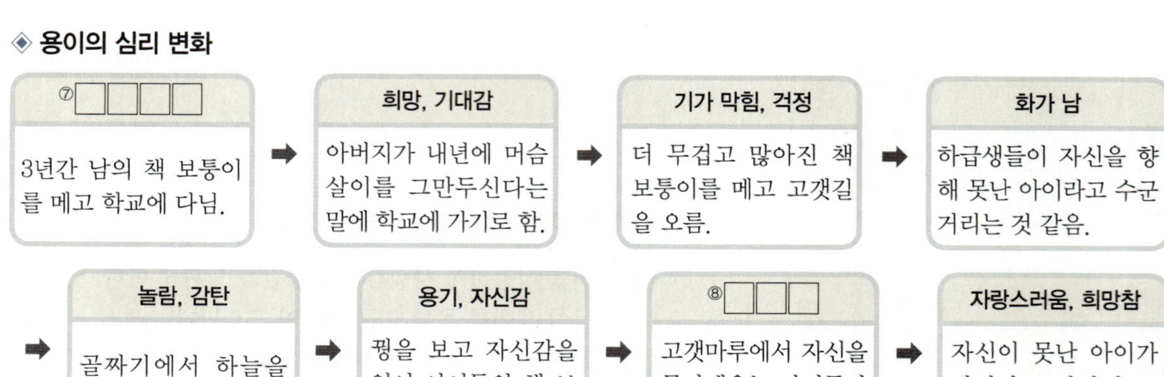

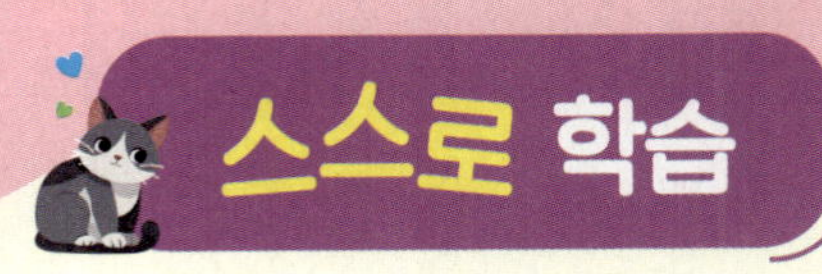

당랑거철(螳螂拒轍)

제나라에 장공이라는 왕족이 있었다.

어느 날 수레를 타고 사냥터에 가던 중, 장공은 웬 벌레 한 마리가 길

한가운데서 수레바퀴를 막으려는 듯 앞발을 치켜들고 선 것을 보았다.

장공은 얼른 수레를 멈추게 하고 부하에게 벌레의 이름을 물었다.

"저것은 사마귀입니다. 앞으로 나아갈 줄만 알고 물러설 줄은

모르며, 제힘은 생각지 않고 마구 덤벼드는 놈이지요."

장공은 말했다.

"저 사마귀가 사람이었다면 분명 용감한 장군이 되었을 것이다.

하찮은 벌레지만 그 용기가 기특하니 수레를 돌려 피해 가라."

여기에서 비롯한 말이 **당랑거철**(螳螂拒轍)이다.

이는 사마귀가 앞발을 쳐들고 수레를 막는다는 뜻으로, 제힘을 생각하지 않고,

강한 상대나 되지 않을 일에 덤벼드는 무모한 행동거지를 비유적으로 이르는 말이다.

헷갈리는 단어 · 한자로 확인

非	常	飛	上
아닐 **비**	항상 **상**	날 **비**	윗 **상**
뜻밖의 긴급한 사태		높이 날아오름	
非	常	飛	上

固	守	高	手
굳을 **고**	지킬 **수**	높을 **고**	손 **수**
차지한 물건이나 형세를 굳게 지킴		어떤 분야나 집단에서 기술이나 능력이 매우 뛰어난 사람	
固	守	高	手

07 홍길동전 ① _허균

가 길동이 점점 자라 여덟 살이 되자, 총명하기가 보통이 넘어 하나를 들으면 백 가지를 알 정도였다. 그래서 공은 길동을 더욱 귀여워하면서도 길동의 출생이 천하여, 길동이 '아버지'나 '형'이라고 부르면 즉시 꾸짖어 그렇게 부르지 못하게 하였다. 길동은 열 살이 넘도록 감히 부형을 부르지 못하고 종들로부터 천대받는
　　　　　　　　　아버지와 형
것을 뼈에 사무치도록 한탄하면서 마음 둘 바를 몰랐다.

나 어느 가을 9월 보름께가 되자, 달빛은 처량하게 비치고 맑은 바람은 쓸쓸히 불어와 사람의 마음을 울적하게 하였다. 길동은 서당에서 글을 읽다가 문득 책상을 밀치고 탄식하기를,

"대장부가 세상에 나서 공맹을 본받지 못할 바에야, 차라리 병
　　　　　　　　　　공자와 맹자　　　　　　　　군사를 지휘하여 전쟁하는 방법
법이라도 익혀, 대장인을 허리춤에 비스듬히 차고 동정서벌하
　　　　　　대장이 가지던 도장　　　　　　　　　여러 나라를 정벌함
여 나라에 큰 공을 세우고 이름을 만대에 빛내는 것이 장부의 통쾌한 일이 아니겠는가! 나는 어찌하여 일신이 적막하고, 부
　　　　　　　　　　　　　　　　　　　　자기 한 몸
형이 있는데도 아버지를 '아버지'라 부르지 못하고 형을 '형'이라고 부르지 못하니, 심장이 터질지라. 이 어찌 통탄할 일이 아니겠는가!"

하고, 뜰에 내려와 검술을 익히고 있었다.

다 그때 마침, 공이 또한 달빛을 구경하다가, 길동이 서성거리는 것을 보고 즉시 불러 물었다.

"너는 무슨 흥이 있어서 밤이 깊도록 잠을 자지 않느냐?"

길동이 공경하는 자세로 대답했다.

"소인은 마침 달빛을 즐기는 중입니다. 그런데 만물이 생겨날 때부터 오직 사람이 귀한 존재인 줄 아옵니다만 소인에게는 귀함이 없사오니, 어찌 사람이라 하겠습니까?"

공은 그 말의 뜻을 짐작은 했지만, 일부러 책망하는 체하며,
　　　　　　　　　　　　　　　　잘못을 꾸짖거나 나무라며 못마땅하게 여기는
"너 그게 무슨 말이냐?" 했다. 길동이 절하고 말씀드리기를,

"소인이 평생 서러워하는 바는, 소인이 대감의 정기를 받아 당당한 남자로 태어났고, 또 낳아서 길러 주신 어버이의 은혜를 입었는데도 아버지를 '아버지'라 못 하옵고 형을 '형'이라 못 하오니, 어찌 사람이라 하겠습니까?"

하고, 눈물을 흘리며 적삼을 적셨다.

공이 듣고 나자 비록 불쌍하다는 생각은 들었으나 그 마음을 위로하면 방자해질까 염려되어 크게 꾸
　　　　　　　　　　　　　　　　　　　　　　　　　무례하고 건방지게 될까
짖어 말했다.

"재상 집안에 천한 종의 몸에서 태어난 자식이 너뿐이 아닌데, 네가 어찌 이다지도 방자하냐? 앞으로 이런 말을 하면 내 눈앞에 서지도 못하게 하겠다."

갈래	고전 소설, 한글 소설, 사회 소설, 영웅 소설
성격	현실 비판적, 전기적(傳奇的)
시점	전지적 작가 시점
배경	• 시간적 : 조선 시대 • 공간적 : 홍 판서의 집, 조선 팔도 등
제재	적서 차별과 신분 제도
주제	적서 차별에 대한 저항과 입신양명 의지, 이상국의 건설
특징	① 우리나라 최초의 한글 소설로 알려져 있다. ② 당시의 시대 상황이 잘 드러난다. ③ 당시 사회에 대한 비판 의식과 저항 정신이 드러난다. ④ 일대기적 구성을 취한다. ⑤ 전기적 요소가 두드러진다.

01 이 글에 대한 설명으로 알맞은 것은?

① 중국을 공간적 배경으로 한다.
② 최초의 한문 소설로 알려져 있다.
③ 작품 안의 서술자가 이야기를 전달한다.
④ 창작 당시의 사회 현실을 다룬 사회 소설이다.
⑤ 역사적 사건을 제재로 삼아 현대에 쓰인 소설이다.

◆ 길동의 상황과 처지

신분	종의 신분인 어머니에게서 태어난 양반가의 서자(천한 신분)

↓

제약	• 호부 호형을 할 수 없음. • 벼슬길에 나아가는 데 제약이 있음.

02 이 글을 읽고 난 반응으로 적절하지 <u>않은</u> 것은?

① 아영 : 길동은 첩에게서 태어난 서자로구나.
② 주희 : 길동과 홍 판서의 외적 갈등이 나타나 있어.
③ 경석 : 홍 판서는 앞으로 길동을 보지 않겠다고 결심했군.
④ 민재 : 길동과 홍 판서는 부자 관계이지만 서로 신분이 달라.
⑤ 소은 : 길동은 사람이라면 모두 똑같이 귀하다는 평등 사상을 지녔군.

03 이 글에 나타난 당시 사회의 모습으로 알맞지 <u>않은</u> 것은?

① 신분에 따른 차별이 있었다.
② 본부인 외에 첩을 둘 수 있었다.
③ 문관이 무관보다 더 대접받았다.
④ 공자와 맹자의 학문을 중시하였다.
⑤ 개인의 능력에 따라 출세할 수 있었다.

어휘 갈무리

* 천대 : 업신여기어 천하게 대우하거나 푸대접함.
* 동정서벌 : 동쪽을 정복하고 서쪽을 친다는 뜻으로, 이리저리로 여러 나라를 정벌함을 이르는 말.
* 책망하다 : 잘못을 꾸짖거나 나무라며 못마땅하게 여기다.
* 방자하다 : 어려워하거나 조심스러워하는 태도가 없이 무례하고 건방지다.

04 [다]에서 길동의 신분을 짐작하게 하는 호칭 두 가지를 찾아 쓰시오.

____

라 이렇게 꾸짖으니, 길동은 감히 한마디도 더 하지 못하고 다만 땅에 엎드려 눈물을 흘릴 뿐이었다. 공이 물러가라 하자 그제서야 길동은 침소로 돌아와 슬퍼해 마지않았다. 길동이 본래 재주가 뛰어나고 도량이 활달하나, ⓐ마음을 가라앉히지 못해 밤이면 잠을 이루지 못하곤 했다.
넓은 마음과 깊은 생각

마 하루는 길동이 어머니의 침소에 가 울면서 아뢰었다.

"소자가 모친과 더불어 전생의 연분이 중하여 이번 세상에 모자가 되었으니, 그 은혜가 지극하옵니다. 그러나 소자의 팔자가 사나워서 천한 몸이 되었으니, 품은 한이 깊사옵니다. 장부가 세상에 살면
사람의 한평생의 운수
서 남의 천대를 받는 것이 불가한지라, 소자는 자연히 설움을 억제하지 못하여 모친 슬하를 떠나려
부모의 보호 아래
하오니, 엎드려 바라건대 모친께서는 소자를 염려하지 마시고 귀한 몸 잘 돌보시옵소서."

길동의 어머니가 듣고, 크게 놀라 말했다.

㉠"재상가의 천한 출생이 너뿐이 아닌데, 어찌 마음을 좁게 먹어 어미의 간장을 태우느냐?"

길동이 대답했다.

"옛날, 장충의 아들 길산은 천한 출생이지만 열세 살에 그 어머니와 이별하고 운봉산에 들어가 도를 닦아 아름다운 이름을 후세에 전하였습니다. ⓑ소자도 그를 본받아 세상을 벗어나려 하오니, 모친은 안심하고 후일을 기다리시옵소서. 근간에 곡산댁의 눈치를 보니 상공의 사랑을 잃을까 하여 우리
요사이
모자를 원수같이 알고 있습니다. 큰 화를 입을까 하오니 모친께서는 소자가 나감을 염려하지 마시옵소서."

하니 그 어머니 또한 슬퍼하더라.

> **발단 1** ( )라는 신분 때문에 천대받는 것을 서러워하던 길동이 출가를 결심함.

➕ **중간 부분의 줄거리** 홍 판서의 또 다른 첩인 곡산댁 초란은 관상녀, 무녀와 계략을 꾸며 길동과 춘섬을 모함한다. 마침내 초란은 길동을 없애기 위해 특재라는 자객을 보낸다.

바 길동은 그 원통한 일을 생각하면서 한시도 집에 머물지 못할 것이라 여겼다. 그러나 공의 엄명이 중하여 어쩔 수 없었으나 밤이면 잠을 이루지 못하였다. 어느 날, ⓒ촛불을 밝히고 주역에 마음을 쏟는
세상 모든 사물을 음양(陰陽)에 따라 풀이한 유학의 경서
중, 문득 들으니 까마귀가 세 번 울고 갔다. 길동은 이를 괴이하다 여겨 혼잣말로 말했다.

"이 짐승은 본래 밤을 꺼리거늘, 지금 울고 가니 심히 불길하구나."

하고, 잠시 주역 점을 보고는 크게 놀라 책상을 밀치고 ⓓ둔갑법으로 몸을 숨긴 채 동정을 살피고 있었다. 과연 사경쯤 되자 어떤 이가 비수를 들고 천천히 방문을 열고 들어오는지라, 길동이 급히 몸을 감추
새벽 1시에서 3시 사이   날이 예리하고 짧은 칼
고 주문을 외니, ⓔ홀연 한 줄기 음산한 바람이 일어나 집은 간데없고 첩첩한 산속의 풍경이 굉장하였
뜻지 아니하게 갑자기   분위기 따위가 을씨년스럽고 썰렁한   여러 겹으로 겹쳐 있는
다. 크게 놀란 특재는 길동의 조화가 무궁함을 알고 비수를 감추고 피하고자 했으나, ㉡갑자기 길이 끊어지고 층암절벽이 가로막으니 오도 가도 못하는 처지가 되었다. 특재가 사방으로 방황하다가, 어디선
몹시 험한 바위가 겹겹으로 쌓인 낭떠러지
가 피리 소리가 들려 정신을 차려 보니 한 소년이 나귀를 타고 오는 것이었다.

◆ 이 글의 주요 갈등

유형	내용
내적 갈등	신분 때문에 차별받는 자신의 처지에 대한 길동의 심리적 갈등
외적 갈등	• 길동과 홍 판서의 갈등 : 자신의 처지를 하소연하는 길동과 그를 꾸짖는 홍 판서 • 길동과 사회 간의 갈등 : 호부 호형과 입신양명을 바라는 길동과, 그것을 가로막는 사회 제도

05 이 글을 이해한 내용으로 적절한 것은?

① 길동은 자유를 갈망하여 조선 팔도를 유랑하고자 한다.

② 길동은 장충의 아들 길산처럼 신비한 도술로 이름을 높이고자 한다.

③ 길동은 형과 사이가 좋지 않기 때문에 형을 '형'이라 부르지 못했다.

④ 길동은 홍 판서의 또 다른 첩인 곡산댁으로부터 화를 입을까 우려하고 있다.

⑤ 길동은 홍 판서에게 인정받고 자신의 한을 풀기 위해 과거에 응시하고자 한다.

06 ㉠에 담긴 의미로 적절한 것은?

① 길동이 자신에게 효도하기를 바란다.

② 길동이 공부에 힘써서 관직에 나아가길 바란다.

③ 길동이 집에 머물며 홍 판서와 가깝게 지내길 바란다.

④ 길동이 자신이 처한 상황을 참고 현실에 순응하기를 바란다.

⑤ 다른 사람에게 의지하지 않고 길동이 스스로 현실을 극복하길 바란다.

07 길동에게 불길한 일이 닥칠 것을 암시하는 내용을 [바]에서 찾아 5어절로 쓰시오.

____

08 ㉡과 관련 깊은 한자 성어는?

① 입신양명(立身揚名)　　　　② 고립무원(孤立無援)

③ 주경야독(晝耕夜讀)　　　　④ 동상이몽(同床異夢)

⑤ 동가홍상(同價紅裳)

＊도량 : 사물을 너그럽게 용납하여 처리할 수 있는 넓은 마음과 깊은 생각.

＊팔자 : 사람의 한평생의 운수.

＊슬하 : 무릎의 아래라는 뜻으로, 어버이나 조부모의 보살핌 아래. 주로 부모의 보호를 받는 테두리 안을 이른다.

＊홀연 : 뜻하지 아니하게 갑자기.

＊음산하다 : 분위기 따위가 을씨년스럽고 썰렁하다.

＊첩첩하다 : 여러 겹으로 겹쳐 있다.

09 ⓐ~ⓔ 중 〈보기〉의 설명에 해당하는 것을 모두 고르면?

| 보기 |

고전 소설에서는 현실 세계에서 일어나기 어려운 기이하고 신비로운 사건이 일어나기도 한다.

① ⓐ, ⓒ　　　　② ⓑ, ⓓ　　　　③ ⓓ, ⓔ

④ ⓐ, ⓑ, ⓓ　　　　⑤ ⓒ, ⓓ, ⓔ

사 그 소년이 피리 불기를 그치고 꾸짖어 말하기를,

"네가 무슨 일로 나를 죽이려 하는가? 무죄한 사람을 해치면 어찌 하늘의 재앙이 없겠느냐?"

하고 주문을 외우니, 홀연히 한 무리 검은 구름이 일어나며 큰비가 붓듯이 오고 모래와 자갈이 날렸다. 특재가 정신을 차리고 살펴보니, 피리 부는 이는 다름 아닌 길동이었다. 특재가 비록 그 재주를 신기하게 여겼으나,

"어찌 나를 대적할 수 있겠느냐?"

하고 달려들며 크게 외치며 말하기를,

"너는 죽어도 나를 원망하지 말라. 초란이 무녀와 관상녀로 하여금 상공과 의논하고 너를 죽이려 한 것이니, 어찌 나를 원망하리오?"

하고 칼을 들고 달려들거늘, 길동이 분함을 참지 못하여 도술로 특재의 칼을 빼앗아 들고 큰 소리로 꾸짖기를,

"네가 재물을 탐하여 사람 죽이기를 좋아하니, 너같이 무도한 놈은 죽여서 **후환**이 없게 하리라."

> 말이나 행동이 인간으로서 지켜야 할 도리에 어긋나서 막된
> 어떤 일로 말미암아 뒷날 생기는 걱정과 근심

하고 한번 칼을 드니, 특재의 머리가 방 가운데 떨어지는지라. 길동이 분기를 이기지 못하여 이 밤에 바로 관상녀를 잡아 특재가 죽은 방에 몰아넣고 꾸짖으며 말하기를,

"네가 나와 무슨 원수 관계가 있다고 초란과 함께 나를 죽이려 하느냐?"

하고 칼로 베니, ㉠ 어찌 가련하지 아니하리오.

> 가엾고 불쌍하지

발단 2 길동이 자신을 죽이려는 초란의 흉계를 (　　　　　　)로 벗어남.

➕ **중간 부분의 줄거리** 집을 떠난 길동은 도둑 무리의 우두머리가 되어 그 이름을 '활빈당'이라 짓고 탐관오리의 재물을 빼앗아 백성들에게 나누어 준다. 임금은 포도청 군사들이 길동을 잡지 못하자 길동의 형에게 길동을 잡아들이라고 명한다. 팔도에서 여덟 명의 길동을 잡아 올리자, 임금은 홍 판서에게 진짜 길동을 찾을 것을 명한다.

아 여덟 길동이 임금에게 아뢰었다.

"신의 아비가 나라의 은혜를 많이 입었사온데, 신이 어찌 감히 나쁜 짓을 하오리까마는, 신은 본래 천한 종의 몸에서 났는지라, 그 아비를 아비라 못 하옵고 그 형을 형이라 못 하여 평생 한이 맺혔기에, 집을 버리고 도적의 무리에 들어갔사옵니다. 그러나 백성은 **추호도** 범하지 않고 각 읍 수령이 백성들을 들볶아 착취한 재물만 빼앗았을 뿐입니다. 이제 십 년이 지나면 조선을 떠나 갈 곳이 있사오니, 엎드려 빌건대 임금께서는 근심하지 마시고 신을 잡으라는 명령을 거두어 주십시오."

> 아주 조금도

하고, 말을 마치며 여덟 명이 한꺼번에 넘어지므로, 자세히 보니 다 풀로 만든 허수아비였다. 임금이 더욱 놀라며 진짜 길동을 잡으라는 명령을 다시 팔도에 내렸다.

길동이 허수아비를 없애고 두루 다니다가 사대문에 글을 써 붙였는데, 그 글에다,

"소신 길동은 아무리 하여도 잡지 못할 것이오니, 병조 판서 벼슬을 내리시면 잡히겠습니다."

> 조선 시대에 둔, 병조의 으뜸 벼슬. 군사와 국방에 관한 일을 총괄함

라고 하였다.

위기 나라에서 길동을 잡아들이지만, 여덟 명의 길동이 모두 (　　　　　　)로 밝혀짐.

스스로 정리 노트

◆ 고전 소설과 현대 소설의 일반적 특성 비교

	고전 소설	현대 소설
주제	권선징악	다양함
구성	일대기적 구성	다양함
사건	우연적, 비현실적	필연적
인물	전형적, 평면적	개성적, 입체적
배경	막연하고 비현실적	구체적이고 사실적
문체	운문체, 문어체	산문체, 구어체
시점	전지적 작가 시점	다양함
결말	행복한 결말	다양함

어휘 갈무리

* 무도하다 : 말이나 행동이 인간으로서 지켜야 할 도리에 어긋나서 막되다.
* 후환 : 어떤 일로 말미암아 뒷날 생기는 걱정과 근심.
* 가련하다 : 가엾고 불쌍하다.
* 추호 : 매우 적거나 조금인 것을 비유적으로 이르는 말.

10 이와 같은 글의 일반적 특징으로 알맞지 <u>않은</u> 것은?

① 사건들이 우연적으로 전개된다.
② 주로 일대기적 구성이 나타난다.
③ 비현실적인 요소가 드러나기도 한다.
④ 주인공이 자신의 이야기를 서술한다.
⑤ 대체로 권선징악의 행복한 결말을 맺는다.

11 이 글을 이해한 내용으로 적절하지 <u>않은</u> 것은?

① 길동은 도술을 사용할 수 있는 비범한 인물이다.
② 특재는 길동을 죽이는 것이 홍 판서의 뜻이라고 거짓말하였다.
③ 특재는 길동의 신통한 재주를 보고도 그를 죽이려고 달려들었다.
④ 도적이 된 길동은 백성의 재물을 빼앗은 죄로 군사들에게 쫓겼다.
⑤ 길동은 여덟 개의 허수아비로 가짜 길동을 만들어 위기를 벗어났다.

12 길동이 시대 상황에 대응하는 방식을 바르게 해석한 것은?

① 사회 질서에 동화되려고 노력한다.
② 현실의 부당함을 비판하고 저항한다.
③ 차별적인 제도를 인정하고 순응한다.
④ 무관심한 태도로 현실의 문제를 방관한다.
⑤ 자신의 처지를 비관하면서 현실을 회피한다.

13 ㉠에 대한 설명으로 알맞은 것은?

① 이 글의 비극적인 결말을 암시한 것이다.
② 이 글의 주제를 직접적으로 드러낸 것이다.
③ 인물이 자신의 속마음을 직접 드러낸 것이다.
④ 길동에 대한 다른 인물의 생각을 전달한 것이다.
⑤ 서술자가 인물에 대한 자신의 생각을 드러낸 것이다.

핵심 정리

갈래	①◻◻ 소설, 한글 소설, 사회 소설, 영웅 소설	성격	현실 비판적, 전기적(傳奇的)
배경	[시간적] 조선 시대　[공간적] 홍 판서의 집, 조선 팔도 등	시점	전지적 작가 시점
제재	적서 차별과 신분 제도		
주제	적서 차별에 대한 저항과 입신양명 의지, 이상국의 건설		
특징	① 우리나라 최초의 한글 소설로 알려져 있다. ② 당시의 시대 상황이 구체적으로 드러난다. ③ 당시 사회에 대한 비판 의식과 저항 정신이 드러난다. ④ ②◻◻◻적 구성을 취한다. ⑤ 전기적 요소가 두드러지게 나타난다.		

◆ 이 글 전체의 구성

발단	전개	위기	절정	결말
③◻◻로 태어나 천대를 받으며 살던 길동이 집을 떠남.	길동이 활빈당의 우두머리가 되어 탐관오리의 재물을 빼앗음.	조정에서 길동을 잡으려 하나 길동이 ④◻◻을 부려 피함.	길동이 조선을 떠나 율도국의 왕이 됨.	율도국에서 이상적인 정치를 펼치다 죽음을 맞음.

◆ 이 글에 드러난 갈등

내적 갈등		길동이 서자라는 신분 때문에 차별받는 자신의 상황에 괴로워함.
외적 갈등	개인과 개인의 갈등	• 호부 호형을 하고 싶은 길동과 길동을 꾸짖는 홍 판서 • 길동을 없애려는 초란과 자객을 물리쳐 위기를 벗어나는 길동
	개인과 ⑤◻◻의 갈등	호부 호형과 입신양명을 하고 싶은 길동과, 이를 가로막는 조선 사회의 적서 차별 제도, 신분 제도

◆ 등장인물의 특성

현실 ⑥◻◻◻	길동	부조리한 현실을 비판하고 저항하는 적극적이고 진취적인 모습을 보임.
현실 순응적	홍 판서	길동의 처지를 마음속으로는 안타까워하지만, 신분 제도에 순응함.
	춘섬	자식에 대한 정은 깊지만, 홍 판서와 마찬가지로 사회 질서에 순응함.

◆ 이 글에 반영된 당시의 사회상

적서 차별 제도	서자는 차별을 받아 ⑦◻◻◻◻을 할 수 없고, 출세에도 제약이 있었음.
신분 제도	양반과 종의 구분이 있고 상하 관계가 엄격하였음.
⑧◻◻ 중심 사회	공자와 맹자를 본받으려 하고 무관보다 문관을 우대하며, 입신양명을 지향함.
축첩 제도	본부인 외에 첩을 둘 수 있었음.

부모와 자식 간의 사랑과 관련된 속담

깨물어서 아프지 않은 손가락 없다

열 손가락 중 어느 하나도 깨물어서 아프지 않은 손가락이 없듯이, 자식이 아무리 많아도 부모에게는 모두 소중하다는 말.

효성이 지극하면 돌 위에 풀이 난다

효성이 극진하면 어떤 조건에서도 자식 된 도리를 다할 수 있다는 말

부모는 자식이 한 자만 하면 두 자로 보이고 두 자만 하면 석 자로 보인다

부모는 자기 자식이 한 자만큼 자라면 두 자로 커 보이고 두 자만큼 자라면 석 자로 커 보인다는 뜻으로, 부모 된 사람은 제 자식이 좋게만 보임을 비유적으로 이르는 말.

고슴도치도 제 새끼는 함함하다고 한다

① 털이 바늘같이 꼿꼿한 고슴도치도 제 새끼의 털이 부드럽다고 옹호한다는 뜻으로, 자기 자식의 나쁜 점은 모르고 도리어 자랑으로 삼는다는 말.
② 어버이 눈에는 제 자식이 다 잘나고 귀여워 보인다는 말.

헷갈리는 단어 **한자로 확인**

傳	記	傳	奇
전할 **전**	기록할 **기**	전할 **전**	기이할 **기**
한 사람의 일생 동안의 행적을 적은 기록		전하여 오는 기이한 일을 세상에 전함	
傳	記	傳	奇

古	代	苦	待
옛 **고**	시대 **대**	쓸 **고**	기다릴 **대**
옛 시대		몹시 기다림	
古	代	苦	待

Ⅲ

수필 문학

01 괜찮아 _장영희

02 막내의 야구 방망이 _정진권

03 어느 날 자전거가 내 삶 속으로 들어왔다 _성석제

알자! 알짜 개념

❶ 수필의 개념

글쓴이가 일상생활의 경험을 통해 얻은 생각과 느낌을 형식에 얽매이지 않고 자유롭게 쓴 글을 말한다.

❷ 수필의 특성

자유로운 형식	형식의 제한을 받지 않고 자유롭게 쓴다.
비전문적	전문적인 작가가 아니더라도 누구나 쓸 수 있다.
자기 고백적	글쓴이 자신의 경험과 생각, 느낌이 담겨 있다.
신변잡기적	일상생활의 모든 것들이 소재가 될 수 있다.
개성적	글쓴이의 가치관, 인생관, 성격이나 습관 등의 개성이 강하게 드러난다.
교훈적	삶의 교훈이 담겨 있어 독자가 감동을 느끼고 삶을 성찰하게 한다.

❸ 수필의 분류

	경수필	중수필
뜻	글쓴이가 일상생활의 경험과 그에 대한 느낌, 생각 등을 가볍게 표현한 수필	시사적, 사회적 문제에 대한 글쓴이의 의견을 논리적으로 쓴 수필
소재	개인적 경험과 생각	시사적, 사회적 문제
성격	감정적, 주관적, 개인적, 고백적, 체험적, 신변잡기적	시사적, 사회적, 객관적, 지적, 철학적, 논리적
특징	• 자유로운 감정 표현 • 가볍고 부드러운 문장 • 대체로 글에 '나'가 드러남.	• 주장과 논리적 근거 제시 • 무겁고 딱딱한 문장 • 대체로 '나'가 겉에 드러나지 않음.
종류	편지, 일기, 기행문, 수기 등	칼럼, 평론 등

❹ 수필을 감상하는 방법

① 글의 가치와 감동을 느끼며 읽는다.
② 글쓴이만의 독특한 문체와 표현 등을 살피며 읽는다.
③ 글 속에 나타난 글쓴이의 성격이나 행동 방식을 살피며 읽는다.
④ 글쓴이의 인생관, 가치관, 세계관 등을 파악하며 읽는다.
⑤ 글이 주는 교훈을 파악하고, 자신의 삶을 돌아본다.

개념 확인 문제

1 수필의 특징으로 알맞지 <u>않은</u> 것은?

① 자기 고백적인 글이다.
② 경험을 바탕으로 쓴 글이다.
③ 특별히 정해진 형식이 없다.
④ 일상생활의 모든 것이 소재가 된다.
⑤ 일정한 자격을 가진 사람만이 쓸 수 있다.

2 □□□은 주관적·개인적 성격의 수필로, 글쓴이의 경험과 느낌을 비교적 가볍고 부드러운 문장으로 나타내는 것이 특징이다.

3 수필을 감상하는 방법 중 하나는 글쓴이의 인생관과 가치관을 파악하고 자신과 비교해 보는 것이다. (○, X)

❺ 수필 읽기의 의의

① 글쓴이의 경험과 가치관 등을 자신과 비교해 볼 수 있다.

② 인간과 사회에 관심을 갖고 깊이 생각해 보는 계기가 된다.

③ 다양한 삶의 방식을 존중할 수 있게 된다.

④ 글쓴이의 개성이 드러나는 문체에서 글 읽기의 새로운 재미를 느낄 수 있다.

❻ 여러 가지 수필

편지	• 정해진 대상에게 안부, 소식, 용무 따위를 적어 보내는 글 • 일정한 형식(첫머리 – 사연 – 끝맺음)에 따라 씀. • 대상에 맞는 격식과 예절을 갖추어 써야 함.
일기	• 날마다 겪은 일이나 생각, 느낌 등을 적은 개인의 기록 • 독자를 염두에 두지 않는 솔직하고 비공개적인 글임.
기행문	• 여행하는 동안 보고, 듣고, 느낀 것을 주로 시간의 흐름이나 공간의 이동에 따라 적은 글 • 여행한 지방의 풍습, 풍물과 그에 대한 글쓴이의 감상이 잘 드러남.
수기	• 자신의 생활이나 체험을 직접 쓴 기록 • 주로 어려운 상황을 극복한 경험이나 특별한 체험을 여러 사람에게 알리고자 씀.
칼럼	신문·잡지 등에서, 시사 문제나 사회 풍속 등을 짧게 비평하는 글
평론	사물의 가치나 선악 등을 평가하여 논하는 글

❼ 수필과 소설의 비교

		수필	소설
차이점	글 속의 '나'	글쓴이 자신	글쓴이가 창조한 허구적 인물
	성격	사실적	허구적
	내용	글쓴이의 경험과 생각	글쓴이의 상상력으로 꾸며 낸 이야기
	인생관	대체로 직접적으로 제시됨.	인물의 대화, 행동 등을 통해 간접적으로 제시됨.
	형식	자유로운 형식	일정한 구성 단계
공통점	① 줄글로 이루어진 산문 문학이다. ② 독자에게 감동과 교훈을 준다. ③ 인간의 삶을 바탕으로 한다. ④ 여러 가지 문학적 표현 방법을 사용한다.		

4 다음 중 수필로 보기 어려운 글은?

① 가족들과 동해안으로 여행을 다녀와서 쓴 글

② 학생회장 선거 운동에서 연설할 내용을 쓴 글

③ 자신의 고민을 솔직하게 써서 친구에게 보낸 글

④ 자선 바자회에 참여하면서 느낀 점을 그날 일과를 마무리하며 기록한 글

⑤ 날씨가 안 좋은 상황에서 일주일간의 농촌 체험을 끝까지 마치고 쓴 글

5 수필 속의 '나'는 글쓴이 자신이므로 수필은 1인칭 주인공 시점이다. (○, X)

6 수필과 소설의 공통점은 독자에게 감동과 교훈을 주는 산문 문학이라는 점이다. (○, X)

가 초등학교 때 우리 집은 제기동에 있는 작은 한옥이었다. 골목 안에는 고만고만한 한옥 네 채가 서로 마주 보고 있었다. 그때
여럿이 다 비슷비슷한
만 해도 한 집에 아이가 보통 네댓은 되었으므로, 그 골목길만 초등학교 아이들이 줄잡아 열 명이 넘었다. 학교가 파할 때쯤 되면
대강 짐작으로 헤아려 보아　　　　　　　마칠
골목 안은 시끌벅적, 아이들의 놀이터가 되었다.

처음 초등학교 시절, 아이들의 놀이터가 되었던 (　　　　　　)의 모습

나 ㉠어머니는 내가 집에서 책만 읽는 것을 싫어하셨다. 그래서 방과 후 골목길에 아이들이 모일 때쯤이면 어머니는 대문 앞 계단에 작은 방석을 깔고 나를 거기에 앉혀 주셨다. 아이들이 노는 걸 구경이라도 하라는 뜻이었다.

다 딱히 놀이 기구가 없던 그때, 친구들은 대부분 술래잡기, 사방치기, 공기놀이, 고무줄놀이 등을 하고 놀았지만, 나는 공기놀이 외에는 그 어떤 놀이에도 참여할 수 없었다. 하지만 ㉡골목 안 친구들은 나를 위해 꼭 무언가 역할을 만들어 주었다. 고무줄놀이나 달리기를 하면 내게 심판을 시키거나, 신발주머니와 책가방을 맡겼다. 그뿐인가. 술래잡기를 할 때는 한곳에 앉아 있는 내가 답답할까 봐 어디에 숨을지 미리 말해 주고 숨는 친구도 있었다.

우리 집은 골목 안에서 중앙이 아니라 구석 쪽이었지만, ㉢내가 앉아 있는 계단 앞이 늘 친구들의 놀이 무대였다. 놀이에 참여하지 못해도 나는 전혀 소외감이나 박탈감을 느끼지 않았다. 아니, 지금 생각
남에게 따돌림을 당하여 멀어진 듯한 느낌　　　무언가를 빼앗겼다고 여기는 느낌이나 기분
하면 내가 소외감을 느낄까 봐 친구들이 배려해 준 것이었다.
도와주거나 보살펴 주려고 마음을 써

라 그 골목길에서의 일이다. 초등학교 1학년 때였던 것 같다. 하루는 우리 반이 좀 일찍 끝나서 혼자 집 앞에 앉아 있었다. 그런데 그때 마침 깨엿장수가 골목길을 지나고 있었다. 그 아저씨는 가위를 찔렁이며 내 앞을 지나더니, ㉣다시 돌아와 내게 깨엿 두 개를 내밀었다. 순간, 그 아저씨와 내 눈이 마주쳤다. 아저씨는 아무 말도 하지 않고 아주 잠깐 미소를 지어 보이며 말했다.

"괜찮아."

무엇이 괜찮다는 것인지는 몰랐다. 돈 없이 깨엿을 공짜로 받아도 괜찮다는 것인지, 아니면 목발을 짚고 살아도 괜찮다는 말인지……. 하지만 그건 중요하지 않다. ㉤중요한 건 내가 그날 마음을 정했다는 것이다. 이 세상은 그런대로 살 만한 곳이라고, 좋은 사람들이 있고, 선의와 사랑이 있고, '괜찮아.'라는
착한 마음. 또는 좋은 뜻
말처럼 용서와 너그러움이 있는 곳이라고 믿기 시작했다는 것이다.

중간 1 '나'를 배려하며 함께 놀던 친구들과 (　　　　　　) 아저씨에 대한 기억

갈래	수필(수기)
성격	교훈적, 회상적, 체험적
제재	어린 시절 골목길에서의 추억
주제	삶에 긍정적인 힘을 주는 따뜻한 배려와 말
특징	① 글쓴이가 어린 시절의 추억을 회상하는 형식으로 전개된다. ② 삶에 대한 글쓴이의 긍정적인 태도가 드러난다. ③ 어린 시절 경험에서 얻은 깨달음을 진솔하게 표현함으로써 독자에게 감동과 즐거움을 준다.

◆ 글쓴이의 처지와 주변의 배려

'나'의 처지
다리가 불편한 상황('목발'이라는 소재를 통해 단적으로 드러남.)

↓

'나'가 소외감을 느끼지 않게 한 주변의 배려
• 어머니 : 친구들이 노는 것을 볼 수 있게 '나'를 대문 앞에 앉혀 줌.
• 친구들 : '나'를 위해 놀이에서 역할을 만들어 주고, '나'가 앉아 있는 계단 앞을 놀이 무대로 삼음.
• 깨엿장수 아저씨 : '나'에게 깨엿을 주며 "괜찮아."라고 말함.

* 고만고만하다 : 고만한 정도로 여럿이 다 비슷비슷하다.
* 줄잡다 : 대강 짐작으로 헤아려 보다.
* 파하다 : 어떤 일을 마치거나 그만두다.
* 소외감 : 남에게 따돌림을 당하여 멀어진 듯한 느낌.
* 박탈감 : 무언가를 빼앗겼다고 여기는 느낌이나 기분.
* 선의 : 착한 마음. 또는 좋은 뜻.

01 이와 같은 글을 감상하는 방법으로 적절하지 <u>않은</u> 것은?

① 글쓴이의 경험과 깨달음을 파악하며 읽는다.
② 단어의 사전적인 의미만을 생각하며 읽는다.
③ 글에 드러난 글쓴이의 개성을 파악하며 읽는다.
④ 글쓴이의 인생관, 세계관, 가치관을 파악하며 읽는다.
⑤ 글을 통해 얻을 수 있는 감동과 즐거움을 느끼면서 읽는다.

02 이 글을 통해 알 수 있는 '나'의 모습으로 알맞은 것은?

① 작은 한옥에서 외동딸로 외롭게 자랐다.
② 고무줄놀이와 공기놀이를 가장 좋아한다.
③ 다리가 불편하여 친구들과 함께 뛰놀기가 어려웠다.
④ 친구들과 어울리는 것을 꺼려하는 내성적인 성격이었다.
⑤ 깨엿장수 아저씨를 기다리면서 골목길에 앉아 있곤 하였다.

03 이 글에서 느껴지는 분위기로 알맞은 것은? (정답 2개)

① 따뜻한 분위기　　　　② 서글픈 분위기
③ 비극적인 분위기　　　　④ 신비로운 분위기
⑤ 밝고 활기찬 분위기

04 ㉠~㉤을 이해한 내용으로 적절하지 <u>않은</u> 것은?

① ㉠ : '나'가 친구들과 어울리기를 바라는 어머니의 마음이 나타난다.
② ㉡ : '나'를 배려해 주는 친구들의 따뜻한 마음을 짐작할 수 있다.
③ ㉢ : 친구들과 어울리고 싶어 하는 '나'의 간절한 마음을 보여 준다.
④ ㉣ : '나'를 대하는 깨엿장수 아저씨의 선의가 드러난다.
⑤ ㉤ : '나'가 세상을 긍정적인 시선으로 바라보기 시작하였음이 드러난다.

마 오래전의 학교 친구를 찾아 주는 프로그램이 있었다. 한번은 어느 가수가 나와서 초등학교 때 친구들을 찾았는데, 함께 축구하던 이야기가 나왔다. 당시 허리가 36인치나 되는 뚱뚱한 친구가 있었는데, 뚱뚱해서 잘 뛰지 못한다고 다른 친구들이 축구 팀에 끼워 주려고 하지 않았다. 그때 그 가수가 나서서 말했다.

"괜찮아. 그럼 얘는 골키퍼를 하면 함께 놀 수 있잖아."

그래서 그 친구는 골키퍼로 친구들과 함께 축구를 했고, 몇십 년이 지난 후에도 그 따뜻한 말과 마음을 그대로 기억하고 있었다.

바 ㉠'괜찮아.' 난 지금도 이 말을 들으면 괜히 가슴이 찡하다.
감동을 받아 가슴이 뻐근한 데가 있다

2002년 월드컵 4강에서 우리나라 축구 대표 팀이 독일에 졌을 때, 관중들은 우리 선수들을 향해 외쳤다. "괜찮아! 괜찮아!" 혼자 남아 문제를 풀다가 결국 골든벨을 울리지 못하면 친구들이 얼싸안고 말해 준다. "괜찮아! 괜찮아!"

'그만하면 참 잘했다.'라고 용기를 북돋워 주는 말, '너라면 뭐든지 다 눈감아 주겠다.'라는 용서의 말, '무슨 일이 있어도 나는 네 편이니 넌 절대 외롭지 않다.'라는 격려의 말, '지금은 아파도 슬퍼하지 마라.'라는 나눔의 말, 그리고 마음으로 일으켜 주는 부축의 말, 괜찮아.

사 참으로 신기하게도 힘들어서 주저앉고 싶을 때마다 난 내 마음속에서 작은 속삭임을 듣는다. 오래전 따뜻한 추억 속 골목길 안에서 들은 말, '괜찮아! 조금만 참아. 이제 다 괜찮아질 거야.'

그래서 '괜찮아'는 이제 다시 시작할 수 있다는 희망의 말이다.

아 시각 장애인이면서 재벌 사업가로 알려진 미국의 톰 설리번은 자기의 인생을 바꾼 말은 딱 세 단어, "Want to play(함께 놀래)?"라고 했다. 어렸을 때 시력을 잃고 절망과 좌절감에 빠져 고립된 생활을 할
다른 사람과 어울려 사귀지 않거나 도움을 받지 못해 외톨이로 된
때 ⓐ옆집에 새로 이사 온 아이가 그렇게 말했다고 한다. 그 짧은 말이 자기가 다시 세상 밖으로 나올 수 있는 계기가 되었다고 한다.

중간 2   '(   )'라는 말에 담긴 여러 가지 의미

자 어린아이의 마음은 스펀지같이 무엇이든 흡수한다. 그리고 어느 순간에 마음을 정해 버린다. 기준은 '함께'이다. 세상이 친구가 되어 '함께' 하리라는 약속을 볼 때, 힘들지만 세상은 그런대로 살 만한 곳이라 여기고, '함께' 하리라는 약속이 없으면 세상은 너무 무서운 곳이라 여긴다. 새삼 생각해 보면 나를 이 세상에 정붙이게 만들어 준 것은 바로 옛날 나와 함께해 주었던 ⓑ골목길 친구들이다.

끝   (   ) 하리라는 약속을 바탕으로 살 만한 곳이 될 수 있는 세상

■ 소주제 정답 골목길 / 깨엿장수 / 괜찮아 / 함께

스스로 정리 노트

◆ 상황에 따른 '괜찮아'의 의미

괜찮아	
상황	의미
놀이에 끼지 못하는 뚱뚱한 친구를 위해 어느 가수가 말함.	친구를 배려해 주는 따뜻한 말
월드컵 4강에서 독일에 졌을 때 관중들이 선수들을 향해 외침.	그만하면 참 잘했다고 용기를 북돋워 주는 말
혼자 남아 문제를 풀다 결국 골든벨을 울리지 못한 친구에게 말함.	용기를 북돋워 주고, 마음으로 일으켜 주는 부축의 말

어휘 갈무리

* 찡하다 : 감동을 받아 가슴 따위가 뻐근한 데가 있다.

* 고립되다 : 다른 사람과 어울려 사귀지 아니하거나 도움을 받지 못하여 외톨이로 되다.

---

05 이 글을 통해 글쓴이가 말하고자 하는 바로 가장 적절한 것은?

① 가족 간의 세심한 배려와 사랑
② 어렸을 적 친구들에 대한 그리움
③ 자신의 패배를 인정할 줄 아는 자세
④ 고난을 극복하기 위한 노력의 중요성
⑤ 인생에 큰 힘이 될 수 있는 한마디 말의 소중함

06 ㉠에 담긴 의미로 적절하지 <u>않은</u> 것은?

① 수고했어. 그만하면 참 잘한 거야.
② 나는 언제나 네 편이야. 외로워하지 마.
③ 너무 속상해하지 마. 힘들겠지만 기운 내.
④ 정말 최선을 다했는지 되돌아보는 게 좋겠다.
⑤ 살다 보면 잘못을 할 수도 있는 거지 뭐. 용서해 줄게.

07 이 글의 '괜찮아'라는 말이 필요한 사람으로 보기 <u>어려운</u> 것은?

① 시험을 잘 못 봐서 실망하는 친구
② 여행을 다녀와서 선물을 건넨 친구
③ 신체적인 장애가 있어서 슬퍼하는 친구
④ 육상 대회에 나가 아깝게 메달을 놓친 친구
⑤ 토론 대회에서 큰 실수를 하여 자책하는 친구

08 ⓐ와 ⓑ의 공통점을 〈조건〉에 맞게 쓰시오.

┤ 조건 ├

• ⓐ가 톰 설리번에 대하여, ⓑ가 '나'에 대하여 어떤 역할을 했는지 쓸 것.
• 톰 설리번과 '나'의 처지가 드러나게 할 것.

작품 한눈에 보기

핵심 정리

갈래	수필(수기)	성격	교훈적, 회상적, 체험적	제재	어린 시절 골목길에서의 추억
주제	삶에 긍정적인 힘을 주는 따뜻한 배려와 말				
특징	① 글쓴이가 어린 시절의 추억을 ①◻◻ 하는 형식으로 전개된다. ② 삶에 대한 글쓴이의 긍정적인 태도가 드러난다. ③ 어린 시절 경험에서 얻은 깨달음을 진솔하게 표현함으로써 독자에게 감동과 즐거움을 준다.				

◈ 이 글의 구성

처음	중간	끝
초등학교 시절, 아이들의 놀이터가 되었던 골목길의 모습	• '나'를 배려하며 함께 놀던 친구들과 깨엿장수 아저씨에 대한 기억 • '괜찮아'라는 말에 담긴 다양한 의미	'②◻◻' 하리라는 약속의 소중함

◈ 글쓴이의 경험과 느낀 점

'나'의 처지	친구들	
• 다리가 불편하여 목발을 짚고 지냄. • 대문 앞 계단에 앉아 다른 아이들이 노는 것을 구경함.	'나'의 역할을 만들어 놀이에 끼워 주고, '나'가 있는 계단 앞에서 놀이를 함.	'나'가 소외감, 박탈감을 느끼지 않음.
	깨엿장수	
	깨엿을 내밀며 "③◻◻◻." 라고 말해 줌.	'나'가 세상에 대한 믿음을 갖게 됨.

◈ '괜찮아'라는 말의 역할

어린 시절에 깨엿장수로부터 "괜찮아."라는 말을 들음.	→	이 세상은 그런대로 살 만한 곳이고, 좋은 사람들이 있고, 선의와 사랑이 있고, 용서와 너그러움이 있는 곳이라는 믿음을 갖게 됨.
힘들어서 주저앉고 싶을 때마다 어린 시절에 들었던 '괜찮아'라는 말을 떠올림.	→	이제 다시 시작할 수 있다는 ④◻◻을 얻음.

◈ '괜찮아'라는 말의 다양한 의미

용기	'그만하면 참 잘했다.'	⑤◻◻	'너라면 뭐든지 다 눈감아 주겠다.'
격려	'무슨 일이 있어도 나는 네 편이니 넌 절대 외롭지 않다.'	나눔	'지금은 아파도 슬퍼하지 마라.'
⑥◻◻	마음으로 일으켜 주는 말	희망	이제 다시 시작할 수 있다는 말

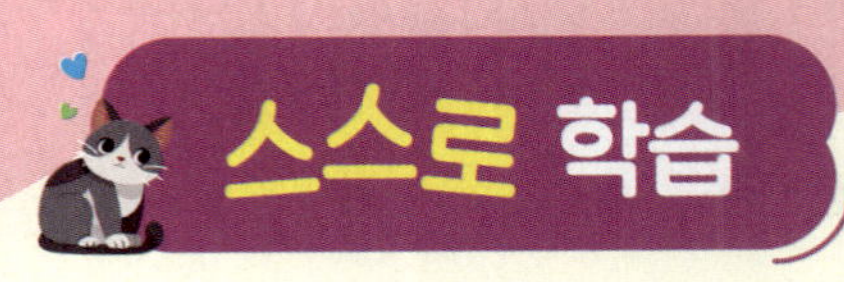

사면초가(四面楚歌)

초나라의 항우가 한나라의 유방과 천하를 두고 다툴 때의 일이다.

싸움에 패해 쫓기던 항우와 초나라 군사들은 지칠 대로 지쳐 있었다.

그러나 한나라 군사들에게 포위된 상황에서도 항우가 쉽게 사로잡히지 않자,

한나라의 지략가가 한 가지 작전을 꾸며 냈다.

"지금 초나라 군사들은 싸움에 지친 상태이고, 고향과 가족을 그리워하고 있습니다. 이럴 때

구슬픈 초나라 노래를 들려주면 초나라 군사들이 고향 생각에 사기가 떨어질 것입니다."

그날 밤부터 초나라 노랫소리가 사방에 울려 퍼졌다.

사방을 에워싼 한나라 군사 쪽에서 초나라 노랫소리가 들려오자,

항우는 초나라 군사들이 이미 항복한 줄 알고 크게 놀랐다.

초나라 군사들은 고향 생각에 젖어 싸울 의욕을 잃고 하나둘

도망치기 시작했고 항우는 전투에서 결국 패했다.

여기에서 비롯된 말이 **사면초가**(四面楚歌)이다.

이는 사방에 초나라 노래가 가득하다는 뜻으로, 아무에게도 도움을

받지 못하는, 외롭고 곤란한 지경에 빠진 형편을 이르는 말이다.

한자로 확인

想	起	上	氣
생각 상	일어날 기	윗 상	기운 기
지난 일을 돌이켜 생각해 냄		흥분이나 부끄러움으로 얼굴이 붉어짐	
想	起	上	氣

無	料	無	聊
없을 무	헤아릴 료	없을 무	즐기다 료
요금이 없음		흥미 있는 일이 없어 심심하고 지루함	
無	料	無	聊

02 막내의 야구 방망이 ① _정진권

가 어느 날 퇴근을 해 보니 막내의 친구 애들 7, 8명이 마루에 둘러앉아 있었다. 초등학교 5학년 개구쟁이들. 그러나 개구쟁이답지 않게 조용했다.

그날 저녁에 막내는 야구 방망이 하나만 사 달라고 졸랐다. 조르는 대로 다 사 줄 수는 없는 일이지만 너무도 간절히 원하기 때문에 나는 사 주마고 약속을 했다. 그리고 다음 날 퇴근을 할 때 방망이 하나를 사다 주었다.

처음 막내의 성화에 못 이겨 (   )를 사 주는 '나'

나 그다음 날부터 막내는 집에 늦게 돌아왔다. 어떤 때는 하늘에 별이 떠야 방망이에 글러브를 꿰어 메고 새카만 거지 아이가 되어 돌아오는 것이다. 그리고는 한 사흘을 굶은 놈처럼 밥을 퍼먹는다.

"왜 이렇게 늦었니?"

"야구 연습 좀 하느라구요."

"이 캄캄한 밤에 공이 보이니?" / 막내는 말이 없었다.

"또 이렇게 늦으면 혼날 줄 알아."

그러나 그다음 날도 여전히 늦었다. 나는 적이 걱정스러웠다. 초등학교 5학년짜리들이 야구를 한다면
꽤 어지간한 정도로
그건 취미 활동에 불과한 것이다. 그런데 무엇에 쏠려서 별이 떠야 돌아오는 것일까?
그 정도에 지나지 아니한 상태인   마음이나 눈길이 어떤 대상에 끌려 한쪽으로 기울어서

"왜 또 이렇게 늦었니?"

막내는 또 말이 없었다.

"말 못 하겠니?"

그러자 막내가 겨우 입을 열었다.

"내일모레가 시합이에요." / "무슨 시합?"

"5학년 각 반 대항 시합인데 우리가 꼭 이겨야 해요."

그때 막내의 얼굴에는 너무도 진지한 빛이 떠올랐기 때문에 더는 무어라고 야단을 칠 수가 없었다.

"그럼 시합 끝나면 일찍 오지?" / "예."

다 그런데 시합 날이라던 그날 막내네는 우승을 하지 못한 모양이었다. 밥도 먹는 둥 마는 둥, 그냥 잠
무슨 일을 하는 듯도 하고 하지 않는 듯도 함을 나타내는 말
자리로 들어가 이불을 뒤집어쓰는 것이다. 나는 지나치게 승부에 민감한 것은 좋지 않을 듯해서,
자극에 빠르게 반응을 보이거나 쉽게 영향을 받는 데가 있는

"다음에 또 기회가 있지 않니? 갑자기 서두르면 못써."

하고는 이불을 벗겨 주었다. 그러나 막내는 무슨 대단한 한이라도 맺힌 듯 누운 채로 면벽을 하고 있
벽을 마주 대하고 좌선함. 여기서는 '아무도 이야기하지 않고 혼자 속상해하는 모습'을 말함
었다.

<table>
<tr><td>갈래</td><td>수필(경수필)</td></tr>
<tr><td>성격</td><td>체험적, 서사적</td></tr>
<tr><td>제재</td><td>막내의 야구 연습</td></tr>
<tr><td>주제</td><td>힘든 상황을 극복하기 위해 노력하고 단결하는 막내와 아이들의 순수하고 착한 마음</td></tr>
<tr><td>특징</td><td>① 글쓴이의 개인적인 생활 체험을 짜임새 있게 구성하였다.
② 막내에 대한 글쓴이의 심리 변화가 잘 나타난다.
③ 막내와 아이들을 바라보는 글쓴이의 따뜻한 시선이 드러난다.
④ 야구 시합을 통해 성장하는 막내와 그 친구들의 모습을 감동적으로 그리고 있다.</td></tr>
</table>

스스로 정리 노트

◆ '야구 방망이'의 역할과 의미

	처음~중간
역할	• 막내가 집에 늦게 오기 시작하는 계기 • 막내의 늦은 귀가로 인한 '나'의 걱정과 의아함을 불러일으키는 매개체 • 막내와 반 아이들을 단합하게 하는 매개체
	끝
	부자간의 갈등이 해소되었음을 보여 주는 소재
의미	막내와 반 아이들의 단결심과 자존심, 노력을 상징함.

어휘 갈무리

*적이 : 꽤 어지간한 정도로.

*불과하다 : 그 수량에 지나지 아니한 상태이다. 또는 그 수준을 넘지 못한 상태이다.

*민감하다 : 자극에 빠르게 반응을 보이거나 쉽게 영향을 받는 데가 있다.

*면벽 : 벽을 마주 대하고 고요히 앉아 참선함.

01 이와 같은 글의 특징으로 적절하지 <u>않은</u> 것은?

① 구성이나 형식상의 제약이 없는 자유로운 글이다.
② 전문 작가가 아니더라도 누구나 쓸 수 있는 글이다.
③ 제재에 대한 글쓴이의 개성적인 시각을 접할 수 있다.
④ 사회적인 문제에 대한 주장과 근거가 논리적으로 제시된다.
⑤ 글 속의 '나'는 글쓴이로, 자신의 체험을 고백적으로 서술한다.

02 이 글을 통해 알 수 있는 내용이 <u>아닌</u> 것은?

① 글쓴이는 막내의 늦은 귀가를 의아해한다.
② 글쓴이는 가족 구성원 중 막내를 가장 사랑한다.
③ 막내는 야구 연습을 하느라 매일 늦게 돌아왔다.
④ 막내는 5학년 각 반 대항 야구 시합을 준비하고 있다.
⑤ 글쓴이는 야구에 지나치게 몰두하는 막내를 걱정한다.

03 막내에 대한 학생들의 반응으로 적절한 것은?

① 동주 : 막내는 장래 희망이 훌륭한 야구선수로구나.
② 은서 : 막내는 야구 시합에서 우승하기를 간절히 바라고 있구나.
③ 현우 : 막내는 시합에서 우승을 하고 나니 야구에 흥미가 없어진 모양이야.
④ 세경 : 막내는 야구 방망이를 사 주신 아버지의 기대에 미치지 못해 우울한가 봐.
⑤ 민재 : 막내는 어리광이 심하고 갖고 싶은 것은 꼭 가져야 직성이 풀리는 성격이야.

04 [다]에 나타난 막내의 정서로 알맞은 것은?

① 반가움   ② 뿌듯함   ③ 지루함
④ 속상함   ⑤ 즐거움

라 그런데 막내는 이튿날도 또 늦었다. 나는 아무래도 이 아이가 자기 생활의 질서를 잃은 듯해서,

"왜 이렇게 늦었니? 시합 끝나면 일찍 오겠다고 하지 않았니? 어떻게 된 거야 이게?"

하고 좀 심하게 나무랐다. 그제야 막내는 자초지종(自初至終)을 털어놓았다. 다음에 적는 것은 그 이야
기의 대강이다.

> 잘못을 꾸짖어 알아듣도록 말했다   처음부터 끝까지의 과정
> 자세하지 않은. 기본적인 부분만을 따 낸 줄거리

중간 1 (   )에 매진해 매일 늦게 귀가하는 막내를 꾸짖는 '나'

마 막내의 담임 선생님은 마흔 남짓한 남자 분이신데 무슨 깊은 병환으로 입원을 하셔서 한 두어 달 학
교를 쉬시게 되었다. 그렇게 되자 학교에서는 막내의 반 아이들을 이 반 저 반으로 나누어 붙였다. 그러
니까 막내의 반은 하루아침에 해체되고 반 아이들은 뿔뿔이 헤어지게 된 것이다.

> 어느 한도에 차고 조금 남는 정도   '병(病)'의 높임말
> 흩어지게 되고

　그런데 배치해 주는 대로 가 보니 그 반 아이들의 괄시가 말이 아니었다. 그런 괄시를 받을 때마다 옛
날의 자기 반이 그리웠다. 선생님을 졸졸 따라 소풍 가던 일, 운동회에서 다른 반 아이들과 당당하게 겨
루던 일, 이런저런 자기 반의 아름다운 역사가 안타깝게 명멸하는 것이다. 때로는 편찮으신 선생님이 너
무 보고 싶어서 길도 잘 모르는 병원도 찾아갔다.

> 사람을 일정한 자리에 알맞게 나누어   업신여겨 하찮게 대함
> 나타났다 사라졌다 하는

바 그러는 동안에 아이들은 선생님이 다 나으셔서 오실 때까지 우리 기죽지 말자 하며 서로서로 격려
하게 되었고, 이런 기운이 팽배해지자 이른바 간부였던 아이들은 자기네의 사명을 깨닫게 되었다. 그래
서 몇 아이들이 우리 집에 모였던 것이고, 그 기죽지 않을 방법으로 채택된 것이 야구 대회를 주최하여
우승을 차지하는 것이었다.

> 매우 거세게 일어나자   맡겨진 임무

사 연습은 참으로 피나는 것이었다. 배 속에서 쪼르륵거리는 소리가 나도 누구 하나 배고프다는 말을
하지 않았다. 연습이 끝나면 또 작전 계획을 세우고 검토했다. 그렇게 하노라면 어느새 하늘에 푸른 별
이 떴다.

> 몹시 고생스럽고 힘든

　그리하여 마침내 결승전에 진출했다. 이 반 저 반으로 헤어진 반 아이들은 예선부터 한 사람 빠짐없
이 응원에 나섰다. 그 응원의 외침은 차라리 처절한 것이었다. 그러나 열광의 도가니처럼 들끓던 결승전
에서 그만 패하고 만 것이다.

> 쇠붙이를 녹이는 그릇. 여기서는 흥분이나 감
> 격 따위로 들끓는 상태를 비유적으로 이름.

중간 2 (   )의 입원으로 막내의 반이 해체된 후 야구 대회를 열게 된 사연을 알게 된 '나'

아 "아빠, 우린 해야 돼. 다음 번엔 우승해야 돼. 선생님이 다 나으실 때까지 우린 누구 하나도 기죽을
수 없어." / 막내는 이야기를 마치면서 이렇게 말했다.

　나는 아무 말도 하지 못했다. 무슨 망국민의 독립 운동사라도 읽는 것처럼 감동 비슷한 것이 가슴에
꽉 차 오는 것 같았다. 학교라는 데는 단순히 국어, 산수나 가르치는 데가 아니구나 하는 생각도 들었다.

> 망하여 없어진 나라의 백성

　이튿날 밤 나는 늦게 들어오는 막내의 방망이를 미더운 마음으로 소중하게 받아 주었다. 그때도 막내
와 그 애의 동무 애들의 초롱초롱한 눈 같은 맑고 푸른 별이 두어 개 하늘에 떠 있었다. 나는 그때처럼
맑고 푸른 별을 일찍이 본 일이 없다.

> 믿음이 가는

끝 막내의 이야기를 듣고 (   )하여 막내의 행동을 존중하고 믿어 주는 '나'

■ 소주제 정답　야구 방망이 / 야구 연습 / 담임 선생님 / 감동

05 이 글의 내용과 일치하지 <u>않는</u> 것은?

① 막내는 원래의 자기 반을 그리워하였다.
② 막내는 원래의 자기 반을 위해 야구 연습을 했다.
③ 글쓴이는 막내를 괄시한 다른 반 아이들을 비판하였다.
④ 담임 선생님의 병환으로 막내의 반 아이들은 뿔뿔이 헤어졌다.
⑤ 글쓴이는 막내와 아이들에게 감동받고 진심으로 응원하게 되었다.

06 다음 ㉠~㉤을 사건이 일어난 시간 순서에 따라 바르게 배열한 것은?

> ㉠ 막내의 반이 해체됨.
> ㉡ 막내의 담임 선생님이 병에 걸림.
> ㉢ 막내의 반 아이들이 담임 선생님과 소풍을 감.
> ㉣ 막내와 반 아이들이 야구 대회를 열기로 결정함.
> ㉤ 막내와 반 아이들이 다른 반 아이들의 괄시를 받음.

① ㉠ - ㉣ - ㉢ - ㉡ - ㉤   ② ㉡ - ㉠ - ㉤ - ㉣ - ㉢
③ ㉡ - ㉤ - ㉠ - ㉣ - ㉢   ④ ㉢ - ㉠ - ㉤ - ㉡ - ㉣
⑤ ㉢ - ㉡ - ㉠ - ㉤ - ㉣

07 다음 설명에 해당하는 소재는?

> • 글쓴이가 막내를 비롯한 아이들과 동일시하는 대상이다.
> • 어려움을 극복하고자 노력하는 아이들에 대한 믿음과 희망이 담겨 있다.

① 소풍   ② 망국민   ③ 야구 방망이
④ 담임 선생님   ⑤ 맑고 푸른 별

08 다음의 ⓐ가 행동으로 드러나는 부분을 [아]에서 찾아 첫 어절과 끝 어절을 쓰시오.

막내가 야구 연습에 매진하는 이유를 알기 전	→ 심리 변화	막내가 야구 연습에 매진하는 이유를 알게 된 후
걱정과 염려		ⓐ 믿음과 존중

작품 한눈에 보기

핵심 정리

갈래	수필(경수필)	성격	체험적, 서사적	제재	막내의 ① ☐☐ 연습
주제	힘든 상황을 극복하기 위해 노력하고 단결하는 막내와 아이들의 순수하고 착한 마음				
특징	① 글쓴이의 개인적인 생활 체험을 짜임새 있게 구성하였다. ② 막내에 대한 글쓴이의 ② ☐☐ 변화가 잘 나타난다. ③ 막내와 아이들을 바라보는 글쓴이의 따뜻한 시선이 드러난다. ④ 야구 시합을 통해 성장하는 막내와 그 친구들의 모습을 감동적으로 그리고 있다.				

◆ 이 글의 구성

처음	중간 1	중간 2	끝
막내의 성화에 못 이겨 야구 방망이를 사 줌.	야구 연습에 매진하느라 매일 늦게 귀가하는 막내	막내로부터 담임 선생님의 입원과 반의 해체, 야구 대회를 열게 된 사연을 들음.	막내의 이야기를 듣고 감동하여 막내를 존중하고 믿게 됨.

◆ 이 글에 나타난 글쓴이의 심리 변화

주요 사건	글쓴이의 심리
야구 연습으로 막내가 늦게 귀가함.	늦게 귀가하는 막내가 ③ ☐☐됨.
시합이 끝난 이후에도 막내가 늦게 귀가함.	생활의 질서를 잃은 듯하여 막내에게 화가 남.
막내가 늦게까지 야구 연습을 하는 이유를 설명함.	아무 말도 하지 못할 만큼 깊이 ④ ☐☐을 받음.
늦게 귀가하는 막내의 ⑤ ☐☐☐☐☐를 소중히 받아 줌.	함께 노력하며 성장하는 모습이 대견하고 기특함.

◆ 이 글에 쓰인 소재의 의미

야구 방망이	• 막내가 집에 늦게 오기 시작하는 계기로, 막내에 대한 '나'의 걱정을 불러일으키는 매개체이자 막내와 반 아이들을 단합하게 하는 매개체임. • 막내와 반 아이들의 자존심과 단결심, ⑥ ☐☐을 상징함.
⑦ ☐☐☐☐☐	• 막내와 반 아이들의 맑고 순수한 마음을 의미함. • 어려움을 함께 극복해 나가며 성장하는 아이들에 대한 '나'의 믿음과 희망이 반영됨.

◆ 이 글에 쓰인 비유적 표현

한 사흘을 굶은 놈처럼 밥을 퍼먹는다	밥을 허겁지겁 먹는 막내를 사흘 굶은 사람에 빗대어 표현함.
열광의 도가니처럼 들끓던 결승전	결승전의 뜨거운 열기를 도가니 속의 엄청난 온도에 빗대어 표현함.
무슨 망국민의 독립 운동사라도 읽는 것처럼 감동 비슷한 것이~	막내와 아이들이 야구 시합에 임하게 된 사정을 듣고 크게 감동하였음을 망국민의 독립 운동사를 읽는 상황에 빗대어 표현함.
막내와 그 애의 동무 애들의 초롱초롱한 눈 같은 맑고 푸른 별	맑고 푸른 별을 아이들의 초롱초롱한 눈에 빗대어 표현함.

 주제별 속담 익히기 친구와 관련된 속담

고슴도치도 살 동무가 있다
누구에게나 친하게 사귀고 지낼 친구가 있기 마련이라는 말.

친구 따라 강남 간다
자기는 하고 싶지 아니하나 남에게 끌려서 덩달아 하게 됨을 이르는 말.

친구는 옛 친구가 좋고 옷은 새 옷이 좋다
친구는 오래 사귄 친구일수록 정이 두텁고 깊어서 좋다는 말.

친구

소나무가 무성하면 잣나무도 기뻐한다
가까운 동료나 친구 또는 자기편 사람이 잘되면 좋아한다는 말.

동무 사나워 뺨 맞는다
성미가 좋지 않거나 손버릇이 나쁜 친구와 함께 있다가 남에게 추궁받는 서슬에 자기도 함께 욕을 당한다는 말.

헷갈리는 단어 한자로 확인

理	解	利	害
다스릴 이	풀 해	이로울 이	해할 해
깨달아 앎. 또는 잘 알아서 받아들임		이익과 손해	
理	解	利	害

延	期	煙	氣
늘일 연	기약할 기	연기 연	기운 기
정한 때를 뒤로 물려서 늘림		무엇이 불에 탈 때에 생겨나는 흐릿한 기체나 그 기운	
延	期	煙	氣

03 어느 날 자전거가 내 삶 속으로 들어왔다

_ 성석제

가 내가 자전거를 배우기 위해 큰집에서 빌린 자전거는 읍내로
출퇴근하는 아버지의 자전거보다 더 무겁고 짐받이가 큰 '농업용'
자전거였다. 그 대신 자전거가 아주 튼튼해서 자전거를 배우자면
꼭 거쳐야 하는, '꼬라박기'를 무난히 감당해 낼 수 있을 듯 보였
다. 내 몸이 그걸 견뎌 낼 수 있을지, 내 마음이 그 창피함을 견
뎌 낼 수 있을지 의문스럽긴 했지만.

나 나는 오전에 자전거를 끌고 사람이 없는 운동장으로 갔다.
시멘트 계단 옆에 자전거를 세운 뒤 안장에 올라가서 발로 연단
을 차는 힘으로 자전거의 주차 장치가 풀리면서 앞으로 나가도록
했다. 바퀴가 두 번도 구르기 전에 자전거는 멈췄고 나는 넘어졌
다. 같은 식의 시행착오가 수백 번 거듭되었다. 정강이와 허벅지에 멍 자국이 생겨났고 팔과 손의 피부
가 벗겨졌다. 나중에는 자전거를 일으키는 일조차 힘이 들었다. 마지막으로 쓰러졌을 때 어둠이 다가오
고 있는 걸 알고는 막막한 마음에 자전거 옆에 한참 누워 있다가 일어났다.

다 동네로 돌아오는 길에는 오십 미터쯤 되는 오르막이 있었다. 오르막에 올라서서 숨을 고르다가 문
득 내리막을 달려 내려가면 자전거를 쉽게 탈 수 있지 않을까 하는 생각이 들었다. 내리막 아래쪽은 길
이 휘어 있었고 정면에는 내가 어릴 적 물장구를 치고 놀던 도랑이 기다리고 있었다. 그리고 그 옆에는
다음 해 봄에 거름으로 쓸 분뇨를 모아 두는 '똥통'이 있었다. 내가 자전거를 통제하지 못하게 된다면 결
말은 단순했다. 운 좋으면 도랑, 나쁘면 똥통.

그럼에도 불구하고 나는 돌을 딛고 자전거에 올라섰다. 어차피 가지 않으면 안 될 길, 나는 몸을 앞뒤
로 흔들어 자전거를 출발시켰다. 자전거는 앞으로 나아가기 시작했다. 페달을 밟지 않고도 가속이 붙었
다. 나는 난생처음 봄을 맞는 장끼처럼 나도 모를 이상한 소리를 내지르며 자전거와 한 몸이 되어 달려
내려갔다. 가슴이 터질 듯 부풀었고 어질어질한 속도감에 사로잡혔다. 어느새 내 발은 페달을 차고 있었
고 자전거는 도랑과 똥통 옆을 지나고 있었다. 나는 삽시간에 어른이 된 기분으로 읍내로 가는 길을 내
달렸다.

중간 수없는 실패를 반복하다가 내리막길에서 (   )에 성공함.

라 그날 나는 내 근육과 뇌에 새겨진 평범한, 그러면서도 ㉠세상을 움직여 온 비밀을 하나 얻게 되었
다. 일단 안장 위에 올라선 이상 계속 가지 않으면 쓰러진다. 노력하고 경험을 쌓고도 잘 모르겠으면 자
연의 판단 — 본능에 맡겨라.

그 뒤에 시와 춤, 노래와 암벽 타기, 그리고 사랑이 모두 같은 원리에 따라 움직인다는 것을 나는 깨
달았다. 비록 다 배웠다, 안다고 할 수 있는 건 없지만.

끝 자전거를 배우는 과정을 통해 (   )을 얻음.

01 이 글에 대한 설명으로 알맞지 <u>않은</u> 것은?

① 자전거 타기를 통해 깨달은 점을 말하고 있다.
② 글쓴이의 생각과 심리 변화가 잘 나타나 있다.
③ 자전거를 배우는 과정에 따라 내용이 전개된다.
④ 시골에서 자란 어린 시절의 경험을 회상하고 있다.
⑤ 시, 춤, 노래, 사랑이 모두 다른 원리로 움직인다는 정보를 전한다.

02 [가]~[다]에 나타난 글쓴이의 심리 변화를 바르게 나열한 것은?

① 자신감 – 걱정됨 – 놀람
② 두려움 – 놀람 – 걱정됨
③ 두려움 – 막막함 – 쾌감
④ 불안함 – 즐거움 – 체념
⑤ 걱정됨 – 막막함 – 포기함

03 ㉠에 담긴 의미로 가장 적절한 것은?

① 시간은 멈추지 않고 흘러간다.
② 어릴 적 경험은 소중한 추억이 된다.
③ 하나를 잘 배우면 다른 것들은 쉽게 배울 수 있다.
④ 포기하지 않고 끊임없이 노력하면 좋은 결과를 얻을 수 있다.
⑤ 여러 가지를 두루 배우는 것보다 하나라도 완벽히 아는 것이 중요하다.

04 글쓴이가 자전거 타기에 성공하여 기분이 벅찬 자신의 모습을 빗댄 대상을 찾아 4어절로 쓰시오.

____

05 이 글을 읽고 주제와 부합하는 자신의 경험을 떠올릴 만한 사람은?

① 학창 시절에 명석한 두뇌로 1등을 놓친 적이 없는 수민이
② 발레를 하다가 부상으로 포기하고 음악으로 진로를 바꾼 정현이
③ 마라톤 완주를 위해 매일 땀 흘리며 연습해서 결국 성공한 민석이
④ 축구를 좋아하다가 축구에 대한 지식이 많아져 축구 해설가가 된 지원이
⑤ 요리사인 엄마의 영향으로 요리에 재능이 있어 일류 요리사가 된 원영이

◆ 글쓴이가 자전거 타기에 처음으로 성공했을 때의 기분

- 난생처음 봄을 맞는 장끼처럼 소리 지름.
- 가슴이 터질 듯 부풀고 어질어질한 속도감에 사로잡힘.
- 삽시간에 어른이 된 기분을 느낌.

↓

내리막길을 달리는 짜릿한 쾌감, 불가능해 보였던 것을 해낸 벅찬 감동과 기쁨

어휘 갈무리

* 연단 : 연설이나 강연을 하는 사람이 올라서는 단.
* 정강이 : 무릎 아래에서 앞 뼈가 있는 부분.
* 도랑 : 매우 좁고 작은 개울.
* 장끼 : 수꿩.
* 삽시간 : 매우 짧은 시간.

핵심 정리

갈래	수필(경수필)	성격	회상적, 체험적, ① ☐☐☐
제재	자전거를 처음 배우게 된 날의 경험	주제	처음 자전거 타기에 성공한 경험을 통해 깨달은 삶의 진리
특징	① 경험을 통해 깨달은 삶의 진리를 전한다. ② 글쓴이의 마음속 생각, 심리가 잘 나타난다. ③ 자전거를 배우는 과정을 시간의 흐름에 따라 전개한다.		

◆ 이 글 전체의 구성

처음	중간	끝
'나'는 집에서 먼 중학교에 입학하게 되어 ② ☐☐☐를 배워야 하는 상황이 됨.	수없는 실패를 반복하다가 내리막길에서 자전거를 타는 것에 성공함.	자전거를 배우는 과정을 통해 삶의 진리를 깨달음.

◆ 글쓴이가 자전거를 배운 과정과 심리 변화

자전거를 배운 과정		심리 변화
자전거를 배워야만 하는 상황에 놓임.	……	걱정, 두려움
계속해서 자전거 타기에 실패함.	……	③ ☐☐☐
내리막길에서 자전거를 타기로 함.	……	긴장감, 설렘과 떨림
자전거 타기에 성공함.	……	짜릿한 쾌감, 벅찬 감동

◆ 글쓴이의 성격

자전거를 연습하는 어설픈 모습을 다른 사람에게 보여 주기 싫어서 사람이 없는 운동장으로 감.	➡	강한 자존심
수백 번을 넘어지고 멍이 생길 정도로 자전거 타기에 계속 도전함.	➡	강한 의지와 끈기
도랑과 똥통에 빠질 수도 있음에도 ④ ☐☐☐☐에서 자전거 타기를 시도함.	➡	도전 정신과 끈기

◆ 글쓴이의 경험과 깨달음

경험	여러 번의 실패 끝에 처음으로 자전거 타기에 성공함.	➡	세상을 움직여 온 비밀을 깨달음	• 일단 시작한 일은 멈추지 말고 계속 노력해야 함. • 노력하고 경험을 쌓아도 잘 모르겠으면 자연의 판단 즉 ⑤ ☐☐에 맡겨야 함.

이야기 고사성어 · 계륵(鷄肋)

조조가 유비와 한중이라는 지역을 놓고 싸울 때의 일이다.

유비군의 방어에 가로막혀 조조의 군대는 전진하기도 수비하기도 곤란한 상태였다.

그러던 어느 날 저녁, 조조에게 닭국이 바쳐졌다. 그때 부하가 야간 암호를 정하려고

찾아왔는데, 국에 든 닭의 갈비를 보고 조조가 무심코 '계륵'이라는 명령을 내렸다.

그러자 부하 양수가 조조의 속마음을 알아차리고 짐을 꾸리기 시작했다.

사람들이 놀라 그 까닭을 묻자 양수는 대답했다.

"닭의 갈비뼈는 먹을 게 별로 없고 그렇다고 버리기도 아깝지요.

마찬가지로 한중 땅 역시 버리기는 아깝지만 그렇다고 무리해서

지킬 만큼 대단한 땅도 아니라고 생각하신 것이니, 주군은 돌아가

기로 결정하신 듯하오."

과연 그의 말대로 조조는 이튿날 철수 명령을 내렸다.

여기에서 비롯된 말이 계륵(鷄肋)이다.

이는 닭의 갈비뼈라는 뜻으로, 그다지 쓸모가 있는 것은 아니지만

그렇다고 버리기는 아까운 것을 이르는 말이다.

類	型	有	形
무리 유	모형 형	있을 유	모양 형
성질이나 특징이 공통적인 것 끼리 묶은 하나의 틀		형상이나 형체가 있음	
類	型	有	形

童	話	同	化
아이 동	말씀 화	한가지 동	될 화
어린이를 위하여 동심을 바탕으로 지은 이야기		성질, 양식, 사상 따위가 다르던 것이 서로 같게 됨	
童	話	同	化

Ⅳ

극 문학

알자! 알짜 개념

01 베토벤 바이러스 _홍진아 · 홍자람

02 라이벌 _권기경

03 토끼와 자라 _엄인희

알자! 알짜 개념

❶ 극의 개념

등장인물의 대사와 행동을 통해 사건과 갈등을 보여 주는 문학의 한 갈래로, 희곡, 시나리오, 드라마 대본이 대표적이다.

❷ 극의 특성

① 공연이나 상영을 전제로 한다.
② 등장인물의 대사와 행동을 통해 사건이 전개된다.
③ 사건을 전달하는 서술자가 따로 존재하지 않는다.
④ 대립과 갈등을 중심으로 사건이 전개된다.
⑤ 사건을 현재형으로 나타낸다.

❸ 극의 구성 단계

① 발단 : 인물과 배경이 소개되고 사건이 시작된다.
② 전개 : 사건이 전개되고 인물 간의 갈등이 심화된다.
③ 절정 : 갈등이 최고조에 이르고 극적인 장면이 나타난다.
④ 하강 : 갈등 해결의 실마리가 보이며 사건의 전환이 일어난다.
⑤ 대단원 : 갈등이 해소되고 사건이 마무리되며 인물의 운명이 결정된다.

❹ 극의 내용적 요소

인물	작품 속에 등장하는 사람. 갈등을 빚어내고 사건을 전개시킴.
사건	인물이 벌이는 행동이나 인물을 중심으로 벌어지는 일들
배경	사건이 일어나는 시간과 장소

❺ 희곡의 개념과 특성

① 개념 : 무대 상연을 하기 위해 꾸며 낸 연극의 대본이다.
② 특성 : 시간과 공간, 등장인물 수의 제약을 받는다.

❻ 희곡의 구성단위

막	연극의 단락을 세는 단위. 한 막은 무대의 막이 올랐다가 다시 내릴 때까지임.
장	'막'의 하위 단위로, 주로 등장인물의 등장·퇴장과 조명의 암전으로 구분됨.

개념 확인 문제

1 극에 대한 설명으로 적절하지 <u>않</u>은 것은?

① 사건을 현재형으로 표현한다.
② 서술자가 이야기를 전달한다.
③ 공연이나 상영을 전제로 한다.
④ 인물들의 대립과 갈등이 드러난다.
⑤ 등장인물의 대사나 행동으로 사건이 전개된다.

2 극의 구성 단계 중 사건이 마무리되고 인물의 운명이 결정되는 단계는 '하강'이다. (○, X)

3 희곡에 대한 설명으로 알맞은 것은?

① 드라마의 대본이다.
② 등장인물 수의 제한이 없다.
③ 기본 구성단위는 '장면'이다.
④ '막'은 '장'의 하위 단위이다.
⑤ 내용 요소로 인물, 사건, 배경이 있다.

⑦ 희곡의 구성 요소

해설		막이 오르기 전에 등장인물, 배경, 무대 장치를 설명하는 글
대사	대화	등장인물들끼리 주고받는 말
	독백	한 명의 등장인물이 상대방 없이 혼자 하는 말
	방백	관객에게는 들리지만 상대 배우에게는 들리지 않는 것으로 약속된 말
지시문 (지문)	무대 지시문	무대 장치, 분위기, 효과음, 장소, 시간 등을 지시하는 글
	동작 지시문	등장인물의 행동, 표정, 말투 등을 지시하는 글

⑧ 시나리오와 드라마 대본의 개념

① 시나리오 : 영화 상영을 위해 만든 대본이다.
② 드라마 대본 : 드라마 방영을 위해 만든 대본이다.

⑨ 시나리오와 드라마 대본의 특성

① '장면(Scene)'을 기본 단위로 한다.
② 장면의 전환이 자유롭다.
③ 촬영을 고려한 특수한 용어가 사용된다.
④ 시간과 공간, 등장인물 수의 제약을 거의 받지 않는다.

⑩ 시나리오와 드라마 대본의 구성 요소

해설	첫머리에서 등장인물, 배경 등을 설명하는 부분
대사	등장인물들끼리 주고받는 말이나 혼잣말
장면 번호	장면의 극 중 순서, 시간의 흐름, 장소의 이동 등을 나타내는 표시. 'S#(Scene Number)'로 표기함.
지시문 (지문)	인물의 행동과 표정, 조명, 음향 효과, 카메라 위치 등을 지시하는 글

⑪ 시나리오와 드라마 대본의 주요 용어

S#(Scene Number)	장면 번호
내레이션(Narration)	화면 밖에서 들리는 설명 형식의 대사
O. L.(Overlap)	한 화면에 다른 화면을 겹치면서 장면을 전환하는 것
C. U.(Close-Up)	특정 부분을 강조하기 위해 크게 확대하여 찍는 것
몽타주(Montage)	따로따로 촬영한 화면을 떼어 붙여서 편집하는 것
E.(Effect)	효과음(음향 효과)

4 희곡의 대사 중 등장인물들이 주고받는 말은 □□이고, 상대방 없이 인물이 혼자 하는 말은 □□이다. □□은 관객에게만 들리는 것으로 약속된 말이다.

5 시나리오에 대한 설명으로 알맞은 것은?

① 막을 기본 단위로 한다.
② 시간과 공간의 제약이 거의 없다.
③ 독자에게 읽히는 것을 목적으로 한다.
④ 작가의 체험이 사실적이고 직접적으로 제시된다.
⑤ 카메라로 촬영하기 때문에 장면의 전환이 어렵다.

6 시나리오나 드라마 대본에서 장면 번호를 나타내는 용어는 (   )이다.

7 (몽타주, 내레이션)은/는 화면 밖에서 들려오는 설명 형식의 대사를 뜻하는 용어이다.

베토벤 바이러스 ❶ _홍진아·홍자람

➕ 앞부분의 줄거리   바이올린을 전공한 시청 공무원 두루미는 시에서 여는 오케스트라 공연의 진행을 맡게 된다. 그런데 공연 프로듀서가 돈을 횡령하는 사건이 벌어져 오케스트라 단원들이 모두 떠나 버리고, 루미는 급히 아마추어 연주자를 모집하여 오케스트라를 꾸린다. 지휘자로 온 강마에는 단원들의 실력에 실망하고 일주일 동안만 연습을 해 보겠다고 한다. 단원들이 강마에에게 무시당하고 그의 지휘를 따라가기 어려워하자 트럼펫 연주자 건우가 몰래 지휘를 맡아 연습을 하다 강마에에게 들킨다.

갈래	드라마 대본
성격	감동적, 교훈적, 극적
배경	• 시간적 : 현대 • 공간적 : 석란시(가상의 도시)
제재	평범한 소시민들이 모여 만든 오케스트라
주제	소시민들이 간직한 꿈과 그것을 이루어 가는 과정에서의 갈등과 화해
특징	① 각 인물의 개성적인 말투를 통해 생생한 인물형이 드러난다. ② 오케스트라 합주 과정에서 생기는 갈등과 화해를 통해 주제를 전달한다.

가 S# 26 오케스트라 연습실 밖(밤)

터질 듯한 화를 애써 누르며 뒤돌아서 있는 강마에. 루미는 그 뒤에

서 있다. 그때 따라 나온 건우, 루미 옆에 선다.

루미 : (강마에에게 뭐라 말하려다가 건우 보고) 넌 들어가.

강마에 : (돌아보고) ······.

건우 : 내가 벌인 일이야. 내가 해결할게.

강마에 : 네가 어떻게? / 건우 : 어떻게 해 드리면 되겠습니까?

강마에 : (루미 향해 낮은 목소리로) 내보내. 안 그러면 나, 지휘 못 해.

건우 : (잠시 생각하다가) 그러죠. / 루미 : 건우야!

건우 : 지휘 꼭 있어야 한다며. 트럼펫은 내가 다른 사람 알아볼게.

루미 : (건우 잡으며) 잠깐만. / 강마에 : ······.

루미 : (잠시 숨만 색색 쉬고 갈등하다가) 선생님, 건우는 안 돼요. (최대한 공손하게) 관둔다는 사람 붙잡고,

    모으고, 힘들게 연습시켜서 이만큼이나 온 거······ 건우 때문이에요. 얘는 안 돼요.

강마에 : (못 믿겠다는 듯) 난 분명히 말했어. 저놈 내보내. 안 그러면 나 지휘 못 해. 안 해!

루미 : 그러니까요. / 강마에 : ······.

루미 : 굳이 선택하시라면 전······ 건우예요.

    멍한 강마에, 내가 지금 무슨 말을 들었나 싶다. 건우도 당황한다.

루미 : (해쓱해져서 강마에에게 공손하게) 얘, 지휘도 배우고 있어요. 물론 독학이긴 하지만 무대에 설 수는

   _{얼굴에 핏기가 없이 파리해져서}   _{스승이 없이, 또는 학교에 다니지 아니하고 혼자서 공부함}

    있을 거예요. / 강마에 : ······.

루미 : 물론 선생님이랑은 비교도 할 수 없겠지만 공연은 될 거예요. 선생님도 이제 지치신 거 같고······.

    (스스로도 당혹스러운) 편찮으셔서 다른 사람 구했다고 하면 어떻게든 넘어갈 거예요.

    _{정신이 헷갈리거나 생각이 막혀 어찌할 바를 몰라 하는 데가 있는}

강마에 : 넘어가? 이게 지금 서커스야? 그런 식으로 얼렁뚱땅······.

루미 : 네, 저 속물이에요. 공연의 질 같은 거 안 따져요. 하기만 하면 돼요. (힘들게) 근데 얼렁뚱땅은

    _{교양이 없거나 식견이 좁고 세속적인 일에만 신경을 쓰는 사람을 속되게 이르는 말}

    ······ 아니에요. 선생님이랑 하면 오히려 위험 부담은 없어요. 창피 주고, 깔보시는 거 그냥 참으면 돼

    요. 근데······.

강마에 : (애써 참으며) 근데 뭐? 더 이상은 힘들겠다, 이거야?

루미 : 저는 참아요. 저 때문에 이 모든 게 일어난 거니까 할 말 없어요. 그런데 단원들한테 그러시는

    건······ 못 참겠어요. / 강마에 : ······.

루미 : 실력도 좋고, 경력도 좋은데 전 무엇보다 우리 단원들을 믿고, 배려하고, 같이 가 주는 사람이 제일 좋아요. 지금 저희한테 필요한 지휘자는 그런 사람이에요. (망설이다가) 그게 건우예요, 선생님은 아녜요. (말해 놓고 새삼 몸이 떨린다.)

강마에 : (가만히 보다가 안간힘으로 애써 당당하게) 말은 다 끝난 거야? 괜찮다면 난 그만 가고 싶은데. 좀
고통이나 울화를 참으려고 숨 쉬는 것도 참으면서 애쓰는 힘
피곤해서 말이야.

스스로 정리 노트

◆ 주요 갈등 양상

강마에	• 자기 몰래 건우가 지휘를 맡아 단원들과 연습한 것에 화가 남. • 건우를 오케스트라에서 내보내라고 요구함.

↕

루미	• 단원들을 함부로 대해 온 강마에의 태도에 불만이 있음. • 강마에가 아닌 건우를 선택함.

어휘 갈무리

*해쓱하다 : 얼굴에 핏기나 생기가 없어 파리하다.

*독학 : 스승이 없이, 또는 학교에 다니지 아니하고 혼자서 공부함.

*당혹스럽다 : 정신이 헷갈리거나 생각이 막혀 어찌할 바를 몰라 하는 데가 있다.

*속물 : 교양이 없거나 식견이 좁고 세속적인 일에만 신경을 쓰는 사람을 속되게 이르는 말.

*안간힘 : 고통이나 울화 따위를 참으려고 숨 쉬는 것도 참으면서 애쓰는 힘.

---

01 이 글을 읽고 난 반응으로 적절하지 **않은** 것은?

① 건우는 루미가 자신을 선택하자 당황하는군.
② 건우는 트럼펫 연주자인데 지휘도 곧잘 하는구나.
③ 강마에는 아마추어 단원들의 실력을 못마땅해하고 있어.
④ 루미와 강마에 사이의 외적 갈등이 두드러지게 나타나는군.
⑤ 루미는 강마에가 오케스트라를 떠나지 않을 거라고 굳게 믿고 있어.

02 루미 역의 연기자가 대사를 할 때 가장 어울리는 말투는?

① 냉정하고 독선적인 말투
② 남성적이고 강인한 말투
③ 귀엽고 애교스러운 말투
④ 다소 떨리면서 공손한 말투
⑤ 매우 성급하고 반항적인 말투

03 이 글에서 알 수 있는 강마에의 성격과 거리가 **먼** 것은?

① 차갑다　　② 게으르다　　③ 괴팍하다
④ 독선적이다　　⑤ 자존심이 강하다

04 루미가 생각하는 바람직한 지휘자는 어떤 사람인지 이 글에서 찾아 쓰시오.

____

나 S# 33 오케스트라 연습실(밤)

루미, 들어오다가 그대로 얼어붙는다. ⓐ뒤따라온 건우도 굳어진다. 단원들은 조용히 앉아 있고 단상 위에 강마에가 서 있다.

강마에 : (루미 향해 덤덤하게) 귀신이라도 봤어? 뭘 그렇게 놀라. 오늘이 약속했던 일주일의 마지막 날이
특별한 감정의 동요 없이 그저 예사롭게
야. 마무리는 하고 가야지.

루미와 건우, 당혹스러워하면서 자리에 들어가 앉는다.

강마에 : (사람들 향해) 악보 다 덮으세요. 연필 있으시죠? 적으세요.

단원들 : (어리둥절해서 보다가 서둘러 악보 덮고 연필 찾아 쥐는) …….

강마에 : (잠시 기다리다 다짜고짜 강의 들어간다.) '넬라 판타지아', 1986년 엔니오 모리코네가 작곡한 이 곡
이탈리아의 작곡자, 지휘자
은 4분의 4박자로, '미션'이라는 영화의 주제가로 사용됐습니다.

단원들 : (영문 모르겠지만 일단 받아쓰기처럼 적는다.) …….
일이 돌아가는 형편이나 그 까닭　　　　　　　음악에서 본래 이등분해야 할 음표를 셋으로 등분한 음표. 셋잇단음표
강마에 : ⓑ(설명 계속하는) 아주 많이 레가토로 연주해야 되고, 중간중간에 나오는 트리플렛을 정확하게
악보에서, 둘 이상의 음을 이어서 부드럽게 연주하라는 말
연주하는 게 포인트입니다.

단원들 : (악보 넘기고 적으며 정신없다. 몇 명은 그냥 멍하게 보고 있다.)

루미/건우 : ⓒ(갑자기 왜 저러나 불안하고) …….
2분의 2박자
강마에 : 싱커페이션도 최대한 잘 지켜 주셔야 되고, 특히 4분의 4박자지만 알라 브레베의 느낌으로 연
당김음. 한 마디 안에서 센박과 여린박의 규칙성이 뒤바뀌는 현상　　　　큰 단락의 끝에 끝맺는 느낌을 강조하기 위하여 덧붙이는 악구
주해야 더 확실한 레가토를 느낄 수 있습니다. 그리고 악보에 나와 있는 세뇨와 코다, 확실히 지켜 주
서양 음악의 악보에 쓰는 기호의 하나. 반복표로 사용
시고요.

단원들 거의 모두가 멍한 표정으로 강마에를 보고 있다. 〈중략〉

다 강마에 : (진심 어린) 박자 맞추고, 음 안 놓치고, 그게 중요한 게 아닙니다. 그건 혼자 해도 언젠가는
다 됩니다. 중요한 건 내가 관객에게 무엇을 전달하려고 하느냐, 그 마음, 그 느낌입니다.

단원들 : ⓓ(모두 조용히 눈 감고 집중한다.) …….

강마에 : 자, 어디선가 새소리가 들립니다. 졸졸졸 시냇물 소리도 들립니다. 나뭇가지 사이를 파고드는
따스한 햇살도 느껴집니다.

눈 감고 가만히 느껴 보는 단원들. ⓔ어디선가 새소리, 시냇물 소리가 들리기 시작한다. 멈칫하는 루미와 건우에게도 느껴진다.

강마에 : 다람쥐가 지나가는 바스락 소리도 들립니다. 바람도 살랑살랑 불어옵니다. 그 바람에 섞여서 상쾌한 풀잎 향기도 납니다.

㉠어디선가 불어오는 바람에 단원들의 머리카락이 날리기 시작한다. 배경이 오케스트라 연습실에서 아름다운 들판으로 변한다.

강마에 : 느껴지세요? 여기는 사람의 때가 묻지 않은 새로운 세계입니다. 눈을 뜨세요.

전개 단원들에게 (　　　　　　　)을 전달하는 연주를 할 것을 요구하는 강마에

스스로 정리 노트

◆ 강마에의 성격

실력이 부족한 단원들을 창피 주고 깔봄.	→	냉정함, 매몰참
건우를 선택한 루미에게 애써 당당하게 대꾸함.	→	자존심 강함
설명을 알아듣지 못하는 단원들에게 일방적으로 강의함.	→	독선적, 독단적

05 [나]~[다]에 대한 설명으로 알맞은 것은?

① [나] : 강마에와 단원들 간의 갈등이 절정으로 치닫고 있다.
② [나] : 강마에와 루미, 건우의 대사를 중심으로 사건이 전개되고 있다.
③ [나] : 단원들은 자신들을 위해 열심히 강의하는 강마에에게 고마워한다.
④ [다] : 강마에는 박자에 맞춰 연주하는 것이 무엇보다 중요하다고 생각한다.
⑤ [다] : 강마에는 관객에게 마음과 느낌을 전달해야 함을 진심 어린 태도로 말하고 있다.

06 [나]~[다] 장면을 촬영하기 위한 연출자의 지시로 적절하지 <u>않은</u> 것은?

① 악보와 연필 등의 소품을 준비해 주세요.
② 오케스트라 연습실에 맞게 장소를 꾸며 주세요.
③ 새소리, 시냇물 소리의 음향 효과가 필요합니다.
④ 강마에는 설득력이 느껴지는 어투로 단원들에게 말해야 합니다.
⑤ 강마에의 연주를 듣고 자연을 떠올리는 단원들의 표정이 잘 나타나게 해 주세요.

07 ㉠에서 드러나는 드라마 대본의 특성으로 알맞은 것은?

① 등장인물 수에 제약이 없다.
② 촬영을 위한 여러 특수 용어가 사용된다.
③ 공간적 배경의 제약을 거의 받지 않는다.
④ 인물의 대사와 행동을 통해 사건이 전개된다.
⑤ 장면 번호로 장면의 순서나 위치 등을 나타낸다.

어휘 갈무리

* 덤덤하다 : 특별한 감정의 동요 없이 그저 예사롭다.

* 영문 : 일이 돌아가는 형편이나 그 까닭.

08 ⓐ~ⓔ 중 지시문의 성격이 <u>다른</u> 하나는?

① ⓐ 　　② ⓑ 　　③ ⓒ
④ ⓓ 　　⑤ ⓔ

작품 한눈에 보기

핵심 정리

갈래	드라마 대본	성격	감동적, 교훈적, 극적
배경	[시간적] 현대　　[공간적] 석란시(가상의 도시)	제재	평범한 소시민들이 모여 만든 오케스트라
주제	소시민들이 간직한 꿈과 그것을 이루어 가는 과정에서의 ① ☐☐과 화해		
특징	① 각 인물의 개성적인 말투를 통해 생생한 인물형이 드러난다. ② 오케스트라 합주 과정에서 생기는 갈등과 화해를 통해 주제를 전달한다.		

◈ 이 글 전체의 구성

발단	시청 공무원 두루미가 아마추어 연주자를 모집하여 오케스트라를 꾸리고, 실력은 뛰어나지만 매몰찬 지휘자 강마에가 오게 된다.
전개	단원들은 자신들을 무시하는 강마에의 지휘를 따라가기 어려워하고, 이에 강마에와 두루미, 강건우, 단원들이 갈등한다. 프로젝트 오케스트라 공연이 끝난 후 강마에는 시립 교향악단의 지휘자를 맡게 된다.
절정	횡령 사건과 관련해 루미가 궁지에 몰리고, 아마추어 단원들이 해고된다. 강마에는 건우에게 해고된 단원들을 모아 페스티벌에 나가라고 하고, 건우는 공연을 준비하면서 천재성을 발휘한다.
하강	강마에가 새로 취임한 시장과 극심한 갈등을 겪으면서 시립 교향악단은 해체 위기에 처하고, 후원처를 구하지 못한 건우네 오케스트라도 해체를 결정한다.
② ☐☐☐	시립 교향악단 단원들과 건우네 오케스트라는 합동 공연을 준비한다. 그리고 독일로 떠나려던 강마에가 찾아와 마지막으로 멋진 지휘를 한다.

S# 26
건우의 지휘 아래 몰래 연습을 한 것에 화를 내는 강마에에게, 강마에보다 ③ ☐☐가 필요하다고 말하는 루미

S# 33
단원들에게 진심을 담아 느낌을 전달하는 연주를 할 것을 요구하는 강마에

◈ 등장인물의 특징

강마에	건우
• 오로지 실력만을 중시하는 오케스트라의 ④ ☐☐☐ • 자존심이 강하고 매몰차며 독선적인 면이 있음. • 마음과 느낌을 전달하는 음악을 추구함.	• 트럼펫 연주자. 실력과 리더십이 있으며 패기가 있음. • 단원들이 강마에의 지휘를 따라가기 어려워하자 따로 연습을 시켜 단원들을 도움.

루미	단원들
• 바이올린 연주자. 오케스트라를 기획한 시청 공무원 • 단원들을 믿고 배려하며 함께하는 지휘자를 바람.	• 오케스트라에 대한 열정은 있으나 실력이 부족함. • 강마에의 무시로 인해 갈등함.

◈ 등장인물 간의 갈등 양상

자기 대신 지휘를 한 건우를 내보내라는 ⑤ ☐☐☐		단원들을 배려하고 도와준 건우를 내보낼 수 없다는 루미
	⟷ 외적 갈등	
실력 없는 단원들을 무시하는 강마에	⟷	강마에의 태도가 불만스러운 루미와 단원들

부지런한 태도와 관련된 속담

구르는 돌은 이끼가 안 낀다

부지런하고 꾸준히 노력하는 사람은 침체되지 않고 계속 발전한다는 말.

그물이 천 코면 걸릴 날이 있다

① 부지런히 일하면 좋은 결과를 얻을 수 있음을 비유적으로 이르는 말.
② 일을 여러 가지로 벌여 놓으면 어디선가 얻는 것이 있음을 비유적으로 이르는 말.

좋은 농사꾼에게는 나쁜 땅이 없다

열심히 농사를 짓는 사람은 아무리 나쁜 땅을 만나도 탓함이 없이 정성껏 가꾸어 소출이 많다는 뜻으로, 모든 일은 제가 하기에 달렸음을 비유적으로 이르는 말.

고인 물이 썩는다

흐르지 못하고 한곳에 고여 있는 물은 썩는다는 뜻으로, 사람은 부지런히 일하고 자기 자신을 발전시켜야지 그저 가만히 있으면 제자리에 머물러 있거나 남보다 뒤떨어지기 마련임을 비유적으로 이르는 말

 한자로 확인

醫	師	意	思
의원 의	스승 사	뜻 의	생각 사
일정한 자격을 가지고 병을 고치는 것을 직업으로 하는 사람		무엇을 하고자 하는 생각	
醫	師	意	思

否	定	不	正
아닐 부	정할 정	아닐 부	바를 정
그렇지 않다고 단정하거나 옳지 않다고 반대함		올바르지 않거나 옳지 못함	
否	定	不	正

02 라이벌 ❶ _권기경

➕ **앞부분의 줄거리** 서로 사이가 좋지 않은 옥림과 세리는 담임 선생님의 결정으로 '시와 음악의 밤' 행사에 함께 나가게 된다. 주위의 예상과 달리 사이좋게 연습을 하던 중, 옥림은 초대받은 세리의 생일 파티에 가지 못하게 된다. 이후 세리와 옥림은 연습 중 의견 대립으로 갈등하고, 세리에게 구취제를 선물 받은 옥림은 분노한다.

갈래	드라마 대본
성격	교훈적, 서사적
배경	• 시간적 : 현대 • 공간적 : 학교, 집 등
제재	옥림과 세리의 문화제 준비
주제	라이벌의 진정한 의미와 우정에 대한 깨달음
특징	① 사춘기 여학생들의 미묘한 심리가 잘 드러난다. ② 현실에 있을 법한 친구 사이의 갈등과 화해를 통해 감동과 교훈을 준다.

가 S# 11 강당(낮)

　피아노가 무대 한가운데로 옮겨져 있다. 그 앞에 세리가 새침하게 앉아 있다. 옥림, ㉠어이없어 세리를 바라본다.

옥림 : 네 마음대로 무대를 바꾸면 어떡해?

세리 : 너만 무대 한가운데 있으란 법 있니?

옥림 : ㉡피아노 가운데 놓고 드레스 입으면 없던 실력이 갑자기 생기냐? 차라리 뒤에 숨어 있는 게 나아.

세리 : 그게 무슨 얘기야?

옥림 : 연주나 잘하라고. 그것도 연주냐? 체르니 50번까지 쳤다는 거 뻥이지?

　　　　　　　　　　피아니스트 체르니가 만든 피아노의 초보 교본

세리 : 너 보자 보자 하니까 웃긴다. 난 뭐 네 시가 좋아서 참아 준 줄 아니? 솔직히 말해 줘? (비웃는) 허, 초등학생도 그 정도는 쓰겠다. 우정으로 가는 계단? 유치해서 정말……. / 옥림 : ㉢뭐?

세리 : 왜? 내 말이 틀렸어? 창피당하기 싫으면 그 우정인지 뭔지 하는 시나 다시 써.

옥림 : 싫다. 너나 그 엉터리 연주하지 말고 다시 연습해 와.

세리 : 어우, 쩍쩍 갈라지는 네 목소리는 얼마나 듣기 싫은지 알아? / 서로 노려보는 옥림이와 세리.

세리 : (피아노 덮개를 꽝 내리는) 너랑은 더 이상 못 해! / 옥림 : 누가 할 말씀. 나도 너랑은 안 해!

　옥림, 휙 돌아서 쿵쾅쿵쾅 걸어 나간다. 뒤에 남아서 씩씩거리는 세리. 　ⓐ

나 S# 12 몽타주(낮)

⑴ **옥림, 매점** / 옥림, 윤정이를 앞에 앉혀 두고 세리를 욕한다. 윤정이는 안타까워한다.

옥림 : ㉣피아노 좀 잘 친다고 치켜세워 줬더니 아주 자기만 잘났어, 자기만.

⑵ **세리, 화장실** / 세리, 친구들에게 옥림이를 욕하고 있고, 세리의 친구들은 맞장구를 쳐 주고 있다. 그 옆에서 보비가 손을 씻고 있다.

　　　　　　　　　　남의 말에 덩달아 호응하거나 동의하는 일

세리 : 내가 예의상 글 좀 잘 쓴다고 그러니까 정말인 줄 아는 거 있지? 원래 목소리 큰 애들이 단순하잖아.

⑶ **옥림, 매점**

옥림 : 무대를 자기 마음대로 바꿔 놓은 것도 주인공이 되고 싶어서 그런 거라니까. ㉤솔직히 '시와 음악의 밤'에서 주인공이 누구냐?

⑷ **세리, 화장실**

세리 : 당연히 연주자가 주인공이지. 근데 옥림이가 설치는 거 보면 정말 꼴불견이라니깐. 선생님한테 얘기해서 갈아 치우든지 해야지. 어우.

　　　　　　　　　　하는 짓이나 겉모습이 차마 볼 수 없을 정도로 우습고 거슬림

절정 (　　　　　)과 (　　　　　　)가 크게 다투고 문화제 준비를 같이 안 하기로 함.

스스로 정리 노트

◆ 옥림과 세리의 갈등 양상

시 낭송자와 피아노 반주자의
무대 위치를 두고 의견이 대립함.

↓

상대방의 실력을 비난함.

↓

서로 인신공격을 함.

↓

문화제 준비를 같이 안
하기로 함.(갈등의 최고조)

어휘 갈무리

* 맞장구 : 남의 말에 덩달아 호응하거
나 동의하는 일.

* 꼴불견 : 하는 짓이나 겉모습이 차마
볼 수 없을 정도로 우습고 거슬림.

01 이 글에서 옥림과 세리가 다투는 원인으로 알맞은 것은?

① 누가 더 힘이 센지 여부
② 누가 더 친구가 많은지 여부
③ 누가 더 연주를 잘하는지 여부
④ 누구의 목소리가 더 아름다운지 여부
⑤ 누가 문화제 행사에서 주인공인지 여부

02 [나]에 대한 설명으로 알맞지 <u>않은</u> 것은?

① 갈등 해소의 실마리가 드러난다.
② 극의 전개 과정에서 긴장감을 높인다.
③ 중심인물 간의 갈등을 분명하게 드러낸다.
④ 짧은 장면이 교차되면서 연속으로 나타난다.
⑤ 서로에 대한 인물들의 인식을 압축적으로 보여 준다.

03 ㉠~㉢에 드러나는 옥림의 심리로 알맞지 <u>않은</u> 것은?

① ㉠ : 세리의 일방적인 행동에 놀라고 어처구니없음.
② ㉡ : 세리의 실력을 비아냥거리면서 불만을 드러냄.
③ ㉢ : 세리의 예상치 못한 비난에 당황하고 화가 남.
④ ㉣ : 화가 난 상태로 친구 앞에서 세리를 흉봄.
⑤ ㉤ : 관객이 진정한 주인공임을 모르는 세리가 안타까움.

04 ⓐ에 다음과 같은 지시문을 추가할 때 사용할 수 있는 용어는?

> 두 사람의 속마음을 나타내듯 쿵쾅거리는 피아노 소리가 배경음으로
> 흐른다.

① E. ② S# ③ C.U.
④ O.L. ⑤ 내레이션

➕ **중간 부분의 줄거리**　옥림은 세리가 전학 간다는 소식을 듣게 되고, 세리 없이 문화제 연습을 하며 세리의 빈자리에 허전함을 느낀다.

다 S# 18 옥림이 방(낮)

터덜터덜 걸어서 방으로 들어온 옥림, 의자에 털썩 주저앉는다.

내레이션 : (힘없이) 만약 박세리가 아니었다면 지금의 난 없었을지도 모른다.

멍하니 벽을 쳐다보고 있던 옥림, 책상 한쪽 구석에 놓여 있는 선물 상자가 눈에 띈다. 세리가 준 그 상자이다.

옥림, 상자를 열자 구취제가 들어 있다.

세리(E.) : 연습할 때 보니까 너 입 냄새 나더라. 제일 좋은 구취제 샀으니까 쉬는 시간마다 이거 뿌려.

구취제를 꺼내 보는 옥림, 그때 상자 옆에 세워져 있는 카드를 발견한다. 카드를 열어 보니,

세리(E.) : (퉁명스럽게) 이옥림! 너 없으면 이제 누구랑 싸우냐? 나는 어디를 가든 옥림이 네가 제일 생각날 거야. / 카드 보던 옥림, 벌떡 일어나 달려 나간다.

라 S# 19 세리네 아파트 앞(낮)

휴대 전화 통화하며 두리번거리는 옥림.

옥림 : 용궁 아파트 502동이라고 했지? (눈앞에 이삿짐 차가 출발하고 있다.) 어?

이삿짐 차 뒤로 세리네 차가 떠나고 있다. 뒷좌석에 세리의 머리가 보인다.

옥림 : (차를 따라가며 소리치는) 잠깐만요. 세리야, 세리야!

부르면서 달려가던 옥림, 가면서 급히 세리 휴대 전화로 전화한다.

(E.) 전화기가 꺼져 있으니 메시지를 남겨 주시기 바랍니다.

옥림 : 박세리, 너 왜 전화 안 받아. (울먹이며) 너 가기만 해 봐. 그럼 너 다시는 안 볼 줄 알아. 너한테 전화도 안 할 거고 메일도 안 쓸 거야. 네가 전화해도 안 받을 거야. (그 자리에 선다. ㉠자기도 모르게 눈물이 흐른다.) 가면……, 다시는 안 볼 거야. 정말이라고.

옥림, 전화를 끊고 엉엉 운다. 그렇게 한참 우는데, / 세리(E.) : 너 여기서 뭐 해?

옥림 : (화들짝 놀라 눈물 닦는) 어? 너 저 차 타고 간 거 아니었어? / 세리 : 가긴 누가 가?

마 S# 20 길(낮)

옥림이는 울었던 티를 안 내려고 하고, 세리는 어색해서 먼 산을 보며 걷는다.

세리 : 그런데 너 아까 거기서 뭐 한 거야? / 옥림 : 어? 그냥 친구한테 전화.

세리 : 친구 누구? / 옥림 : 있어. 말해도 넌 몰라. (말을 돌리는) 그런데 넌 전학 간다는 말 왜 안 했냐?

세리 : 너 좋아하는 꼴 보기 싫어서 그랬다, 왜? / 옥림 : 언제 가는데? / 세리 : 내일모레.

옥림 : (새침하게) 갈 때 가더라도 문화제는 끝내고 가. 이제껏 연습하다 나한테 밀릴 거 같으니까 도망가는 게 어디 있냐? / 세리 : …….

옥림 : 하여튼 박세리, 넌 끝까지 말썽이야. 갈게. (간다.)

세리 : (옥림이가 가는 것을 보다가) 야, 근데 너 아까 전화 진짜 누구한테 한 거야?

옥림 : (그냥 가다 혼잣말로) 너, 이 바보야!

하강　(　　　　　　　　)가 진정한 라이벌이었음을 깨달은 옥림이 그동안의 오해를 풀고 세리를 찾아감.

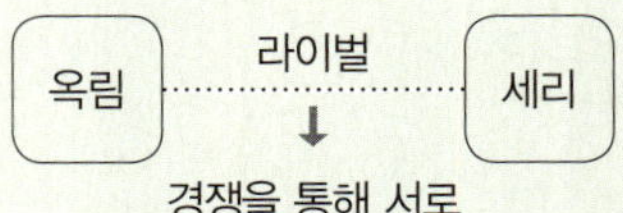

◆ 내레이션의 효과

• 내레이션의 뜻 : 화면 밖에서 들려오는 설명 형식의 대사. 장면의 진행에 따라 그 내용이나 줄거리를 인물의 목소리로 해설함.

• 이 글에서의 기능 : 세리에 대한 옥림의 내면 심리를 구체적으로 나타냄.

◆ '라이벌'의 의미

05 이 글을 읽고 난 반응으로 적절하지 <u>않은</u> 것은?

① 옥림은 세리와의 경쟁을 통해 자신이 발전했음을 깨달았어.
② 옥림과 세리 사이의 갈등이 해소되는 계기가 나타나고 있어.
③ 내레이션을 통해 옥림의 속마음이 구체적으로 드러나고 있어.
④ 옥림은 자기의 진정한 라이벌은 자기 자신이라는 걸 알게 되었어.
⑤ 옥림은 세리의 진심을 깨닫고 미안한 마음에 세리의 집으로 찾아간 거야.

06 [라]에서 극적인 반전을 일으키는 대사를 찾아 쓰시오.

____

07 ㉠에서 짐작할 수 있는 옥림의 심리로 적절하지 <u>않은</u> 것은?

① 세리와 헤어져야 한다는 슬픔
② 세리를 오해한 것에 대한 미안함
③ 세리를 앞으로 못 볼지도 모른다는 아쉬움
④ 세리와 연락이 되지 않는 데 대한 안타까움
⑤ 세리와의 약속 시간을 지키지 못한 것에 대한 자책감

08 [마]를 이해한 내용으로 알맞지 <u>않은</u> 것은?

① 세리는 옥림을 만나 다소 어색함을 느끼고 있다.
② 옥림은 자존심 때문에 울었던 티를 안 내려고 한다.
③ 옥림과 세리는 자신의 진심을 표현하는 데 서투르다.
④ 옥림과 세리가 더 이상 친해질 수 없는 관계임이 암시된다.
⑤ 옥림은 세리와 다시 호흡을 맞춰 문화제에 함께 나가고 싶어 한다.

핵심 정리

갈래	드라마 대본	성격	교훈적, 서사적
배경	[시간적] 현대　　　[공간적] 학교, 집 등	제재	옥림과 세리의 문화제 준비
주제	① ☐☐☐ 의 진정한 의미와 우정에 대한 깨달음		
특징	① 사춘기 여학생들의 미묘한 심리가 잘 드러난다. ② 현실에 있을 법한 친구 사이의 갈등과 화해를 통해 감동과 교훈을 준다.		

◈ 이 글 전체의 구성

발단	전개	절정	하강	대단원
평소 사이가 좋지 않은 옥림과 세리가 문화제에 반 대표로 함께 나가게 됨.	세리는 옥림이 생일 파티에 오지 않아 섭섭해하고, 옥림은 세리의 구취제 선물에 자존심이 상함.	옥림과 세리가 서로 자신이 무대의 ② ☐☐☐ 이 되어야 한다며 대립하다가, 서로를 비난하며 크게 다툼.	세리의 ③ ☐☐ 소식을 듣게 된 옥림은 세리가 진정한 라이벌이었음을 깨닫고 세리를 찾아 감.	옥림과 세리가 함께 문화제에 나가 장려상을 받음.

◈ 옥림과 세리의 갈등

갈등의 실마리	평소 사이가 좋지 않은 옥림과 세리가 함께 '시와 음악의 밤' 행사를 준비하게 됨.

↓

갈등의 심화	세리는 반주가, 옥림은 ④ ☐ 가 중심이 되어야 한다고 주장함.

↓

갈등의 최고조	무대 위치 때문에 대립하다 크게 싸운 후, 문화제 준비를 같이 안 하기로 함.

↓

갈등 해소의 실마리	세리의 전학 소식을 들은 옥림이 세리의 진심을 깨닫고 세리를 찾아감.

↓

갈등의 ⑤ ☐☐	옥림과 세리가 함께 문화제에 나가 장려상을 받음.

◈ 옥림의 깨달음과 심리 변화

세리의 구취제 선물과 문화제 준비를 하며 생긴 갈등에서 비롯한 분노와 미움	→	**옥림의 깨달음** • 세리와의 경쟁을 통해 자신이 발전할 수 있었음을 깨달음. • 세리가 구취제를 선물한 것이 자신을 놀리려는 의도가 아니었으며, 세리가 자신을 좋은 ⑥ ☐☐ 로 여기고 있음을 알게 됨.	→	그동안 세리를 오해한 것에 대한 ⑦ ☐☐☐ , 세리와 헤어지고 싶지 않은 마음

스스로 학습

이야기 고사성어 형설지공(螢雪之功)

진나라에 차윤이라는 소년이 살았다. 차윤은 글공부를 좋아해서 늘 책을 가까이했다. 그런데 집이 너무 가난해서 밤에 등불을 켤 기름을 살 수 없었다. 밤에도 책을 보고 싶었던 차윤은 궁리 끝에 한 가지 방법을 떠올렸다. 그는 꼬리에서 빛을 내는 반딧불 수십 마리를 잡아 얇은 명주 주머니에 넣었다. 그리고 그 빛으로 책을 읽었다.

한편, 차윤과 비슷한 처지의 손강이라는 소년이 있었다. 손강 역시 밤에도 책을 읽고 싶었으나 가난해서 등불을 밝힐 수가 없었다. 손강은 겨울에 하얗게 쌓인 눈이 달빛에 환히 빛나는 것을 보고, 눈빛을 등불 삼아 공부하였다. 여기에서 비롯한 말이 형설지공(螢雪之功)이다. 이는 반딧불·눈과 함께 하는 노력이라는 뜻으로, 고생을 하면서 부지런하고 꾸준하게 공부하는 자세를 이르는 말이다.

헷갈리는 단어 한자로 확인

援	助	元	祖
도울 원	도울 조	처음 원	조상 조
물품이나 돈으로 도와 줌		어떤 일을 처음 시작한 사람	
援	助	元	祖

選	定	善	政
가릴 선	정할 정	착할 선	정사 정
여럿 가운데서 어떤 것을 뽑아 정함		바르고 어질게 잘 다스리는 정치	
選	定	善	政

03 토끼와 자라 ① _엄인희

가 제1장

용왕 : (야단치며) 내가 물속에 사는 온갖 약초를 다 먹어 보았지만, 아직도 아프질 않느냐!

고등어 : 황공하오이다, 마마.

용왕 : 그놈의 황공 소리도 듣기 싫다.

문어 : (머리를 조아리며) 황공무지로소이다, 마마.
　　　이마가 바닥에 닿을 정도로 머리를 자꾸 숙이며
　　　위엄이나 지위 따위에 눌리어 두려워서 몸 둘 데가 없음

용왕 : 듣기 싫어! 황공이고 무지고 그런 소리 말고 내 병이 깔끔히 나을 묘수를 말하란 말이다.
　　　묘한 기술이나 수

꼴뚜기 : 폐하! 약초보다는 어패류가 나은 줄 아뢰오.

용왕 : 어패류가 무엇을 말하는고? 신약이 나왔단 말이냐?
　　　　　　　　　　　　　　　　새로 발명한 약

문어 : 어패류란 물고기나 조개 종류를 말하는 것인 줄 아뢰오.

용왕 : 물고기…… 너희를 먹으라고?

　　용왕 놀란다. / 용왕 구역질을 한다. / 신하들은 깜짝 놀라 꼴뚜기를 두드려 팬다.

뱀장어 : 어물전 망신은 꼴뚜기가 시킨다더니, 아예 용궁 망신까지 시키는구나. 누굴 먹어?
　　　지지리 못난 사람일수록 같이 있는 동료를 망신시킨다는 뜻의 속담

꼴뚜기 : (분해서) 폐하! 예로부터 뱀장어가 몸에 좋고 기력이 살아난다는 명약으로 알려졌다고 합니다.
　　　　　　　　　　　　　　　　　　　　　　　　　　　효험이 좋아 이름난 약

뱀장어 : (당황해서) 폐하! 죄송스러우나 지난 여섯 달간 다이어트를 하고 있어서 약 될 것이 없는 줄 아뢰오. 차라리 제 사촌 전기뱀장어가 어떨는지요. 〈중략〉

자라 : (기가 막혀서) 아이고 자라 모가지 축축 늘어지는 소리 좀 하지 마라. 폐하! 바다의 대왕, 용왕께서는 산속 짐승의 간을 먹어야 하는 줄 아뢰오.

> **발단** 용왕의 병을 낫게 할 약을 얻기 위해 (　　　　　　　)가 토끼를 데리러 가게 됨.

나 제2장

토끼 : 용궁? 거기가 어딘가요? 달나라에 절구질하러 간 적은 있어도 용궁 소리는 처음 듣네요.
　　　　　　　　　　　　　　절구에 곡식 따위를 넣고 빻거나 찧는 일

자라 : 용궁이란…… (줄줄이 이어서 부르는 노래처럼) 바닷속의 구중궁궐, 아름다운 선녀들이 춤을 추고,
　　　　　　　　　　　　　　　　　　　　　　　겹겹이 문으로 막은 깊은 궁궐
　　온갖 보석 반짝이며 나를 가져가라 손짓하고, 사시사철 입을 옷이 궁 안으로 넘쳐 나네. 어여쁜 인어
　　　　　　　　　　　　　　　　　　　　봄·여름·가을·겨울 네 철 내내의 동안
　　공주 토끼 같은 멋진 남자 찾아오길 기다리며 가야금 연주한다네.

토끼 : 정말, 환상적이네요. / **자라** : 자, 토끼님. 나하고 용궁 구경 갑시다.

토끼 : 난 털에 물 묻히는 건 싫은데……. / **자라** : 그런 게 무슨 대수요.
　　　　　　　　　　　　　　　　　　　　　　　대단한 것
　　자라는 다가가 토끼 겉옷을 뒤집어서 입혀 준다. / 토끼는 털을 안에 입고 가죽이 밖으로 나온다.

토끼 : 요런 방법이 있었구나. (몸을 꼬며) 난 수영도 못 해.

자라 : (등을 내밀며) 수영을 왜 해? 자라 등 유람선에 오르기만 하면 되지. 나를 잡아요.

> **전개** 육지로 나온 자라가 (　　　　　　) 구경을 가자고 토끼를 설득해 용궁으로 데리고 감.

갈래	희곡(단막극)
성격	교훈적, 풍자적, 우화적
배경	• 시간적 : 구체적으로 드러나지 않음. • 공간적 : 용궁과 육지
제재	용왕의 병과 토끼의 간
주제	권력의 횡포에 대한 비판과 위기를 극복하는 지혜
특징	① 고전 소설을 현대 희곡으로 각색한 작품이다. ② 의인화한 동물을 통해 인간 사회의 부정적인 면을 폭로하고 교훈을 준다. ③ 재치 있는 표현, 현대적인 표현을 활용하여 웃음을 유발한다.

스스로 정리 노트

◆ 〈제1장〉에 나타나는 갈등 양상

• 용왕과 신하들 간의 외적 갈등

용왕	↔	신하들
자신의 병을 고칠 약을 요구함.		• 적절한 약을 못 찾음. • 용왕을 위해 자기 목숨을 바치고 싶지 않음.

• 신하들 간의 외적 갈등

신하	↔	신하

자신이 용왕에게 잡아먹히지 않으려고 동료를 약으로 추천하며 서로 대립함.

어휘 갈무리

* 황공무지 : 위엄이나 지위 따위에 눌리어 두려워서 몸 둘 데가 없음.
* 어패류 : 어류(魚類)와 조개류를 아울러 이르는 말.
* 구중궁궐 : 겹겹이 문으로 막은 깊은 궁궐이라는 뜻으로, 임금이 있는 대궐 안을 이르는 말.
* 사시사철 : 봄·여름·가을·겨울 네 철 내내의 동안.
* 대수 : (부정문이나 의문문에 쓰여) 대단한 것.

01 이 글에 대한 설명으로 알맞지 <u>않은</u> 것은?

① 시간적 배경을 구체적으로 알 수 없다.
② 여러 개의 막으로 이루어진 장막극이다.
③ 등장인물과 공간적 배경이 비현실적이다.
④ 현대적인 표현을 사용하여 웃음을 유발한다.
⑤ 고전 소설을 현대 희곡으로 각색한 작품이다.

02 이 글의 내용과 일치하지 <u>않는</u> 것은?

① 꼴뚜기는 용왕을 위해 스스로 희생하려 한다.
② 용왕은 병을 치료하기 위해 온갖 약초를 먹었다.
③ 육지에 사는 토끼는 용궁에 대해 전혀 모르고 있다.
④ 뱀장어는 자신이 살려고 다른 신하를 약으로 추천했다.
⑤ 자라는 본래 목적을 숨긴 채 용궁에 가자고 토끼를 유혹했다.

03 [가]에 나타나는 갈등 양상으로 알맞은 것은? (정답 2개)

① 자라의 내적 갈등
② 용왕과 자라의 갈등
③ 용왕과 신하들의 갈등
④ 꼴뚜기와 뱀장어의 갈등
⑤ 토끼와 용왕·신하들의 갈등

04 〈보기〉를 참고할 때, 이 글의 원작 소설에서 동물을 등장시킨 이유로 가장 적절한 것은?

┤ 보기 ├

　이 글의 원작 소설인 〈토끼전〉이 만들어진 시기는 17, 18세기로 추정된다. 이때는 임진왜란과 병자호란이라는 두 번의 큰 난리를 겪은 뒤라서 지배층의 부패와 무능함에 대한 백성들의 불만이 매우 높았다. 그러나 신분 제도 때문에 이런 불만을 직접 드러내기 어려웠다.

① 백성들이 꿈꾸는 이상 세계를 보여 주기 위해서
② 인간이 동물과 다를 것이 없음을 보여 주기 위해서
③ 등장인물과 사건에 대한 호기심을 이끌어 내기 위해서
④ 임진왜란과 병자호란으로 인한 고통을 해소하기 위해서
⑤ 백성들의 사회적 불만을 간접적으로라도 드러내기 위해서

다 제3장 / **토끼** : (용왕을 본다.) 어어…… 저 생선은 처음 보는데……. 근데 싱싱하지가 않아서 회로는 못 먹고 매운탕으로 먹겠다.

용왕 : (부르르 떨며 화를 낸다.) 어서 저 <u>고얀</u> 놈 배를 갈라라. 냉큼 간을 가져오지 못할까!
성미나 언행이 도리에 벗어나는

신하들이 토끼를 향해 달려든다. / 토끼, 피한다.

토끼 : 잠깐! 잠깐! 내가 잘못 들었나? (<u>정중하게</u>) 방금 간이라고 하셨습니까?
태도나 분위기가 점잖고 엄숙하게

자라 : 토끼님, 미안하오. 용왕께 명약으로 바치려고 당신을 데려온 것이오.

토끼 : 내 간을 약으로 바치려고요? / **신하들** : 그렇다. 〈중략〉

토끼 : (침착함을 잃지 않고, 과장해서) 아하하, 안타깝다. <u>오호통재라</u>. 토끼 간이 산속 짐승한테만 명약인
'아, 비통하다'라는 뜻으로, 슬플 때나 탄식할 때 하는 말
줄 알았더니, 이런 생선들한테도 쓸모가 있더란 말이냐? 그래서 우리 조상들은 간을 대여섯 개씩 물려받았구나. 좋다. 주지, 줘. 간을 줘서 생명을 살린다면 아까울 것이 없지.

고등어 : 과연 듣던 대로 판단력이 빠른 <u>총명한</u> 토끼로고…….
썩 영리하고 재주가 있는

토끼 : (고등어한테) 얘, 너 배를 좍 갈라서 소금 쫙쫙 뿌려서 고등어자반 만들기 전에 입 다물어. 까불고 있어. 용왕마마! 다만 한 가지 안타까운 말씀을 드려야겠나이다.

용왕 : 뭐냐? 얼른 칼을 가져다 배를 쭉 갈라 보자.

토끼 : 예로부터 토끼들은 간이 배 밖으로 나왔습니다. 호랑이, 여우, 늑대, 표범, 살쾡이, 독수리한테 쫓기다 보니 간을 배 속에 넣고는 살아갈 수가 없거든요. 산속 깊은 골짜기에다 차곡차곡 재어 놓고 다니다 밤에만 배 안에 집어넣고 살고 있다고 합니다……가 아니라, 살고 있습니다.

용왕 : 그거 큰일이다. / **뱀장어** : 저놈 말을 믿지 마세요, 폐하!

도루묵 : 먼저 저놈 배를 갈라 보고, 간이 없으면 다시 토끼를 잡아 오면 어떤지요.

토끼 : (엄살을 떤다.) 아이고, 나 죽네. 그 아까운 간을, 그 용하다는 명약을 <u>심심산골</u>에 숨겨 두고 아까운
깊고 깊은 산골
목숨만 사라지네.

자라 : 폐하! 다시 육지로 나가 토끼 간을 받아오겠나이다. 산속 짐승이나 물속 짐승이나 모두 하나뿐인 생명입니다. 힘이 들더라도 한 번 더 다녀오겠습니다.

용왕 : 그래라, 그래. 간도 없는 놈을 죽여 무엇하겠느냐. 털가죽도 뒤집어쓰는 걸 보니, 간 아니라 심장도 밖에다 내놓고 다닐 놈이로다. 얼른 서둘러 다녀오너라.

> **절정** 생명의 위협을 받은 토끼가 심심산골에 (   )을 두고 왔다며 거짓말을 함.

라 마무리 / 자라는 땅에 엎드려 헉헉 숨을 쉰다. / 토끼는 깡충깡충 뛰어 언덕에 오른다. / 자라는 땅에서 걷느라 천천히 걷는다. / **자라** : (소리친다.) 같이 가! / **토끼** : (소리 지른다.) 왜 같이 가?

자라 : 간 하나만 줘야지! / **토끼** : 너 줄 간은 없다. / **자라** : 뭐라고?

토끼 : 하하하! 이 토끼님을 속여서 용궁으로 데려가? 하마터면 가마솥에 들어가 통째로 토끼탕이 될 뻔했구나. 이번엔 네 차례야. 네가 속은 거야. 세상에 간을 꺼내 놓고 사는 짐승이 어디 있냐? 이 어리석은 자라야! / **자라** : 뭐야? 난 몰라. 깜빡 속았네.

> **대단원** (   )로 나온 토끼가 자라에게 사실을 밝히고 도망감.

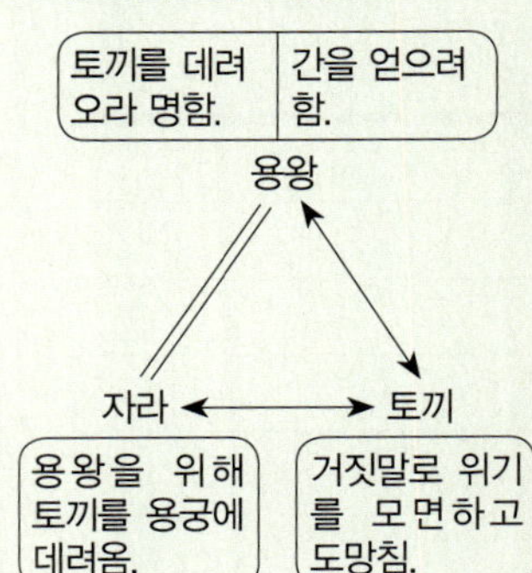

스스로 정리 노트

◆ 등장인물 간의 갈등 관계

토끼를 데려오라 명함.	간을 얻으려 함.

용왕

자라 ← → 토끼

용왕을 위해 토끼를 용궁에 데려옴.	거짓말로 위기를 모면하고 도망침.

05 이 글을 공연하기 위해 상의한 내용으로 적절하지 <u>않은</u> 것은?

① 푸른색 조명을 활용하여 바닷속 공간을 연출하자.
② 용왕이 아프니까 전체적으로 슬픈 분위기를 조성하자.
③ 등장하는 어류들의 특징이 잘 드러나는 소품을 만들자.
④ 극 중 공간이 바뀔 때는 배경 그림을 이용하여 표현하자.
⑤ 토끼 역의 배우는 진실을 말하는 것처럼 어투에 신경 써서 연기하자.

06 등장인물에 대한 설명으로 옳은 것을 〈보기〉에서 모두 고르면?

| 보기 |

㉠ 용왕은 성격이 급하고 권위적이다.
㉡ 자라는 충성심이 강하고 적극적이다.
㉢ 토끼는 상황 판단이 빠르고 침착하다.
㉣ 신하들은 모두 남의 말을 잘 믿고 아둔하다.

① ㉠, ㉢　　　② ㉡, ㉣　　　③ ㉠, ㉡, ㉢
④ ㉠, ㉢, ㉣　　　⑤ ㉡, ㉢, ㉣

07 [다]에서 토끼와 용왕이 갈등하는 가장 근본적인 원인은?

① 토끼가 용왕을 싱싱하지 않다고 놀렸기 때문에
② 용왕과 토끼 모두 자신의 목숨이 달려 있기 때문에
③ 간이 많은 토끼가 용왕에게 하나도 주지 않았기 때문에
④ 자라가 중간에서 토끼와 용왕 사이를 이간질했기 때문에
⑤ 자라가 토끼에게 용왕의 약으로 쓰려는 목적을 미리 말하지 않았기 때문에

08 등장인물을 통해 얻은 교훈의 내용으로 적절하지 <u>않은</u> 것은?

① 보나 : 용왕처럼 자신만 생각하는 태도를 버려야 해.
② 지현 : 자라처럼 앞날을 대비하는 현명한 자세를 지니자.
③ 민우 : 능청스럽게 위기에 대처한 토끼의 지혜와 슬기를 본받고 싶어.
④ 세경 : 자라처럼 무조건 충성하는 태도가 과연 좋은 것인지 생각해 볼 필요가 있어.
⑤ 원영 : 토끼처럼 유혹에 넘어가 위기에 빠지지 않으려면 헛된 욕심을 버리고 신중해야 해.

어휘 갈무리

＊정중하다 : 태도나 분위기가 점잖고 엄숙하다.
＊총명하다 : 썩 영리하고 재주가 있다.
＊심심산골 : 깊고 깊은 산골.

작품 한눈에 보기

핵심 정리

갈래	희곡(단막극)		성격	교훈적, 풍자적, 우화적
배경	[시간적] 구체적으로 드러나지 않음	[공간적] ① ▢▢(바닷속)과 육지(산속)		
제재	용왕의 병과 토끼의 간			
주제	권력의 횡포에 대한 비판과 위기를 극복하는 지혜			
특징	① 고전 소설을 현대 ② ▢▢으로 각색한 작품이다. ② 의인화한 동물을 통해 인간 사회의 부정적인 면을 폭로하고 교훈을 준다. ③ 재치 있는 표현, 현대적인 표현을 활용하여 웃음을 유발한다.			

◈ **이 글 전체의 구성**

발단	전개	절정	하강	대단원
용왕이 자신의 병을 고치기 위해 자라에게 토끼를 잡아오라고 명령함.	자라가 육지로 나와 토끼를 만나고, 용궁 구경을 핑계로 토끼를 용궁에 데리고 옴.	용왕과 신하들이 간을 꺼내려 하자 토끼가 ③ ▢을 두고 나왔다고 거짓말을 함.	위기를 모면한 토끼가 자라와 함께 육지로 나옴.	토끼가 자라에게 자신의 거짓말을 밝히고 자라를 놀리며 도망감.

◈ **등장인물의 성격과 상징적 의미**

등장인물	성격	근거	상징적 의미
④ ▢▢	권위적, 이기적	자신의 병을 치료하기 위해 신하들을 윽박지르고 토끼의 생명을 위협함.	자신의 이익을 위해 횡포를 부리는 무능한 지배층
	어리석음	간을 두고 왔다는 토끼의 거짓말에 쉽게 속아 넘어감.	
토끼	침착함, 꾀가 많음	목숨이 위험한 순간에 능청스럽게 거짓말을 함.	헛된 욕심도 있으나 임기응변의 지혜를 지닌 슬기로운 ⑤ ▢▢
	헛된 욕심이 있음	화려한 용궁에서 어여쁜 여인들과 부귀영화를 누릴 수 있다는 자라의 유혹에 넘어감.	
자라	충성심이 강함	용왕을 위해 토끼를 꾀어 오고, 간을 가져오기 위해 다시 육지에 다녀오겠다고 나섬.	임금에 대한 맹목적인 충성심만 있는 무비판적인 관리들
	어리석음	토끼의 거짓말을 그대로 믿음.	

◈ **등장인물을 통해 드러나는 주제 의식**

용왕	자라	토끼
권력의 횡포와 이기적인 욕심에 대한 비판	• 지도자에 대한 ⑥ ▢▢▢ • 맹목적인 충성심에 대한 비판	• 헛된 욕심에 대한 경계 • 위기를 극복하는 지혜

지혜와 관련된 속담

꾀만 있으면 용궁에 잡혀갔다가도 살아 나온다

지혜가 있으면 아무리 힘들고 위태로운 일을 만나도 그 일로부터 벗어날 수 있음을 비유적으로 이르는 말.

사람이 많으면 길이 열린다

사람의 지혜와 힘을 합치면 그 어떤 큰일도 할 수 있는 방도를 찾게 됨을 이르는 말.

우렁이도 두렁 넘을 꾀가 있다

미련하고 못난 사람도 제 요량은 있어 한 가지 재주는 있다는 말.

사람이 오래면 지혜요 물건이 오래면 귀신이다

사람은 오래 살면 살수록 경험을 많이 쌓아 사물의 이치를 깨닫고 지혜를 얻게 되지만 물건은 오래되면 될수록 쓸데없게 되고 만다는 뜻으로, 경험 많은 늙은이의 지혜로움을 비유적으로 이르는 말.

소가 크면 왕 노릇 하나

소가 아무리 크고 힘이 세다 할지라도 왕 노릇은 할 수 없다는 뜻으로, 힘만 가지고는 결코 큰일을 못하며 반드시 훌륭한 품성과 지략을 갖추어야 됨을 비유적으로 이르는 말.

헷갈리는 단어 한자로 확인

改	善	凱	旋
고칠 **개**	착할 **선**	이길 **개**	돌 **선**
잘못된 것이나 부족한 것, 나쁜 것을 고쳐 더 좋게 만듦		싸움에서 이기고 돌아옴	
改	善	凱	旋

典	型	銓	衡
법 **전**	모형 **형**	사람 가릴 **전**	저울대 **형**
같은 부류의 특징을 가장 잘 나타내고 있는 본보기		됨됨이나 재능을 가려 뽑음	
典	型	銓	衡

MEMO

대표 작품 감상&문제 해결 훈련

꿈틀 중학 문학

정답과 해설

1학년 공통

I

꿈틀 중학 문학

중학

I

정답과 해설

I 시 문학

개념 확인 문제
p.12~15

1 ①, ③   2 ×   3 운율, 심상, 주제   4 반복   5 (1) 시각적 심상 (2) 공감각적 심상 (3) 촉각적 심상 (4) 청각적 심상   6 ○
7 ×   8 ②   9 (1) 도치법 (2) 과장법 (3) 역설법   10 반복법/점층법   11 하이얀   12 ②   13 양반/평민   14 ×

01 봄은 고양이로다
p.17

01 ④   02 ⑤   03 ③   04 ④

작품 한눈에 보기
p.18

1 고양이   2 봄   3 불길   4 은유   5 같이   6 도다
7 후각

02 서시
p.21

01 ②   02 ④   03 ③   04 ①

작품 한눈에 보기
p.22

1 미래   2 별   3 현실   4 하늘   5 바람   6 사랑

03 새로운 길
p.25

01 ③   02 ④   03 ④   04 ④

작품 한눈에 보기
p.26

1 미래   2 길   3 수미 상관   4 길   5 고개   6 민들레

04 맨드라미
p.29

01 ⑤   02 ④   03 ②   04 ④

작품 한눈에 보기
p.30

1 인정   2 깨달음   3 사과   4 존중   5 직유   6 의인

05 성장
p.33

01 ④   02 ③   03 ②   04 ②

작품 한눈에 보기
p.34

1 산문   2 성장   3 순리   4 기대감   5 바다   6 파도
7 의인

06 후후후
p.37

01 ④   02 ②   03 ⑤   04 ④

작품 한눈에 보기
p.38

1 민들레   2 말   3 입김   4 지   5 직유   6 은유

07 봄날 아침
p.41

01 ①, ⑤   02 ④   03 ②   04 ③

작품 한눈에 보기
p.42

1 생동감   2 빗방울   3 문장 구조   4 풀풀   5 직유   6 활유

08 배추의 마음
p.45

01 ④   02 ③   03 ③   04 ②

작품 한눈에 보기
p.46

1 교감   2 시간   3 동화   4 배려   5 의인   6 같음

09 동해 바다
p.49

01 ⑤   02 ③   03 ②   04 ④

작품 한눈에 보기
p.50

1 동해 바다   2 엄격   3 깊다   4 바다   5 파도   6 돌
7 설의법

10 오우가
p.53

01 ④   02 ④   03 ③   04 ②   05 ③

작품 한눈에 보기
p.54

1 외형률   2 예찬   3 바위   4 절개   5 친화   6 문답법
7 솔   8 의인화

Ⅱ 소설 문학

개념 확인 문제 p. 58~61

1 ④　2 ×　3 배경　4 절정　5 ×　6 ①, ⑤　7 (1) 간접 제시 (2) 직접 제시　8 내적　9 개인과 개인의 외적 갈등　10 ○　11 사회적　12 1인칭　13 1인칭 주인공 시점　14 ②

01　하늘은 맑건만 p. 63~69

01 ③　02 ①　03 ④　04 ③　05 ⑤　06 ③　07 ②　08 ①　09 ⑤　10 ③　11 ④　12 ⑤　13 ④　14 ④　15 하늘　16 ③

작품 한눈에 보기 p. 70

1 거스름돈　2 돈　3 수만　4 죄책감　5 외적　6 미안함　7 수신

02　멍키 스패너 p. 73~79

01 ②　02 ②　03 ④　04 혹　05 ⑤　06 ③　07 ③　08 ⑤　09 ①　10 ②　11 멍키 스패너　12 ③　13 ⑤　14 ⑤　15 ④　16 유리컵

작품 한눈에 보기 p. 80

1 주인공　2 시간　3 자전거　4 고마움　5 멍키 스패너　6 성장

03　자전거 도둑 p. 83~89

01 ⑤　02 ④　03 ①　04 ②　05 ⑤　06 자전거를 빼앗기는 것　07 ③　08 ④　09 ⑤　10 ②　11 ③　12 ①　13 ⑤　14 ③　15 누런 똥빛　16 마침내, 빛났다　17 ②, ④

작품 한눈에 보기 p. 90

1 부도덕성　2 입체적　3 신사　4 도둑질　5 주인 영감　6 외적　7 죄책감　8 자전거

04　동백꽃 p. 93~99

01 ③, ④　02 ①　03 ②　04 ③　05 ④　06 ④　07 ④　08 그렇잖아도, 굽실거린다　09 ③, ⑤　10 ⑤　11 ⑤　12 ①　13 ④　14 ④　15 ③　16 ③　17 ⑤

작품 한눈에 보기 p. 100

1 주인공　2 웃음　3 감자　4 동백꽃　5 닭싸움　6 향토　7 소작농　8 마름

05　고무신 p. 103~107

01 ②　02 ②　03 ④　04 ①, ④　05 ③　06 ④　07 남이 아버지　08 ③　09 ②　10 ③　11 ②

작품 한눈에 보기 p. 108

1 고무신　2 남이　3 울음 고개　4 엿장수　5 만남　6 이별　7 봄

06　꿩 p. 111~115

01 ④　02 ②　03 ③　04 ④, ⑤　05 ⑤　06 돌멩이　07 ②　08 ①, ③　09 ④　10 ③　11 ②, ③　12 ③

작품 한눈에 보기 p. 116

1 용기　2 사투리　3 꿩　4 머슴　5 내적　6 돌　7 부끄러움　8 당당함

07　홍길동전 p. 119~123

01 ④　02 ③　03 ⑤　04 소인, 대감　05 ④　06 ④　07 까마귀가 세 번 울고 갔다　08 ②　09 ③　10 ④　11 ②　12 ①　13 ③

작품 한눈에 보기 p. 124

1 고전　2 일대기　3 서자　4 도술　5 사회　6 비판적　7 호부 호형　8 유교

Ⅲ 수필 문학

개념 확인 문제 p. 128~129

1 ⑤　2 경수필　3 ○　4 ②　5 ×　6 ○

01 괜찮아 p. 131~133

01 ②　02 ③　03 ①, ⑤　04 ③　05 ⑤　06 ④　07 ② 08 장애가 있는 친구가 세상과 함께할 수 있게 해 주었다.

작품 한눈에 보기 p. 134

1 회상　2 함께　3 괜찮아　4 희망　5 용서　6 부축

02 막내의 야구 방망이 p. 137~139

01 ④　02 ②　03 ②　04 ④　05 ③　06 ⑤　07 ⑤ 08 이튿날, 주었다

작품 한눈에 보기 p. 140

1 야구　2 심리　3 걱정　4 감동　5 야구 방망이　6 노력　7 맑고 푸른 별

03 어느 날 자전거가 내 삶 속으로 들어왔다 p. 143

01 ⑤　02 ③　03 ④　04 난생처음 봄을 맞는 장끼 05 ③

작품 한눈에 보기 p. 144

1 교훈적　2 자전거　3 막막함　4 내리막길　5 본능

Ⅳ 극 문학

개념 확인 문제 p. 148~149

1 ②　2 ×　3 ⑤　4 대화 / 독백 / 방백　5 ②　6 S# 7 내레이션

01 베토벤 바이러스 p. 151~153

01 ⑤　02 ④　03 ②　04 단원들을 믿고 배려하고 같이 가 주는 사람　05 ⑤　06 ⑤　07 ③　08 ⑤

작품 한눈에 보기 p. 154

1 갈등　2 대단원　3 건우　4 지휘자　5 강마에

02 라이벌 p. 157~159

01 ⑤　02 ①　03 ⑤　04 ①　05 ④　06 너 여기서 뭐 해?　07 ⑤　08 ④

작품 한눈에 보기 p. 160

1 라이벌　2 주인공　3 전학　4 시　5 해소　6 친구 7 미안함

03 토끼와 자라 p. 163~165

01 ②　02 ①　03 ③, ④　04 ⑤　05 ②　06 ③ 07 ②　08 ②

작품 한눈에 보기 p. 166

1 용궁　2 희곡　3 간　4 용왕　5 백성　6 충성심

I 시 문학

개념 확인 문제 p. 12~15

1 ①, ③ 2 × 3 운율, 심상, 주제 4 반복 5 (1) 시각적 심상 (2) 공감각적 심상 (3) 촉각적 심상 (4) 청각적 심상 6 ○ 7 × 8 ② 9 (1) 도치법 (2) 과장법 (3) 역설법 10 반복법/점층법 11 하이얀 12 ② 13 양반/평민 14 ×

1 시는 운율이 있는 언어로(①) 압축하여 의미를 전달하는(③) 문학이다.

✕**오답 풀이** ② 시를 이루는 요소에는 운율, 심상, 주제가 있다. ④ 시인은 여러 가지 표현 방법을 사용하여 함축적인 의미를 전달한다. ⑤ 시어는 사전적 의미 그대로가 아니라 시인이 부여한 새로운 의미를 지닌다.

2 자유시는 정해진 형식이 없이 자유롭게 쓴 시이고, 산문시는 행의 구분 없이 줄글로 쓴 시이다.

5 (2) 후각적 심상인 '비린내'를 '은빛'이라는 시각적 표현을 통해 마치 눈에 보이는 것처럼 나타낸 공감각적 심상이다.

7 시 속의 말하는 이는 시인 자신인 경우도 있고 그렇지 않은 경우도 있다. 또한 시적 화자는 시에 직접 드러나는 경우도 있고 드러나지 않는 경우도 있다.

8 ②는 상징에 대한 설명이다.

9 (1) '이 강변으로 오라'가 자연스러운 문장의 어순인데, '오라'의 위치를 바꾸어 표현하였다. (2) 눈물이 바다를 이룬다는 것은 눈물의 양을 지나치게 많게 표현한 것이다. (3) '지는 것'과 '이기는 것'이라는 서로 모순되는 말이 함께 쓰였다.

11 깨끗함과 정성스러움을 강조하기 위해 '하얀'을 '하이얀'으로 의도적으로 바꾸어 썼다.

12 시조는 4음보의 규칙적인 운율이 나타나는 외형률이다. 내재율은 일정한 규칙이 겉으로 뚜렷하게 나타나지 않는 운율이다.

14 현대 시조는 개화기 이후부터 현재까지 창작되는 시조를 말한다. 평시조에 비해 두 구절 이상 길어진 형식의 시조는 '사설시조'이다.

01 봄은 고양이로다 p. 17

01 ④ 02 ⑤ 03 ③ 04 ④

01 이 시의 3연에서는 '고요히 다물은 고양이의 입술'

과 '포근한 봄의 졸음'을 통해 봄의 나른함, 포근함, 고요함을 느끼게 한다. ㉣ '긴장감'은 마음을 조이고 정신을 바짝 차리는 느낌이므로 3연의 정서와 거리가 멀다.

02 이 시의 1연과 2연에는 직유법이 사용되었다. 1연에서는 '고양이의 털'(원관념)을 '꽃가루'(보조 관념)에 빗대었고, 2연에서는 '고양이의 눈'(원관념)을 '금방울'(보조 관념)에 빗대어 고양이의 모습을 생동감 있게 표현하고 있다.

✕**오답 풀이** ① '고양이의 털'과 '꽃가루'는 '부드러움'이라는 공통점이 있고, '고양이의 눈'과 '금방울'은 '동그랗다'는 공통점이 있다. ② 1연에서는 곱고 부드러운 봄의 이미지와 고양이의 털을, 2연에서는 봄의 생명력과 고양이의 눈을 연결하고 있다. ③ '부드러움, 생명력'이라는 봄의 추상적인 느낌을 고양이의 모습을 통해 구체적으로 드러내고 있다.

03 이 시에는 시각적 심상, 후각적 심상, 촉각적 심상 등이 사용되었다. ③과 같은 미각적 심상은 나타나지 않는다.

✕**오답 풀이** ① 촉각적 심상 ②, ⑤ 시각적 심상 ④ 후각적 심상

04 ⓑ 1연과 2연에서는 '고양이의 ~에 ~이/가 ~도다', 3연과 4연에서는 '고양이의 ~에 ~이/가 ~아라'와 같이 비슷한 문장 구조가 반복되고 있다. ⓓ '고양이의 ~에', '봄의'와 같은 말이 반복되고 있다. ⓔ 시행의 끝자리에 '~에'(각 연 1행), '-도다'(1, 2연의 2행), '-아라'(3, 4연의 2행)를 반복하고 있다.

✕**오답 풀이** ⓐ 이 시는 내재율을 지닌 자유시로, 각 행을 4마디씩 끊어 읽는 것은 부자연스럽다. ⓒ 이 시에는 소리를 흉내 내는 말이 쓰이지 않았다.

작품 한눈에 보기 p. 18

1 고양이 2 봄 3 봄길 4 은유 5 같이 6 도다 7 후각

02 서시 p. 21

01 ② 02 ④ 03 ③ 04 ①

01 이 시는 '하늘, 바람, 별'과 같은 자연물을 활용하여 시적 정서를 드러내고 있으나, 자연물을 의인화하여 표현하지는 않았다.

✘**오답 풀이** ① 이 시에는 시적 화자 '나'가 겉으로 드러나 있다. ③ '하늘', '바람', '별', '밤' 등 일상에서 쓰이는 쉬운 어휘가 사용되었다. ④ 이 시에서는 긍정적 의미의 시어인 '하늘, 별'(삶의 지향점, 이상, 양심)과 부정적 의미의 시어인 '바람, 밤'(내적 갈등, 시련, 암담한 식민지 현실)을 대립시킴으로써 부끄러움 없는 삶에 대한 화자의 소망과 의지를 강조하고 있다.

02 2연의 '밤', '바람'은 어두운 현실과 시련 등을 상징한다. 이를 통해 이 시의 화자가 현실을 부정적으로 인식하고 있음을 알 수 있다.

✘**오답 풀이** ① 화자가 과거의 삶을 그리워하는 부분은 나타나지 않는다. ② 화자는 이상과 희망을 지향하며 순수한 삶을 살겠다는 의지를 보이고 있지만, 미래가 밝고 희망차다고 확신하지는 않는다. ③ 1연의 7~8행에서 '그리고 나한테 주어진 길을 / 걸어가야겠다.'라며 의지적 태도를 보였으므로 화자가 현실을 도피한다고 볼 수 없다. ⑤ 화자는 현실에 대한 극복 의지를 드러내고 있으나, 이를 위해 다른 사람에게 의존하고 있지 않다.

03 ©'별'은 어둠 속에서도 빛나는 존재로, 절망적인 상황에서도 빛을 잃지 않는 이상, 희망, 순수한 양심 등을 의미한다.

04 이 시에는 일제 강점기의 어두운 현실에서도 부끄럽지 않게 살겠다는 시인의 다짐이 나타난다. 하지만 일제의 탄압에 강하게 맞서 싸우는 시인의 모습은 드러나지 않는다.

✘**오답 풀이** ② 일제 강점기라는 암울한 현실에서 어떤 삶을 살아야 하는지에 대한 고민이 담겨 있다. ③ '한 점 부끄럼이 없기를' 바라는 것에서 양심을 지키고자 하는 시인의 가치관을 알 수 있다. ④ 일제 강점기라는 현실이 '바람'이 부는 '밤'이라는 어둡고 암울한 상황으로 제시되어 있다. ⑤ '나는 괴로워했다'에서 내면적 갈등을 겪은 시인의 정서가 직접 드러난다.

작품 **한눈**에 보기   p. 22

1 미래   **2** 별   **3** 현실   **4** 하늘   **5** 바람   **6** 사랑

03 새로운 길   p. 25

01 ③   02 ④   03 ④   04 ④

01 이 시에는 대화체가 나타나지 않는다. 이 시의 화자

인 '나'는 독백체로 자신의 정서를 드러내고 있다.

✘**오답 풀이** ① 1연의 '내를 건너서 숲으로 / 고개를 넘어서 마을로'가 5연에서 반복되어 수미 상관의 구성을 이루고 있다. ② 3연을 중심으로 1연과 5연, 2연과 4연이 의미상 대칭을 이루고 있다. ④ '내'와 '고개'는 시련이나 고난을 상징하는 부정적 시어이고, '숲'과 '마을'은 희망과 평화를 상징하는 긍정적 시어이다. ⑤ '오늘도' '내일도' 언제나 새로운 마음으로 삶을 살아가려는 화자의 의지적 태도가 나타나고 있다.

02 이 시의 화자는 '어제도', '오늘도', '내일도' 길을 간다고 말한다. 이러한 길은 인간이 끊임없이 이어 가야만 하는 삶, 즉 인생을 상징한다.

03 [A]에서는 '~를 ~(어)서 ~(으)로'라는 문장 구조의 시행을 나란히 배열하여 운율을 형성하고 있다. 이러한 표현을 대구법이라고 하는데, ④에서도 비슷한 문장 구조의 시행이 나란히 배열되어 운율감이 느껴진다.

✘**오답 풀이** ① '찰박'이라는 시어의 반복을 통해 운율을 형성하고 있다. ② '뭇버들∨가려 꺾어∨보내노라∨님에게'와 같이 4음보의 운율을 형성하고 있다. ③ '보고'라는 시어를 반복하여 운율을 형성하고 있다. ⑤ '나 보기가 역겨워(7) / 가실 때에는(5) / 죽어도 아니 눈물(7) 흘리우리다(5)'와 같이 일정한 글자 수를 반복하여 7·5조의 운율을 형성하고 있다.

04 이 시에서 '숲'과 '마을'은 삶에서 맞이하게 되는 희망과 평화를 상징하는 시어로, 삶의 시련과 고난을 상징하는 '내', '고개'와 대조를 이룬다.

작품 **한눈**에 보기   p. 26

1 미래   **2** 길   **3** 수미 상관   **4** 길   **5** 고개   **6** 민들레

04 맨드라미   p. 29

01 ⑤   02 ④   03 ②   04 ④

01 이 시의 1, 2연은 시적 화자가 맨드라미에게 질문하고, 맨드라미가 이에 대답하는 대화체 형식으로 이루어져 있다.

✘**오답 풀이** ① 시적 화자가 '나'라고 겉으로 드러나 있다. ②, ③ 맨드라미의 개성을 인정하지 않던 화자가 맨드라미와의 대화를 통해 깨달음을 얻고 그 인식이 변화한다. ④ 1, 2연에서 시적 화자는 자신과 다른 존

재를 인정하지 않고, 맨드라미는 자신과 다른 존재를 존중하고 있어 서로 대조적인 태도를 보인다.

02 당연한 내용을 의문문의 형식으로 표현하는 것은 설의법이다. ⓒ에서 '넌 왜 그렇게 생겼니'는 상대방에게 하는 질문으로, 설의법이 사용된 것이 아니다.

✘**오답 풀이** ①, ② ㉠에는 쭈글쭈글하고 붉은 맨드라미의 모습을 '닭 벼슬'과 '거인의 혓바닥'에 빗대어 표현한 직유법이 사용되었다. ③, ⑤ ⓒ에는 사람이 아닌 대상을 사람처럼 표현한 의인법이 사용되었다.

03 이 시는 '같아', '-했어', '-았어'와 같은 시어의 반복과 '넌 왜 이렇게 생겼니'라는 문장의 변형, 반복을 통해 운율을 형성하고 있다.

04 4연에서 화자는 맨드라미가 '나'와 비슷해 보여도 서로 다른 존재임을 인정하고, 있는 그대로의 모습을 존중해야 함을 깨닫는다.

✘**오답 풀이** ③ '역지사지(易地思之)'는 '처지를 바꾸어서 생각하여 봄.'을 뜻하는 말이다.

작품 **한눈**에 보기				p.30
1 인정	**2** 깨달음	**3** 사과	**4** 존중	**5** 직유 **6** 의인

01 ④	02 ③	03 ②	04 ②

01 이 시는 줄글 형식으로 되어 있어 겉으로 드러나는 규칙성은 없으나, 운율이 문장 속에 자연스럽게 드러나는 내재율을 느낄 수 있다.

✘**오답 풀이** ② 정형시에 주로 나타나는 운율은 겉으로 뚜렷하게 규칙성이 드러나는 외형률이다. ⑤ 이 시는 행의 구분 없이 문장이 이어져 있다.

02 어린 강물은 바다가 가까워지면서 '엄마 손을 아득히 놓치고' 만다. 즉 어린 강물은 정든 엄마와 헤어져 혼자 바다로 가야 하는 상황에 처해 있다.

03 '바다'는 어린 강물에게 고향 같은 곳이 아니라, 지금까지와는 다른 낯설고 넓은 새로운 세상을 뜻한다.

04 ㉠은 이별의 상황에서 엄마 강물이 어린 강물에게

하는 작별 인사이다. 여기에는 아들과 헤어지는 상황에서 느끼는 슬픔과, 어린 강물이 성장하여 '크고 다른 삶'을 살기를 바라는 기대감이 함께 담겨 있다고 볼 수 있다.

작품 **한눈**에 보기					p.34
1 산문	**2** 성장	**3** 순리	**4** 기대감	**5** 바다	**6** 파도
7 의인					

01 ④	02 ②	03 ⑤	04 ④

01 말하고자 하는 의도를 반대로 표현하는 방법은 '반어법'인데, 이 시에는 반어법이 사용되지 않았다.

✘**오답 풀이** ① 시적 화자인 민들레가 청자인 아가에게 말을 건네는 듯한 어투로 시상이 전개되고 있다. ② 직유법에 대한 설명으로, '털방울 같지', '뽀뽀하듯', '봄바람 같은' 등에서 직유법이 사용되었다. ③ 일정한 위치에서 '-지'가 반복되고 있다. ⑤ 의인법에 대한 설명으로, 사람이 아닌 민들레가 사람처럼 아가에게 말을 건네고 있다.

02 민들레는 아가가 잘 자라기를 기대하는 것이지, 자신의 희생으로 아가의 성장을 돕고 있는 것은 아니다.

✘**오답 풀이** ③ 아가가 입김을 부는 행동을 '뽀뽀하듯', '봄바람 같은 숨결'이라고 표현한 것을 통해 민들레가 아가의 행동을 긍정적으로 여기고 있음을 알 수 있다. ④ '멋지게 착륙하여 내년에 다시 / 널 만나러 올게'라고 한 것을 통해 알 수 있다.

03 '낙하산'은 민들레 홀씨가 날아가다 땅으로 떨어지는 것을 빗댄 표현이다. 따라서 민들레와 낙하산의 비슷한 점은 하늘 위로 날아오르다 땅으로 떨어진다는 점이다.

04 말의 차례를 바꾸어 변화를 주는 방법은 '도치법'인데, [A]에는 도치법이 사용되지 않았다.

작품 **한눈**에 보기					p.38
1 민들레	**2** 말	**3** 입김	**4** 지	**5** 직유	**6** 은유

07 봄날 아침
p. 41

01 ①, ⑤ **02** ④ **03** ② **04** ③

01 ① 1연에서 가장 고운 빗방울을 골라 나뭇가지에 매달아 놓았다는 것은 나뭇가지에 빗방울이 맺혀 있는 장면을 표현한 것이다. ⑤ 2연에서 참새들이 가장 고운 것을 골라 피아노 치듯 눌러 본다는 것은 참새들이 나뭇가지를 옮겨 다니며 빗방울을 눌러 보는 장면을 표현한 것이다.

02 시적 화자는 봄날 아침에 참새들이 날아다니고 빗방울 터지는 소리가 들리는 풍경을 보며 즐거운 감정을 느끼고 있다.

03 이 시에는 시각적 심상과 청각적 심상 등이 쓰였으나, 심상은 운율 형성과 직접적인 관련이 없다.

04 [A]에는 '고운 노래'가 살아 있는 것처럼 날아다닌다고 표현한 활유법이 사용되었다. ③에도 '바람 소리'를 말 달리는 소리라고 표현한 활유법이 사용되었다.

✗ 오답 풀이 ①은 은유법, ②는 직유법, ④는 설의법, ⑤는 의인법이 사용되었다.

작품 한눈에 보기
p. 42

1 생동감 **2** 빗방울 **3** 문장 구조 **4** 풀풀 **5** 직유 **6** 활유

08 배추의 마음
p. 45

01 ④ **02** ③ **03** ③ **04** ②

01 배추벌레는 작은 생명체를 의미한다. 이 시의 화자는 배추벌레를 더불어 살아야 할 존재로 존중하고 있으므로, 배추벌레가 부정적 의미를 지닌 시어로 사용되었다고 볼 수 없다.

02 배추벌레를 걱정하는 화자의 마음을 통해 화자가 작고 하찮은 생명체도 소중히 여기는 사람임을 알 수 있다.

03 작은 생명도 소중히 여기는 화자와 자신의 생명을 나누어 주는 배추의 마음에서 남을 배려하는 마음을 배울 수 있다.

04 ⓒ은 배추가 자라지 않을까 염려하는 마음으로, 이 시에 드러난 화자의 모습으로 보아 시의 화자가 배추를 포기하는 마음을 지녔다는 것은 적절하지 않다.

작품 한눈에 보기
p. 46

1 교감 **2** 시간 **3** 동화 **4** 배려 **5** 의인 **6** 같음

09 동해 바다
p. 49

01 ⑤ **02** ③ **03** ② **04** ④

01 1연에서 화자는 남에게는 엄격하고 자신에게는 너그러운 것을 반성하고 있다. 그리고 2연에서 '스스로는 억센 파도로 다스리면서 / 제 몸은 맵고 모진 매로 채찍질하면서' 살기를 바라고 있다. 즉 화자는 타인에게는 너그럽되, 자신에게는 엄격한 사람이 되기를 바라고 있다.

✗ 오답 풀이 ① '바다'라는 자연물에서 너그럽고 관대한 삶의 모습을 발견하고 있다. ② 자신의 지난 삶의 모습과 소망을 독백하듯 말하고 있다. ③ 후포에서 동해 바다를 바라보는 일상의 체험을 통해 자아를 성찰하고 있다. ④ '세상이 어지러울수록 / 남에게는 엄격해지고 내게는 너그러워지나 보다'에서 그동안 화자가 속이 좁고 이기적인 태도로 살았음이 드러난다.

02 화자는 널따란 동해 바다를 바라보면서 잘고 굳은 돌처럼 옹졸했던 자신의 삶을 반성한다. 그리고 넓고 깊은 바다처럼 남에게는 너그럽고 관대하며 자신에게는 엄격한 삶의 태도를 지니기를 소망하고 있다.

03 말하고자 하는 생각을 반대로 표현하는 것은 반어법으로 이 시에는 사용되지 않았다.

✗ 오답 풀이 ① '돌'과 '동해 바다'가 대조적인 의미를 지닌다(대조법). ③ 1연에서 잘못의 크기를 '티끌' → '맷방석' → '동산'으로 확대해 나갔다(점층법). ④ 1연에서 생각이 좁고 마음이 너그럽지 못한 자신을 '돌'에 빗대고, 2연에서 자신이 바라는 삶의 모습을 '바다'에 빗대었다(직유법). ⑤ '널따란 바다처럼 너그러워질 수는 없을까', '감싸고 끌어안고 받아들일 수는 없을까'에서 의문문을 사용하였다(설의법).

04 화자는 자신을 '억센 파도'로 다스리며 살기를 바란다. 즉 '억센 파도'는 화자가 자기 자신에게 적용하는 엄격한 삶의 기준, 절제와 반성 등을 의미하는 시어로 '맵고 모진 매'와 유사한 의미를 지닌다.

10   오우가   p. 53

01 ④   **02** ④   **03** ③   **04** ②   **05** ③

01 이 시는 공간의 이동에 따라 시상이 전개되고 있지 않다. 화자는 다섯 가지 자연물을 차례로 소개하고 있으며 예찬의 태도가 일관적으로 드러난다.

✗ 오답 풀이 ① 〈제1수〉의 '내 벗이 몇인가 하니'(물음) '수석과 송죽이라.'(답)에서 문답법을 사용해 화자의 벗을 제시하고 있다. ② 물, 바위, 소나무, 대나무, 달의 다섯 가지 자연물을 화자의 벗으로 의인화하여 친밀감을 드러내고 있다. ③ 〈제2수〉(구름, 바람 ↔ 물), 〈제3수〉(꽃, 풀 ↔ 바위), 〈제4수〉(꽃, 잎 ↔ 솔)에서 자연물의 대조를 통해 화자가 예찬하는 대상의 특성을 부각하고 있다. ⑤ 이 시는 평시조 여섯 수가 모여 이룬 연시조이다. 시조는 종장의 첫 음보를 세 글자로 고정하는 형식적 특징이 있다.

02 〈제5수〉에 제시된 대나무의 속성은 곧고 속이 비어 있으며 사시에 푸른 것이다. 곧음과 사계절 푸른 속성은 지조와 절개를, 속이 비어 있는 것은 욕심 없고 청렴함을 의미한다. '유연성'은 '딱딱하지 아니하고 부드러운 성질'을 뜻하므로 이 시에서 말하는 대나무의 속성과 거리가 멀다.

03 시조의 '음보'는 한 호흡으로 읽히는 단위이다. 이 시는 4음보, 즉 각 장을 네 마디로 끊어 읽는 것이 자연스럽다. ③은 '풀은∨어이하여∨푸르는 듯∨누르나니'로 끊어 읽는 것이 적절하다.

04 '안분지족'은 편안한 마음으로 제 분수를 지키며 만족할 줄을 안다는 뜻이다. 〈제1수〉의 종장을 통해 화자가 욕심을 부리지 않고 자연의 다섯 벗에 만족하고 있음을 알 수 있다.

✗ 오답 풀이 ① 한 가지 일에만 얽매여 발전을 모르는 어리석은 사람을 비유적으로 이르는 말 ③ 말을 타고 달리며 산천을 구경한다는 뜻으로, 자세히 살피지 아니하고 대충대충 보고 지나감을 이르는 말 ④ 쓴 것이 다하면 단 것이 온다는 뜻으로, 고생 끝에 즐거움이 옴을 이르는 말 ⑤ 겉으로는 복종하는 체하면서 내심으로는 배반함

05 화자는 다섯 벗의 속성을 예찬하며 바람직한 인간상을 드러내고 있다. 즉 화자는 다섯 가지 자연물을 극복해야 할 대상이 아니라 칭송하고 본받아야 할 대상으로 인식하고 있다.

Ⅱ 소설 문학

개념 확인 문제
p. 58~61

1 ④ 2 × 3 배경 4 절정 5 × 6 ①, ⑤ 7 (1) 간
접 제시 (2) 직접 제시 8 내적 9 개인과 개인의 외적 갈등
10 ○ 11 사회적 12 1인칭 13 1인칭 주인공 시점
14 ②

1 소설은 작가가 현실 세계에 있음 직한 일을 상상하여
꾸며 쓴 글이다.
　✘**오답 풀이**　① 논설문 ② 설명문 ③ 전기문 ⑤ 시에
대한 설명이다.

2 인물, 사건, 배경은 '구성'의 3요소이다.

3 제시된 글에는 '궁전 아파트'라는 공간적 배경이 드러
나 있다.

5 사건을 '현재 – 과거 – 현재'의 순서로 구성한 것은 자
연적인 시간의 흐름에 따른 것이 아니므로 역순행적
구성이다.

6 주인공인 심청은 소설에서 차지하는 비중이 크므로
중심인물이며, 당시 사회의 효녀라는 특정 집단을 대
표하는 전형적 인물이다.

7 (1)은 바우의 겉모습과 행동을 통해 성격과 심리를 드
러내고 있으므로 간접 제시이다. (2)는 '원망스러웠다'
라고 바우의 심리를 직접 나타내고 있으므로 직접 제
시이다.

9 제시된 글에는 소음 문제로 아래층 사람과 위층 사람
이 갈등하고 있는 상황이 나타나 있다.

12 작품 안에 위치하는 서술자는 작품 속에서 '나'라는 1
인칭 시점으로 이야기를 전달한다. 서술자 '나'가 주
인공일 경우 1인칭 주인공 시점이고, 주인공이 아닐
경우 1인칭 관찰자 시점이다.

13 제시된 소설에서는 작품 속의 '나'가 자신의 이야기를
서술하고 있다.

14 고전 소설의 사건은 대부분 우연적이고 비현실적이
다.

01 하늘은 맑건만
p. 63~69

01 ③ 02 ① 03 ④ 04 ③ 05 ⑤ 06 ③ 07 ②
08 ① 09 ⑤ 10 ③ 11 ④ 12 ⑤ 13 ④ 14 ④
15 하늘 16 ③

01 이 글은 현실에 있음 직한 일을 작가의 상상력을 통
해 꾸며 낸 소설이다. 즉 소설에 등장하는 인물, 사
건, 배경 등은 모두 글쓴이가 창조한 것이므로 ③은
소설을 감상하는 방법으로 적절하지 않다. 글쓴이가
겪은 일과 깨달음이 사실적으로 드러나는 것은 수필
이다.

02 [가]에서 문기는 삼촌에게 훈계를 들은 후 자신이 저
지른 잘못에 대해 양심의 가책을 느끼며 내적 갈등
을 겪고 있다.

03 ㉣은 삼촌의 기대에 어긋나게 행동한 자신에게 부끄
러움을 느낀 문기의 심리가 드러나는 부분이다.

04 문기는 잘못 받은 거스름돈을 써 버린 자신의 잘못
을 바로잡고 양심을 되찾기 위해 공을 버리고 남은
돈을 고깃간집 안마당에 던진 것이다.

05 문기는 남은 거스름돈을 가져오라는 수만이의 협박
에 못 이겨 숙모의 돈을 훔치게 된다. 수만이 때문에
문기는 또 잘못을 저지르게 되어 죄책감에 시달리게
되고 내적 갈등이 심화된다.
　✘**오답 풀이**　① 문기는 글의 주인공으로서 작가가 표
현하고자 하는 주제를 실천하는 역할을 한다. ② 자신
을 괴롭히는 수만이에게 적극적으로 대응하지 못하는
것에서 문기의 순진하고 소심한 성격이 드러난다. ③
수만이는 작가가 표현하고자 하는 주제와 반대되는
성향을 지닌 인물로, 문기와 대립하여 갈등을 일으킨
다. ④ 문기의 약점을 잡아 협박하고 돈을 가져오라고
요구하는 행동에서 수만이의 비열하고 욕심 많은 성
격이 드러난다.

06 [라]에서 문기는 도둑질했다고 소문을 내겠다는 수
만이의 협박을 받는다. 또 수만이가 칠판에 쓴 낙서
를 보고 크게 놀라고 앞이 캄캄한 기분을 느낀다. 즉
문기는 수만이의 끈질긴 협박과 괴롭힘에 불안함과
두려움, 초조함을 느끼고 있다. 그러나 아쉬움을 느
끼고 있지는 않다.

07 문기가 범한 '첫 번째 허물'은 잘못 받은 거스름돈을
써 버린 것이고, '두 번째 허물'은 숙모의 돈을 훔친
것이다.

08 ⓐ는 맥락상 문기가 집 안에서 남몰래 어떤 나쁜 짓
을 저지를 수 있는 상황임을 나타낸다. 숙모가 뒤꼍
에 있었기 때문에 아무도 없는 집 안에서 문기가 돈
을 훔치게 된 것이다.

09 [자]에서 선생님은 단순히 수신 시간에 맞는 주제로
수업을 한 것이다. 하지만 문기는 죄책감에 시달리

고 있었기 때문에 선생님이 자신을 나무라는 것처럼
느꼈다.

10 ㉠은 점순이가 돈을 훔쳤다는 소문이 퍼졌다는 의미
이므로, 말의 전파가 빠르다는 의미의 '발 없는 말이
천 리 간다.'가 어울린다. ㉡은 문기가 죄책감 때문
에 선생님이 자신을 나무라는 것처럼 느끼는 것이므
로, '지은 죄가 있으면 자연히 마음이 조마조마해짐'
을 비유적으로 이르는 '도둑이 제 발 저리다'가 어울
린다.

✕오답 풀이

• 뿌린 대로 거둔다 : 일을 벌이면 그 결과를 감수하
여야 한다는 말.

• 방귀 뀐 놈이 성낸다 : 자기가 방귀를 뀌고 오히려
남보고 성낸다는 뜻으로, 잘못을 저지른 쪽에서 오히
려 남에게 성냄을 비꼬는 말.

• 될성부른 나무는 떡잎부터 안다 : 잘될 사람은 어
려서부터 남달리 장래성이 엿보인다는 말.

• 모로 가도 서울만 가면 된다 : 수단이나 방법은 어
찌 되었든 간에 목적만 이루면 된다는 말.

11 ㉢은 문기가 맑은 하늘을 쳐다보기 힘들 만큼 자기
양심을 속인 것에 대해 죄책감을 느끼고 부끄러워하
고 있음을 나타낸다.

12 ㉣는 떳떳해지고 싶은 문기의 심리를 직접 제시하고
있다. 반면 ⓐ, ⓑ, ⓒ, ⓓ는 문기의 행동을 통해 죄
책감에 괴로워하는 심리와 착하고 소심한 성격을 간
접 제시하고 있다.

13 이 글은 작품 밖의 서술자가 신과 같은 위치에서 인
물의 심리까지 서술하는 전지적 작가 시점의 소설이
다. ④는 1인칭 주인공 시점에 대한 설명이다.

✕오답 풀이 ① 정직한 삶이 중요하다는 교훈적인 주
제가 담겨 있다. ② 갈등의 진행 과정에 따라 문기가
느끼는 죄책감, 두려움, 부끄러움 등이 세밀하게 드러
나 있다. ③ '수신 시간', '책보', '일 원' 등은 1930년대
의 시대적 배경을 드러내는 어휘이다. ⑤ 거스름돈을
잘못 받은 일에서 비롯한 갈등은 현실에서 충분히 일
어날 법한 일이다.

14 [하]에서 문기는 자신이 잘못한 일들을 삼촌에게 모
두 고백하고 마음의 짐을 덜어 낸다.

✕오답 풀이 ① 문기가 볼 때 선생님은 학교에서 엄하
고 딱딱하게 느껴졌다. ② 문기는 자기도 모르게 찻길
로 들어갔다가 교통사고를 당한다. ③ 문기는 자신의
잘못을 고백하기 위해 선생님을 찾아갔다. ⑤ 꿈이 아
니라 실제로 삼촌과 이야기를 나누었다.

15 '하늘'은 문기의 마음을 비추는 거울이자 양심을 상
징하는 소재로, 죄책감('마음속의 어둠')에 괴로워하
는 문기의 심리 상태와 대조를 이룬다. 문기는 잘못
을 고백하기 전에는 맑고 푸른 하늘을 쳐다보기 두
려웠지만, 죄책감에서 벗어나 양심에 거리낌이 없어
진 뒤에는 하늘을 떳떳이 쳐다볼 수 있는 마음을 갖
게 된다.

16 이 글은 '양심을 갖고 정직하게 살자'라는 주제를 담
고 있으므로 '부끄러움 없는 삶에 대한 소망'을 노래
하는 ③의 시와 가장 관련이 깊다.

✕오답 풀이 ① 모란(소망)에 대한 기다림 ② 조국 광
복에 대한 염원 ④ 이상향에 대한 동경 ⑤ 고려 왕조
에 대한 충성을 노래하는 시이다.

 p.70

1 거스름돈 **2** 돈 **3** 수만 **4** 죄책감 **5** 외적 **6** 미안
함 **7** 수신

---

02 멍키 스패너   p. 73~79

01 ②	02 ②	03 ④	04 혹	05 ⑤	06 ③	07 ③
08 ⑤	09 ①	10 ②	11 멍키 스패너	12 ③	13 ⑤	
14 ⑤	15 ④	16 유리컵				

01 '나'는 엄마가 집을 비운 사이에 어린 동생 '한아'를
보살피며 생활하고 있다. 이 글에 '나'와 한아가 갈
등을 일으키는 내용은 나타나 있지 않다.

02 '나'는 엄마가 집을 비운 사이에 자기 마음대로 편하
게 지낼 수 있을 것이라고 기대하고 있다.

03 ㉠은 화장실 전등불이 나간 데 이어 세면대가 막히
는 등 안 좋은 일이 계속 생기는 상황을 나타내고 있
다. 이러한 상황과 어울리는 한자 성어는 '눈 위에
서리가 덮인다는 뜻으로, 난처한 일이나 불행한 일
이 잇따라 일어남을 이르는 말'인 '설상가상'이다.

✕오답 풀이 ① 귀가 솔깃하도록 남의 비위를 맞추거
나 이로운 조건을 내세워 꾀는 말 ② 고생 끝에 즐거
움이 옴을 이르는 말 ③ 좋은 일 위에 또 좋은 일이 더
하여짐을 이르는 말 ⑤ 재앙과 근심, 걱정이 바뀌어
오히려 복이 됨

04 '혹'은 '짐스러운 물건이나 일 따위를 비유적으로 이

르는 말'이다. '나'는 밥 달라고 부르는 동생이 귀찮아서 동생을 '혹'에 비유하고 있다.

05 이 글은 산문 문학인 소설이다. 생각이나 느낌을 운율이 있는 언어로 압축하여 표현하는 것은 시이다.

06 이 글은 작품 속의 '나'가 자신의 이야기를 직접 하는 1인칭 주인공 시점을 취하고 있다. '나'가 중심인물(주인공)을 관찰하여 서술하는 것은 1인칭 관찰자 시점의 특징이다.

07 '나'가 문제를 해결하기 위해 찾아간 곳은 철물점과 관리 사무소이며, 외숙모 댁은 저녁을 먹으러 간 것이다. 그나마 임신한 외숙모가 걱정할까 봐 세면대 문제를 말하지도 않았다.

08 '나'는 외숙모가 문제 해결에 도움이 되지 않을 것이라고 생각한 것이 아니라, 임신한 외숙모에게 부담을 줄까 봐 걱정이 되어 말을 하지 않은 것이다.

09 '나'는 근심하는 한아의 눈동자를 보고 자신도 모르게 직접 고치겠다고 말하고 있다. 동생을 아끼는 마음에 스스로 고치겠다고 결심한 것이다.

10 '나'가 자전거 가게에서 멍키 스패너를 빌린 것은 스스로 문제를 해결하고자 하는 적극적인 태도를 보여 주므로, 이를 의존적이라고 판단하는 것은 알맞지 않다.

11 '나'는 멍키 스패너를 이용해 스스로 세면대 문제를 해결하면서 한층 성장하는 과정을 겪게 된다. 멍키 스패너는 이러한 '나'의 성장을 상징하는 물건이라고 할 수 있다.

12 ㉢은 배수관을 분리해 냄새가 지독하자, '나'가 한아에게 밖에 나가 있으라고 말한 것이다. 이는 '나'가 한아를 성가시게 여긴 것이 아니라, 한아를 아끼고 배려하는 마음에서 한 말이다.

13 이 글의 '나'는 세면대를 고치는 과정에서 만년철물점 할머니와 자전거 가게 사장님 등의 도움을 받고 있다. 따라서 문제가 생기면 다른 사람의 도움 없이 혼자서 해결하겠다는 의견은 적절하지 않다.

14 '나'는 세면대를 고치는 과정에서 문제를 스스로 해결하려는 노력이 중요함을 깨닫고 한층 성장한 모습을 보인다. 이 글에 서로 의견이 다른 사람을 설득하는 내용은 나타나 있지 않다.

15 ⓐ는 스스로 동영상을 찾아보고 멍키 스패너를 빌려

세면대를 고친 후에 '나'가 한 말이다. 이는 스스로 문제를 해결했다는 '나'의 자신감을 나타내는 표현이다.

16 '나'는 주스는 유리컵에 마셔야 더 맛있고 더 멋있는데, 함께 세면대를 고친 한아도 그 맛과 멋을 누릴 자격이 있다고 생각하고 있다. 그리고 '나'가 엄마의 당부에도 불구하고 한아에게 유리컵을 준 것은 언제까지나 문제 상황을 피하기만 할 수는 없다고 생각했기 때문이다.

작품 **한눈에 보기**　　　p. 80

1 주인공　**2** 시간　**3** 자전거　**4** 고마움　**5** 멍키 스패너
6 성장

03　자전거 도둑

p. 83~89

01 ⑤　**02** ④　**03** ①　**04** ②　**05** ⑤　**06** 자전거를 빼앗기는 것　**07** ③　**08** ④　**09** ⑤　**10** ②　**11** ③　**12** ①　**13** ⑤　**14** ③　**15** 누런 똥빛　**16** 마침내, 빛났다　**17** ②, ④

01 이 글은 소설로, 주인공은 작가가 상상력을 발휘하여 만들어 낸 허구적 인물이다. 글 속의 '나'와 글쓴이가 일치하는 글은 수필이다.

02 [다]에 '수남이의 부지런함은 이 근처에서도 평판이 자자했다.'라고 서술되어 있다.

✘**오답 풀이**　① 수남이는 서울에 올 때 교과서와 참고서를 챙겨 왔고, 일이 끝나 혼자가 된 늦은 밤에 공부를 할 정도로 공부에 관심이 있다. ② 수남이는 '점원이 적어도 세 명은 있어야 해낼 가게 일을 혼자서' 해내고 있다. ③ 수남이는 온종일 일하느라 바빠 낮 동안 책은커녕 신문 한 귀퉁이 읽은 적이 없다. ⑤ 수남이는 주인 영감에게 고마운 마음을 갖고 있다.

03 주인 영감은 돈을 아끼기 위해 점원 세 명이 할 일을 어린 수남이 한 명에게 시키고 있다. 이를 통해 주인 영감의 이기적이고 인색한 성격을 알 수 있다. 사람을 잘못 채용했다가 수남이가 나쁜 물이 들 수 있다는 말은 수남이를 위하는 척하며 겉으로 둘러대는 핑계에 불과하다.

04 주인 영감은 공부에 대한 수남이의 꿈을 알아주고 위해 주는 척하면서 수남이를 혹사시킨다. ㉠ 역시 주인 영감이 수남이를 더 부려 먹기 위해 사실도 아닌 말로 수남이를 치켜세우는 것이다.

05 구경꾼들이 신사가 더욱 화를 내기를 바란다는 내용은 글에 나타나지 않는다. 구경꾼들은 수남이가 울거나 펄펄 뛰며 욕을 하기를 기다리는 듯 계속 자리를 지키다가 수남이에게 도망가라고 부추기고 있다.

✘**오답 풀이** ② 수리비를 요구하며 수남이의 자전거 바퀴에 자물쇠를 채우고 가 버리는 모습에서 신사의 인정 없고 냉정한 성격이 드러난다. ③ 물건 대금으로 받은 만 원은 주인 영감에게 가져다줄 돈이기 때문에 수남이는 '그 돈만은 죽기를 무릅쓰고 지킬 각오'를 한다. ④ 모든 구경꾼이 수남이의 편이 되어 자전거를 들고 도망가라고 부추긴다.

06 신사는 수남이가 돈을 가져올 때까지 자전거를 잡아 두기로 한다. 자전거를 빼앗기는 것은 수남이가 전혀 예상하지 못한 상황이다.

07 [바]에서 수남이는 구경꾼들의 부추김에 용기를 얻어 자전거를 들고 도망침으로써 갈등을 해결한다.

08 [마]에서 수남이는 난감함과 막막함에 '바보가 돼 버린 아이처럼 조용히 멍청히' 서 있는다. 그리고 [바]에서 자전거를 들고 '타고 달릴 때보다 더 신나게' 달리며 쾌감을 느낀다.

09 수남이는 자신의 잘못된 행동을 꾸짖지 않고 오히려 통쾌해하며 칭찬하는 주인 영감에게 실망한다. 주인 영감이 속물적이고 비도덕적인 사람이라는 것을 깨달은 수남이는 주인 영감의 얼굴이 '누런 똥빛'이라고 느끼게 된다.

10 [아]에서 수남이는 평소 좋아하던 주인 영감의 손길이 싫다고 느낀다. 이를 통해 수남이가 잘못을 저지른 자신의 행동을 칭찬한 주인 영감에게 실망감과 거부감을 느끼고 있음을 알 수 있다.

11 수남이가 평소와 달리 책에 집중하지 못한 이유는, 낮에 자전거를 들고 도망친 일이 마음에 걸렸기 때문이다. 수남이는 책을 집어 던지고 자신의 행동을 떠올리며 내적 갈등을 겪는다.

12 [자]에서 수남이는 자신이 낮에 한 행동이 과연 옳은 짓이었는지 생각하며 내적 갈등을 겪고 있다. 이와 같은 갈등 양상이 드러난 것은 놀이공원과 야구장을 두고 혼자 고민하고 있는 ①이다.

✘**오답 풀이** ② 개인과 집단 간의 외적 갈등 ③ 개인과 사회 간의 외적 갈등 ④ 개인과 개인 간의 외적 갈등 ⑤ 집단과 집단 간의 외적 갈등

13 이 글은 현재 서울에서 일하고 있는 수남이가 자전거를 들고 도망친 일로 갈등하다가, 형과 아버지에 대한 과거를 회상하고, 다시 현재로 돌아오는 입체적 구성 방식을 취하고 있다.

✘**오답 풀이** ① 서울에 실제로 있었던 세운 상가를 배경으로 한다. ② 이 소설의 주된 갈등은 인물 간의 외적 갈등과 수남이의 내적 갈등이다. ③ [차]~[타]는 절정 단계에 해당한다. ④ 작품 밖의 서술자가 인물과 사건의 모든 것을 전달하는 전지적 작가 시점을 취하고 있다.

14 수남이가 서울을 떠나 고향으로 돌아가려고 하는 것은 도덕성과 양심을 회복하기 위해서이다. 수남이는 자신을 도덕적으로 견제해 줄 어른 즉 아버지가 있는 고향으로 돌아갈 것을 결심하고 짐을 꾸린다.

✘**오답 풀이** ① 수남이의 아버지는 무슨 짓을 하든 도둑질은 하지 말라고 당부하였다. ② 수남이는 '그 도둑놈과 형제간이란 게 두고두고 생각해도 몸서리가 쳐졌다.'며 형을 수치스러워했다. ④ 수남이는 자전거를 들고 도망치며 쾌감을 느낀 것이 자기 내부에 자리 잡은 부도덕성 때문임을 깨닫고 고민한다. ⑤ 수남이는 자신의 부도덕성 때문에 앞으로 형처럼 도둑질을 할지도 모르겠다고 생각한다.

15 부도덕하고 비양심적인 인물의 모습을 '누런 똥빛' 얼굴로 표현하였다.

16 얼굴에서 '누런 똥빛'이 말끔히 가시고 '소년다운 청순함'으로 빛나게 되었다는 것은 수남이의 마음속 갈등이 해소되었음을 외양 묘사를 통해 나타낸 것이다.

17 이 글은 주인공 수남이가 겪는 갈등과 그 해소 과정을 통해 도덕성과 양심을 추구하는 삶의 태도를 강조하고 있으며, 아울러 수남이와 같은 아이들을 도덕적으로 견제해 줄 어른의 필요성을 말하고 있다.

<table>
<tr><td colspan="3">작품 한눈에 보기</td><td align="right">p.90</td></tr>
</table>

1 부도덕성 **2** 입체적 **3** 신사 **4** 도둑질 **5** 주인 영감
6 외적 **7** 죄책감 **8** 자전거

04 동백꽃 p.93~99

01 ③, ④ **02** ① **03** ② **04** ③ **05** ④ **06** ④ **07** ④ **08** 그렇잖아도, 굼실거린다 **09** ③, ⑤ **10** ⑤ **11** ⑤ **12** ① **13** ④ **14** ④ **15** ③ **16** ③ **17** ⑤

01 이 글은 1인칭 주인공 시점으로, 작품 속에 등장하는 인물 '나'가 자신의 관점에서 이야기를 전달한다. ③은 작가 관찰자 시점, ④는 전지적 작가 시점에 대한 설명이다.

❌**오답 풀이** ⑤ 주인공 '나'의 시점으로 서술되므로 다른 인물에 대해서는 '나'가 보고 느낀 대로 제시된다. 이 글의 경우 독자는 '나'가 전달해 준 점순이의 모습을 통해 점순의 심리를 추측하게 된다.

02 '나'는 이성에 관심이 없는 어수룩하고 순박한 인물로, 자신을 향한 점순이의 관심조차 눈치채지 못하고 있다.

❌**오답 풀이** ② [나]의 '남 울타리 엮는 데 쌩이질을 하는 것은 다 뭐냐.'에서 알 수 있다. ③ 나흘 전 '감자'를 건네며 관심과 애정을 표현했던 점순이가 현재는 '나'를 괴롭히는 것으로 보아 갈등 원인이 '감자'와 관련 있다고 짐작할 수 있다. ④ [가]의 '요새로 들어서서 왜 나를 못 먹겠다고 그렇게 아르렁거리는지 모른다.'에서 알 수 있다. ⑤ [가]에서 '오늘도' 닭싸움이 붙은 현재 상황을 이야기하고, [나]에서는 '나흘 전' 이야기를 하고 있다.

03 ⓒ은 짐승을 아끼는 마음 때문이 아니라, 점순네(마름)의 눈치를 보아야 하는 자기 집(소작농)의 처지를 의식하여 한 행동이다.

04 당연한 것을 왜 묻냐는 듯 다소 퉁명스럽게 내뱉는 것으로 보아 '나'는 무뚝뚝하고 꾸밈없는 성격임을 알 수 있다.

05 [바]의 '본시 부끄럼을 타는 계집애도 아니거니와, 또한 분하다고 눈에 눈물을 보일 얼병이도 아니다.'를 통해 점순이 본디 눈물이 많거나 부끄럼을 잘 타는 성격이 아님을 알 수 있다.

06 [마]에서 점순은 자신의 호의를 거절당한 것이 화가 나고 무안하기도 하여 얼굴이 빨개진 채 달아난 것이다. '초조함'(닥쳐올 일이 염려되어 마음이 조마조마함)은 이러한 상황에서 짐작할 수 있는 점순의 심리로 적절하지 않다.

07 '나'가 점순의 호의를 거절한 이유는 점순이 감자를 주면서 "느 집엔 이거 없지?"라고 말했기 때문이다. [사]에 따르면 점순네는 마름이고 '나'의 집은 소작농이어서 평소에도 '나'의 가족은 점순네 집에 굽실거린다. 그런데 점순이 감자를 주면서 생색내는 소리를 하자, '나'는 자존심이 상해서 거절한 것이다.

08 '그렇잖아도 저희는 마름이고 우리는 그 손에서 배재를 얻어 땅을 부치므로 일상 굽실거린다.'에서 점순네 집과 '나'의 집이 마름과 소작농의 관계임이 직접적으로 드러난다.

09 이 글은 강원도 사투리를 사용하여 향토적인 분위기를 형성하고, 작품의 공간적 배경과 등장인물들을 생생하게 느끼게 한다.

❌**오답 풀이** ① 이 글에서 시대적 배경을 드러내는 요소는 점순네와 '나'의 집이 각각 마름과 소작농이라는 점이다. 이는 1930년대의 시대 상황을 반영하고 있다.

10 '나'는 쌈닭에게 고추장을 먹이면 기운이 뻗친다는 말을 떠올리고, 점순네 닭과의 싸움에서 제집 닭이 이기게 하기 위해 고추장을 먹인 것이다.

11 점순이는 저희 집 울안에서 일을 하다가 닭싸움이 붙은 상황을 보았을 뿐, '나'가 닭에게 고추장을 먹이는 모습은 보지 못했다.

❌**오답 풀이** ① '한번은 어쩐 일인지 용을 쓰고 ~ 그 대강이에서도 피가 흐르지 않을 수 없었다.'에서 알 수 있다. ② '나'의 닭은 잠깐의 공격 뒤에 다시 점순네 닭에게 연거푸 쪼인다. ③ '나'는 '고추장을 좀 더 먹였더라면 좋았을 걸'이라고 생각하며 닭에게 고추장을 더 먹인다. ④ 제집 닭에게 고추장을 먹인 뒤 '나'가 먼저 점순네 수탉과 싸움을 붙였다.

12 '나'는 고추장을 먹인 자기네 닭이 힘을 내서 점순네 닭을 공격하자 기쁘고 신이 난다. 이는 [A]의 '신이 머리끝까지 뻗치었다.'에서 직접적으로 드러난다.

13 '연거푸'는 '잇따라 여러 번 되풀이하여'라는 뜻이다.

14 이 글은 산골 마을을 배경으로 사춘기 소년과 소녀의 순박한 사랑을 그린 소설이다. 마름과 소작농이 있었던 1930년대의 사회적 상황이 반영되어 있긴 하지만, 이에 대한 비판은 나타나지 않는다.

❌**오답 풀이** ① 산골 마을이라는 배경, 노란 동백꽃과 같은 소재를 통해 시골의 분위기가 잘 드러난다. ⑤ "이담부턴 안 그럴 테냐?"라는 점순의 물음에 의미도 모른 채 무턱대고 대답하고 점순의 애정 표현을 깨닫지 못하는 '나'의 어수룩한 모습이 웃음을 유발한다.

15 '닭싸움'에는 '나'에 대한 점순의 관심과 원망이라는 두 가지 의미가 담겨 있다. '닭싸움'은 '나'와 점순의 갈등을 고조시키다가 두 사람이 화해하는 계기로 작용한다.

❌**오답 풀이** ① '감자'는 '나'에 대한 점순의 애정 표현이자, '나'와 점순의 갈등을 유발하는 소재이다.

16 ㉠은 감자 사건과 같은 일이 되풀이되지 않길 바라
는 마음에서 점순이 던진 물음이다. 즉 자신의 호의
를 거절하거나 자신의 마음을 몰라주어서 속상하게
하지 말라는 의미가 담겨 있다.

17 ㉡은 향토적이고 서정적인 분위기를 형성하며, '나'
와 점순의 화해와 풋풋한 사랑을 상징적으로 드러낸
다. 즉 '노란 동백꽃'은 이 글의 주제를 드러내는 중
심 소재로, 꽃처럼 금방 지는 짧은 사랑과는 관련이
없다.

작품 한눈에 보기　　　　　　　　　　　　p. 100

1 주인공　**2** 웃음　**3** 감자　**4** 동백꽃　**5** 닭싸움　**6** 향
토　**7** 소작농　**8** 마름

05　고무신

p. 103~107

01 ②　　**02** ②　　**03** ④　　**04** ①, ④　　**05** ③　　**06** ④　　**07**
남이 아버지　　**08** ③　　**09** ②　　**10** ③　　**11** ②

01 엿장수는 남이가 벌에 쏘일까 봐 걱정이 되어 벌을
잡은 것이지, 남이의 관심을 다른 데로 돌리려는 목
적으로 벌을 잡은 것이 아니다.
　✘ 오답 풀이　① 대뜸 신을 내놓으라는 남이에게 은근
한 말투로 웃으며 반응하고, 신이 없으면 새 신이라
도 사다 주겠다고 말하는 모습에서 엿장수가 남이에
게 관심과 호감을 가지고 있음을 알 수 있다. ③ "어
제 우리 집 아이들을 꾀어 간 옥색 고무신 말이오!"에
서 남이가 엿장수를 오해하고 있음이 드러난다.

02 ㉠~㉢은 불만스럽고 날카로운 남이의 태도가 묘사
된 부분이다. 이를 통해 남이가 화가 난 상태이며 엿
장수에게 적대감을 갖고 있음이 드러나고 있다.

03 남이는 손을 불고 털며 한 발로 뛰는 엿장수의 행동
이 우스웠던 것이지, 벌에 쏘인 것을 고소하게 여긴
것은 아니다.
　✘ 오답 풀이　① 엿장수가 웃는 모습을 '봄바람 맞는 수
양버들'에 빗대어 표현하였다. ② '그믐밤에 홍두깨'는
별안간 엉뚱한 말이나 행동을 함을 비유적으로 이르
는 말이다. ③ 엿장수가 벌에 쏘인 사건으로 인해 남
이와 엿장수는 갈등을 웃음으로 풀게 된다.

04 ① 철수는 대문 틈으로 집 안을 들여다보는 엿장수
의 모습에 그를 도둑으로 오해한 것이지 일부러 엿

장수를 도둑으로 본 것은 아니다. ④ [마]에서 엿장
수가 '강아지'를 언급한 것은 철수의 다그침에 당황
하여 얼떨결에 나온 말이다. 엿장수는 남이를 보러
철수네를 기웃거린 것이지 실제로 강아지를 구경하
는 것이 목적이 아니다.
　✘ 오답 풀이　② 엿장수의 머리와 옷차림이 달라진 것
에서 짐작할 수 있다. ③, ⑤ 길목, 개울 빨래터, 동네
우물가에서 도둑놈을 보았다는 마을 사람들의 소문을
통해 엿장수가 남이가 다니는 곳들을 자주 드나들며
도둑으로 오해받았음을 알 수 있다.

05 ㉠은 만물이 생동하는 봄 풍경의 묘사를 통해 남이
를 향한 엿장수의 연정도 커져 가고 있음을 간접적
으로 보여 주고 있다.

06 남이에게 연정을 품고 있는 엿장수는 남이를 만난
날에는 기뻐서 웃고(ⓐ) 남이를 만나지 못한 날에는
덤덤하게(ⓑ) 행동하였다.

07 남이 아버지의 등장으로 남이에게 새로운 사건이 일
어날 것임을 짐작할 수 있다.

08 [사]~[아]에서 남이는 아이들 밥은 누가 챙겨 줄지
걱정하고, 아이들과 헤어지는 것을 슬퍼한다. 또한
엿장수를 바라보는 눈에 '어두운 그림자'가 지나가는
것으로 보아 엿장수와의 이별에 아쉬움과 안타까움
을 느끼고 있다. '흐뭇함'(마음에 흡족하여 매우 만
족스러움)을 느끼는 모습은 드러나지 않는다.

09 ㉡은 곱게 차려 입고 떠날 채비를 마친 남이의 모습
을 본 엿장수의 반응이다. 이때 엿장수는 남이가 마
을을 떠나는 상황을 모르고 꽃놀이를 가는 것이라고
생각한다.

10 남이는 자신을 시집보내기 위해 갑자기 찾아온 아버
지와 함께 길을 떠나고 있으므로, 엿장수와 다시 만
날 날을 기약하고 있다고 볼 수 없다.

11 [차]의 '더구나 한 번도 신지 않은 새것을…….'에서
알 수 있듯이, 남이가 떠날 때 신은 '옥색 고무신'은
새 신이다. 따라서 윤이와 영이가 엿을 바꿔 먹은 신
대신에 엿장수가 새로 선물한 신이라는 것을 짐작할
수 있다.

작품 한눈에 보기　　　　　　　　　　　　p. 108

1 고무신　**2** 남이　**3** 울음 고개　**4** 엿장수　**5** 만남　**6**
이별　**7** 봄

06 꿩
p. 111~115

01 ④	02 ②	03 ③	04 ④, ⑤	05 ⑤	06 돌멩이
07 ②	08 ①, ③	09 ④	10 ③	11 ②, ③	12 ③

01 이 글은 현실에 있을 법한 이야기를 작가가 꾸며 쓴 소설이다.

❌**오답 풀이** ① '용이'는 작가가 창조한 인물이다. ⑤ 영화를 제작하기 위해 쓴 글은 시나리오이다.

02 용이 어머니는 용이가 아이들에게 괴롭힘당하는 것을 안타까워하며, 용이의 투정을 이해하고 공감하는 반응을 보이고 있다. 또 용이를 엄하게 꾸짖기보다는 달래고 설득하여 학교에 보내려고 한다. 이는 [다]의 "그놈 애들이 왜 그렇게 못살게 하나!", '밥숟갈을 들 생각을 않으시고 한숨을 쉬시더니', "야야, 너 아부지도 ~ 한 해만 참아라, 부디 한 해만……." 등에서 드러난다.

❌**오답 풀이** ④ [가]의 "순인 기집애라서 그래도 괜찮지. 사내가 국민학교도 졸업 못 하면 어떡할라고."라는 용이 어머니의 말에서 당시의 인식이 드러난다.

03 [다]에서 용이는 아이들의 책 보퉁이를 나르는 것이 부끄럽고 속상해서 학교에 가기 싫어한다. 그러다 한 해만 참으면 된다는 어머니의 말에 반가움과 희망을 느끼며 기뻐한다.

04 ④ '국민학교'는 초등학교의 이전 용어이므로, 소설의 배경이 '국민학교'라는 용어를 쓰던 때임을 알 수 있다. ⑤ '책 보퉁이'는 예전에 학생들이 가방 대신 학교에 들고 다니던 것으로, 소설의 시간적 배경인 1960년대 말~70년대 초의 상황을 드러내는 소재이다.

❌**오답 풀이** ① '냉이'는 계절적 배경이 봄임을 드러낸다. ② '산길'은 공간적 배경이 시골 마을임을 드러낸다.

05 [바]의 '모두 이런 말로 수군거리는 것 같았습니다.'에서 알 수 있듯이, 2, 3학년 아이들이 용이에게 들리도록 흉을 본 것이 아니라 자신의 처지를 부끄럽게 느낀 용이가 자신을 흉보는 것 같다고 추측한 것이다.

06 용이는 자신의 처지에 대한 속상함과 분노를 돌멩이를 던지는 것으로 표출하고 있다.

07 용이는 날아오르는 꿩을 보고 '어떤 힘', 즉 용기와 자신감이 마구 솟구친다. 이는 용이가 아이들의 책 보퉁이를 던지고 당당해지는 변화를 일으킨다.

❌**오답 풀이** ①, ③ 용이가 돌멩이를 골짜기 아래로 던

진 것과 책 보퉁이를 짓밟고 싶은 충동을 느낀 것은 꿩을 보기 전의 일이다. ④ 용이는 꿩의 모습에 감탄하고 용기를 얻었을 뿐, 아이들에 대한 우월감은 느끼지 않았다. ⑤ 용이는 자신의 책 보퉁이만 둘러매고 고갯마루를 올라갔다.

08 이 글에서 용이는 아이들의 책 보퉁이를 나르는 스스로를 못난 아이라고 생각하며 내적 갈등을 겪는데, 이는 꿩을 보고 용기를 얻어 책 보퉁이를 집어 던지는 것으로 해소된다. [아]에는 내적 갈등이 해소되어 가슴이 시원해진 용이의 상태가 드러나며, '내가 정말 못난이였구나! 이제 다시는 그런 짓 안 한다!'라며 이제까지 자신의 모습을 반성하는 심리가 드러난다.

09 [자]~[차]에는 책 보퉁이를 가져오지 않은 용이에게 화를 내며 빨리 가져오라고 몰아세우는 아이들과, 자신은 이제 못난 아이가 아니라며 당당히 맞서는 용이 사이의 외적 갈등이 나타나 있다.

10 [카]에서 아이들이 용이에게 더 맞서지 못한 이유는, 용이가 자신들의 요구를 군말 없이 들어주었던 지금까지와는 달리 당당한 태도로 대응했기 때문이다. 달라진 용이의 모습에 아이들도 더 이상 맞서지 않고 각자의 책보를 가지러 간 것이다.

11 [타]에는 갈등이 해소된 후 가슴을 펴고 웃으며 자신이 더 이상 못난 놈이 아니라고 말하는 용이의 모습이 나타나 있다. 이를 통해 용이가 자신감을 얻고 후련함을 느끼고 있음을 알 수 있다.

❌**오답 풀이** ⑤ '애틋함'은 '섭섭하고 안타까워 애가 타는 듯함.' 또는 '정답고 알뜰한 맛이 있음'을 뜻한다.

12 용이가 내일은 순이를 데리고 오겠다고 한 말에는, 아이들의 놀림으로 학교를 그만둔 순이도 자신감을 찾게 하겠다는 의도가 담겨 있다.

❌**오답 풀이** ② 아이들은 용이가 머슴의 자식이므로 용이도 머슴처럼 남이 시키는 일을 해야 한다고 생각하여 용이를 못살게 굴었다. ④ 갈등을 해소한 용이 앞에 펼쳐진 길이 '햇빛이 눈부신' 밝고 아름다운 곳임을 나타내어 용이의 미래가 밝고 희망차다는 것을 암시하고 있다. ⑤ 두 팔을 내저으며 학교를 향해 달려가는 용이의 모습을 '꿩이 소리치면서 날아오르는 모습'에 빗대어 표현하였다.

작품 한눈에 보기
p. 116

1 용기 **2** 사투리 **3** 꿩 **4** 머슴 **5** 내적 **6** 돌 **7** 부끄러움 **8** 당당함

p.119~123

01 ④	02 ③	03 ⑤	04 소인, 대감	05 ④	06 ④
07 까마귀가 세 번 울고 갔다		08 ②	09 ③	10 ④	
11 ④	12 ②	13 ⑤			

01 이 글은 엄격한 신분 제도와 적서 차별이 존재했던 당시 조선 사회의 현실을 다룬 사회 소설이다.

✗**오답 풀이** ① 이 글의 공간적 배경은 조선과 율도국이다. ② 최초의 한글 소설로 알려져 있다. ③ 작품 밖의 서술자가 이야기를 전달한다. ⑤ 조선 시대에 쓰인 고전 소설로, 역사적 사건을 제재로 하고 있지 않다.

02 홍 판서는 길동을 위로하면 방자해질까 염려되어 그를 꾸짖었을 뿐, 앞으로 길동을 보지 않겠다고 결심하지는 않았다.

✗**오답 풀이** ① 길동은 정실부인에게서 태어난 적자가 아닌 '천한 종의 몸에서 태어난' 서자이다. ② 호부 호형을 하고 싶은 길동과 그러한 길동을 꾸짖는 홍 판서의 외적 갈등이 [다]에 드러난다. ④ 홍 판서는 양반이고 길동은 종의 신분이다. ⑤ [다]의 "만물이 생겨날 때부터 ~ 어찌 사람이라 하겠습니까?"에서 알 수 있다.

03 당시 조선 사회에서는 적자와 서자를 차별하여, 서자는 자식으로 인정받지 못하고 벼슬길에 나아가는 데도 제약이 있었다. [나]에서 길동은 서자이기 때문에 공맹을 본받아 문관으로 벼슬에 나아갈 수 없는 현실에 한탄하고 있다. 따라서 ⑤는 당시 사회의 모습으로 알맞지 않다.

✗**오답 풀이** ① 양반과 종을 구분하였고, 적자와 서자를 구분하여 차별하였다. ② [다]의 "재상 집안에 천한 종의 몸에서 태어난 자식이 너뿐이 아닌데"에서 축첩 제도가 있었던 사회상이 드러난다. ③, ④ [나]의 "공맹을 본받지 못할 바에야, 차라리 병법이라도 익혀"에서 알 수 있다. '공맹'은 '공자와 맹자, 혹은 그들의 학문'을 의미한다. 당시에는 공자와 맹자의 학문(유학)을 중시하였기에, 이를 익혀 벼슬에 나아간 문관이 무관보다 더 대접받았다.

04 길동은 홍 판서의 아들이지만, 서자이기 때문에 자식으로 인정받지 못한다. 이에 따라 홍 판서를 '아버지'가 아닌 '대감'이라 부르고, 자신을 '소자'가 아닌 '소인'이라 칭한다.

05 [마]의 "근간에 곡산댁의 눈치를 보니 상공의 사랑을 잃을까 하여 우리 모자를 원수같이 알고 있습니다. 큰 화를 입을까 하오니~"에서, 길동이 자신과 어머

니를 시기한 곡산댁으로부터 화를 입을까 우려하고 있음을 알 수 있다.

✗**오답 풀이** ① 길동은 적서 차별의 한으로 집을 떠나고자 한다. ② '길산'처럼 출가하여 세상에 이름을 떨치려는 것일 뿐, 신비한 도술과는 관계없다. ③ 길동이 형을 '형'이라 부르지 못한 것은 적서 차별 때문이다. ⑤ 길동이 과거에 응시하고자 하는 내용은 나타나지 않는다.

06 ㉠에는 길동의 어머니가 지닌 현실 순응적 태도가 드러난다. 길동의 어머니는 양반가의 서자들이 천대받는 것을 어쩔 수 없는 현실로 받아들이고 있으며, 길동 역시 마음을 좁게 먹지 말고 이를 수용하기를 바라고 있다.

07 까마귀가 우는 소리를 들은 길동은 이를 괴이하게 여기며 불길하게 생각한다. 그리고 이후에 자객이 들이닥치므로, 까마귀의 울음은 길동에게 좋지 않은 사건이 일어날 것임을 암시하는 역할을 한다.

08 '고립무원'은 고립되어 구원을 받을 데가 없다는 뜻으로, 오도 가도 못하는 처지가 된 ㉡의 상황을 드러내기에 적절하다.

✗**오답 풀이** ① 출세하여 이름을 세상에 떨침 ③ 낮에는 농사짓고, 밤에는 글을 읽는다는 뜻으로, 어려운 여건 속에서도 꿋꿋이 공부함을 이르는 말 ④ 같은 자리에 자면서 다른 꿈을 꾼다는 뜻으로, 겉으로는 같이 행동하면서도 속으로는 각각 딴생각을 하고 있음을 이르는 말 ⑤ 같은 값이면 다홍치마라는 뜻으로, 같은 값이면 좋은 물건을 가짐을 이르는 말.

09 〈보기〉는 고전 소설의 전기성에 대한 설명이다. ⓓ, ⓔ는 길동이 도술을 부린 기이하고 신비로운 내용이다.

✗**오답 풀이** ⓐ 내적 갈등으로 괴로워하는 길동의 모습이다. ⓑ 길동이 차별받는 현실을 거부하고 집을 떠나겠다는 뜻을 밝힌 것이다. ⓒ 밤에 초를 켜고 주역을 공부하는 모습이다.

10 이 글은 고전 소설이다. 고전 소설은 일반적으로 전지적 작가 시점으로 서술된다.

11 [아]에서 길동은 "백성은 추호도 범하지 않고 각 읍 수령이 백성들을 들볶아 착취한 재물만 빼앗았을 뿐"이라고 하였다. 즉 길동은 백성이 아니라 탐관오리의 재물을 빼앗았다.

✗**오답 풀이** ② [사]에서 특재는 "초란이 무녀와 관상녀로 하여금 상공과 의논하고 너를 죽이려 한 것이니"라고 하여, 길동을 죽이는 것이 홍 판서와 의논된

일이라고 거짓말하였다. ③ [사]에서 특재는 길동의 재주를 신기하게 여겼으나 "어찌 나를 대적할 수 있겠느냐?" 하고 길동에게 달려들었다. ⑤ [아]에서 길동은 나라에서 자신을 잡으려 하자, 여덟의 가짜 길동을 만들었다.

12 길동은 차별받는 현실을 거부하고 집을 떠나 도적들의 우두머리가 된다. 즉 길동은 현실을 그대로 수용하고 받아들이는 것이 아니라, 현실의 문제를 비판하고 저항한다.

13 ㉠은 서술자가 작품에 직접 개입하여 인물과 사건에 대한 자신의 판단과 생각을 서술한 부분이다. 즉 ㉠은 길동의 상황이 가엾고 불쌍하다는 서술자의 생각이 제시된 것이다.

작품 한눈에 보기　　　　p. 124

1 고전　**2** 일대기　**3** 서자　**4** 도술　**5** 사회　**6** 비판적
7 호부 호형　**8** 유교

III 수필 문학

개념 확인 문제　　　　p. 128~129

1 ⑤　**2** 경수필　**3** ○　**4** ②　**5** ×　**6** ○

1 수필은 누구나 쓸 수 있는 비전문적인 글이다.

3 수필은 글쓴이의 인생관과 가치관이 드러나는 개성적인 문학이므로, 이에 주목하여 읽고 나아가 자신의 생각과 비교해 보는 것이 적절한 감상 방법이다.

4 ②는 자신을 학생회장으로 뽑아 달라고 설득하기 위한 연설문이다. 연설문은 설득을 목적으로 하는 글로 수필이 아니다.

　✘**오답 풀이** ① 기행문 ③ 편지글 ④ 일기 ⑤ 수기

5 수필 속의 '나'는 항상 글쓴이 자신이며, 수필은 소설과 달리 시점이 존재하지 않는다.

01 괜찮아　　　　p. 131~133

01 ②　**02** ③　**03** ①, ⑤　**04** ③　**05** ⑤　**06** ④　**07** ②　**08** 장애가 있는 친구가 세상과 함께할 수 있게 해 주었다.

01 수필은 내용이나 문체, 표현 방법 등에서 글쓴이의 개성이 드러나는 글이다. 따라서 단어의 사전적인 의미만을 생각하며 읽는 것은 수필을 읽는 방법으로 적절하지 않다. 글쓴이가 부여한 가치나 의미가 무엇일지 생각하며 읽는 것이 적절하다.

02 이 글의 '나'는 다리가 불편하여 목발을 짚고 지내야 했다. 그래서 한곳에 앉아서 하는 공기놀이 외에는 친구들과 함께 놀기가 힘들었다.

　✘**오답 풀이** ① '제기동에 있는 작은 한옥'에서 살았다는 내용은 있으나 외동딸인지는 알 수 없다. ② 가장 좋아한 놀이는 언급되지 않았다. ④ 친구들이 노는 것을 구경하고 놀이에 끼워 주려는 친구들의 배려를 받았으므로, 친구들과 어울리는 것을 꺼려했다고 보기 어렵다. ⑤ [라]에서 깨엿장수 아저씨를 만난 것은 우연이었으며, 이후 '나'가 깨엿장수 아저씨를 기다렸는지 여부는 글에 나타나 있지 않다.

03 글쓴이의 회상 속 골목의 풍경은 아이들이 시끌벅적하게 뛰어노는 놀이터로, 밝고 활기찬 분위기가 느껴진다(⑤). 또한 '나'에 대한 친구들의 세심한 배려와 '나'에게 깨엿을 주며 미소 짓는 깨엿장수의 모습 등을 통해 밝고 따뜻한 분위기를 느낄 수 있다(①).

04 글쓴이의 집은 골목 안에서 중앙이 아니라 구석 쪽이었는데, 그런데도 친구들은 글쓴이가 앉아 있는 계단 앞을 놀이 무대로 삼았다. 이는 다리가 불편하여 함께 뛰놀 수 없는 '나'가 소외감을 느끼지 않도록 친구들이 배려한 것이다. 따라서 ⓒ은 '나'를 배려한 친구들의 따뜻한 마음을 보여 주는 구절로 이해하는 것이 적절하다.

05 글쓴이는 '괜찮아'라는 말에서 희망과 용기를 얻었던 어린 시절의 경험을 소개하고, 어느 가수의 일화와 미국의 사업가 톰 설리번의 이야기를 통해 따뜻한 말 한마디가 인생에서 큰 힘이 될 수 있음을 말하고 있다.

06 [바]에 따르면 '괜찮아'는 용기를 북돋워 주는 말, 용서의 말, 격려의 말, 나눔의 말, 부축의 말이다. ④는 스스로의 행동을 반성하라는 의미의 말이므로 '괜찮아'의 의미와 거리가 멀다.

✗ 오답 풀이 ① 용기를 북돋워 주는 말 ② 격려의 말 ③ 나눔과 부축의 말 ⑤ 용서의 말

07 이 글의 '괜찮아'라는 말은 위로나 용서, 격려, 희망 등의 뜻을 담고 있는 말로, ②와 같이 호의를 보여 주는 상황에서 하기에는 어울리지 않는다.

08 '옆집에 새로 이사 온 아이'는 시력을 잃고 고립된 생활을 하던 톰 설리번에게 세상 밖으로 나올 수 있는 계기를 마련해 준 사람이고, '골목길 친구들'은 다리가 불편해 뛰놀지 못했던 '나'가 소외감이나 박탈감을 느끼지 않고 '세상에 정붙이게' 해 준 이들이다. 즉 ⓐ, ⓑ는 장애가 있는 친구에게 세상이 살 만한 곳이라는 희망을 주고 세상과 함께할 수 있도록 격려해 준 존재라고 볼 수 있다.

작품 한눈에 보기   p.134

1 회상   **2** 함께   **3** 괜찮아   **4** 희망   **5** 용서   **6** 부축

02   막내의 야구 방망이

p.137~139

01 ④   **02** ②   **03** ②   **04** ④   **05** ③   **06** ⑤   **07** ⑤
08 이튿날, 주었다

01 이 글은 글쓴이가 일상생활의 경험과 그에 대한 생각, 느낌을 자유롭게 쓴 경수필이다. 경수필은 감정적, 주관적, 개인적, 체험적 성격의 수필이고, 중수필은 사회적, 지적, 논리적 성격의 수필이다. ④는 중수필의 특징에 해당한다.

02 글쓴이가 막내를 염려하고 관심을 갖는 모습을 통해 막내를 사랑한다는 것을 알 수 있지만, 가족 구성원 중 막내를 가장 사랑하는지는 드러나지 않는다.

✗ 오답 풀이 ① 막내가 반 대항 야구 시합이 있다는 사실과 그 시합에서 꼭 이겨야 한다는 말을 하기 전까지, '나'는 막내가 별이 뜨고서야 집에 오는 것을 의아하게 여긴다. ⑤ 막내의 늦은 귀가가 반복되자 글쓴이는 막내가 취미 활동에 지나지 않을 야구에 지나치게 몰두하는 듯하여 걱정한다.

03 막내가 늦은 밤까지 야구 연습을 하고, 진지한 낯빛으로 "우리가 꼭 이겨야 해요."라고 말한 것에서 승리를 절실하게 바라고 있음을 알 수 있다.

✗ 오답 풀이 ④ [다]에는 막내가 상심한 모습이 드러나 있는데, 이는 아버지의 기대에 미치지 못해서가 아니라 친구들과 함께 세운 우승이라는 목표를 이루지 못했기 때문이다. ⑤ 막내가 야구 방망이를 사 달라고 글쓴이를 조르기는 했으나, 이는 야구 시합에 나가기 위한 특별한 이유 때문이다. 따라서 막내가 갖고 싶은 것을 꼭 가져야 직성이 풀리는 성격이라고 보기 어렵다. 어리광이 심하다는 근거 또한 글에 나타나 있지 않다.

04 막내는 야구 시합이 끝난 뒤 집에 와서 밥도 제대로 먹지 않고 이불을 뒤집어쓰고 눕는다. 이를 통해 막내가 야구 시합에서 우승하지 못했으며, 이 때문에 속상해하고 있음을 알 수 있다.

05 글쓴이는 뿔뿔이 흩어진 막내의 반 아이들이 다른 반 아이들에게 괄시를 받았다는 이야기를 듣긴 했지만 이를 비판하지는 않았다.

06 담임 선생님이 계실 때 막내와 반 아이들은 선생님과 함께 소풍도 가고(ⓒ) 운동회에서 다른 반과 당당하게 겨루기도 하며 즐겁게 지냈었다. 그런데 담임 선생님이 병으로 입원하여(ⓛ) 반이 해체되고(ⓐ) 다른 반 아이들의 괄시를 받자(ⓜ), 막내와 반 아이들이 원래의 반을 그리워하며 힘든 상황을 함께 극복하기 위해 야구 대회를 연 것이다(ⓔ).

07 [아]의 '막내와 그 애의 동무 애들의 초롱초롱한 눈 같은 맑고 푸른 별'이라는 표현에서 글쓴이는 '맑고 푸른 별'과 아이들을 동일시하고 있다. '맑고 푸른 별'은 어려움을 극복하고자 노력하며 성장해 나가는, 맑고 순수한 마음을 지닌 아이들에 대한 '나'의 믿음과 희망을 나타내는 소재이다.

08 글쓴이는 막내가 야구 연습에 매진하게 된 사정을 듣고 감동하여 막내를 존중하고 진심으로 응원하는 마음을 갖게 되었다. 이러한 심리 변화는 늦게 귀가하는 막내의 야구 방망이를 미더운 마음으로 소중하게 받아 주는 행동으로 드러난다.

> **작품 한눈에 보기** p. 140
>
> **1** 야구 **2** 심리 **3** 걱정 **4** 감동 **5** 야구 방망이 **6** 노력 **7** 맑고 푸른 별

신의 모습을 이처럼 '난생처음 봄을 맞는 장끼'에 빗대어 표현하였다.

05 이 글의 주제는 처음 자전거 타기에 성공한 경험을 통해 깨달은 삶의 진리로, 중간에 멈추지 않고 끝까지 노력하는 태도를 강조하고 있다. 이와 가장 부합하는 경험이 나타난 것은 ③이다.

> **작품 한눈에 보기** p. 144
>
> **1** 교훈적 **2** 자전거 **3** 막막함 **4** 내리막길 **5** 본능

03 어느 날 자전거가 내 삶 속으로 들어왔다 p.143

01 ⑤   **02** ③   **03** ④   **04** 난생처음 봄을 맞는 장끼
05 ③

01 글쓴이는 자전거를 처음 탄 경험을 통해 삶에 대한 깨달음을 얻었는데, 그 뒤에 시와 춤, 노래와 암벽 타기, 그리고 사랑이 모두 같은 원리에 따라 움직인다는 것을 깨달았다고 말한다. 즉 글쓴이는 자전거 타기뿐만 아니라 시, 춤, 노래, 사랑도 일단 시작한 것은 계속 노력을 하고, 경험을 쌓고도 잘 모를 때에는 본능에 맡기라는 개인적인 생각을 전하고 있다.

✗ 오답 풀이 ②, ③ 글쓴이가 자전거를 배우는 과정과 그에 따라 '걱정 – 막막함 – 쾌감'으로 변화되는 심리가 드러난다. ④ 어른이 된 글쓴이가 어린 시절의 경험을 회상한 내용으로, '농업용 자전거', '도랑', '똥통' 등에서 배경이 시골임을 짐작할 수 있다.

02 처음에 글쓴이는 무겁고 큰 농업용 자전거를 잘 탈 수 있을지 걱정되고 두려웠다([가]). 그리고 하루 종일 연습해도 자전거 타기에 계속 실패하자 막막한 마음이 들었다([나]). 그러다 동네로 돌아오는 길에 자전거에 올라 내리막길을 달리면서는 자전거 타기에 성공했다는 짜릿한 성취감과 삽시간에 어른이 된 듯한 쾌감을 느꼈다([다]).

03 글쓴이는 실패를 반복하면서도 포기하지 않고 노력한 끝에 자전거 타기에 성공하였다. 그리고 이러한 경험을 통해 계속 도전하고 끈질기게 노력하면 목표를 이룰 수 있다는 깨달음을 얻었으며, 이를 '세상을 움직여 온 비밀'이라고 표현하였다.

04 태어나 처음으로 봄을 맞는 장끼는 봄의 따스함과 생명력에 벅찬 감동을 느낄 것이다. 글쓴이는 자전거 타기에 성공하여 벅찬 감동으로 소리 지르는 자

02 '최대한 공손하게', '해쓱해져서 강마에에게 공손하게', '스스로도 당혹스러운', '말해 놓고 새삼 몸이 떨린다.'와 같은 지시문이 있으므로 ④가 적절하다.

03 강마에가 게으른 성격인지는 이 글에서 확인할 수 없다.

✗오답 풀이 강마에는 냉정한 태도로 건우를 내보내라고 요구하고 있다. 또 루미의 말을 통해 그가 그동안 단원들을 무시하며 함부로 대해 왔음이 드러나므로 ①, ③, ④를 확인할 수 있다. ⑤는 건우를 내보내지 않으면 지휘하지 않겠다고 말하는 것이나, 건우를 선택한 루미에게 '안간힘으로 애써 당당하게' 말하는 모습에서 드러난다.

04 '전 무엇보다 우리 단원들을 믿고, 배려하고, 같이 가 주는 사람이 제일 좋아요. 지금 저희한테 필요한 지휘자는 그런 사람이에요.'라는 대사에서 루미가 생각하는 바람직한 지휘자의 모습이 드러난다.

05 [다]에서 강마에는 '진심 어린' 태도로 '중요한 건 내가 관객에게 무엇을 전달하려고 하느냐, 그 마음, 그 느낌입니다.'라고 말하고 있다. 즉 강마에는 곡의 느낌을 살려서 감정을 담아 연주하는 것이 중요하다는 점을 단원들에게 말하고 있다.

✗오답 풀이 ① 단원들이 강마에의 강의를 듣는 상황으로, 갈등이 절정에 치닫고 있지 않다. ② 강마에의 대사와 단원들의 행동을 중심으로 전개되고 있다. ③ 단원들은 강마에의 설명이 어려워서 멍한 반응을 보인다. ④ 강마에는 '박자 맞추고, 음 안 놓치고, 그게 중요한 게 아닙니다.'라고 말하였다.

06 [다]에서 강마에는 새소리, 시냇물 소리, 따스한 햇살 등을 언급하며 단원들이 풍부한 느낌을 떠올려 보도록 유도하고 있다. 그러나 직접 연주를 한 것은 아니므로 ⑤는 적절하지 않다.

07 ㉠은 배경이 오케스트라 연습실에서 들판으로 변화하는 것을 나타낸 지시문이다. 이를 통해 드라마 대본이 공간적 제약에서 비교적 자유롭다는 점을 알 수 있다.

08 ㉣는 음향 효과를 나타낸 지시문이고, 나머지는 등장인물의 행동이나 표정에 대한 지시문이다.

작품 한눈에 보기 p. 154

1 갈등 **2** 대단원 **3** 건우 **4** 지휘자 **5** 강마에

Ⅳ 극 문학

개념 확인 문제 p. 148~149

1 ② **2** × **3** ⑤ **4** 대화 / 독백 / 방백 **5** ② **6** S#
7 내레이션

1 극은 서술자가 존재하지 않으며, 인물들의 대사와 행동을 통해 이야기가 전개되는 문학의 한 갈래이다.

2 '하강'은 갈등 해결의 실마리가 보이고 사건의 전환이 일어나는 단계이다. 사건이 마무리되고 인물의 운명이 결정되는 단계는 '대단원'이다.

3 희곡의 내용적 요소로는 등장인물, 그 인물들이 벌이는 사건, 사건이 일어나는 배경이 있다.

✗오답 풀이 ① 희곡은 연극의 대본이다. ② 무대라는 한정된 공간에서 상연하기 때문에 등장인물 수의 제약이 있다. ③ 구성단위는 '막'과 '장'이다. ④ '막'의 하위 단위가 '장'이다.

5 시나리오는 무대라는 한정된 공간에서 상연하는 것을 전제로 하는 희곡과 달리 촬영 기술과 편집을 통해 제작되는 영화의 대본이므로, 시간적·공간적 제약이 적다.

✗오답 풀이 ① 시나리오의 구성단위는 '장면(Scene)'이다. ③ 영화의 제작과 상영을 목적으로 한다. ④ 작가의 상상력으로 꾸며 낸 허구의 문학이다. ⑤ 촬영과 편집의 과정을 거쳐 제작되기 때문에 장면의 전환이 자유롭다.

01 베토벤 바이러스
p. 151~153

01 ⑤ **02** ④ **03** ② **04** 단원들을 믿고 배려하고 같이 가 주는 사람 **05** ⑤ **06** ⑤ **07** ③ **08** ⑤

01 강마에가 건우를 내보내지 않으면 지휘를 하지 않겠다고 했음에도, 루미는 강마에보다 건우가 필요하다고 말한다. 즉 건우를 내보내느니 강마에가 지휘를 그만두는 쪽을 선택한 것이다. 루미는 강마에가 오케스트라를 떠나지 않을 거라고 믿고 있지 않으며 오히려 그가 떠나는 상황을 택하고 있다.

✗오답 풀이 ① '건우도 당황한다.'라는 지시문에서 알 수 있다. ② 건우가 지휘를 배우고 있고, 무대에 설 수는 있을 거라는 루미의 말에서 알 수 있다. ③ 루미의 말에서 강마에가 평소 단원들을 창피 주고 깔보았으며, 실력이 부족한 단원들을 배려하는 지휘자가 아니었음이 드러난다. ④ 건우를 내보내라는 강마에와,

02 라이벌
p.157~159

> 01 ⑤ 02 ① 03 ⑤ 04 ① 05 ④ 06 너 여기서 뭐 해? 07 ⑤ 08 ④

01 세리와 옥림은 학교 문화제 행사인 '시와 음악의 밤'에서 누가 주인공이 되어야 하는지를 두고 대립하고 있다. 옥림은 시 낭송자인 자신이, 세리는 피아노 연주자인 자신이 주인공이라고 생각한다.

02 [가]에서 옥림과 세리의 갈등이 최고조에 이른 뒤 [나]에서는 긴장감이 지속되고 있다. [나]에 갈등 해소의 실마리는 드러나지 않는다.

✖**오답 풀이** ④ [나]는 따로 촬영한 화면을 떼어 붙여서 편집하는 '몽타주'로 나타내는 장면이다. 옥림이 있는 매점과 세리가 있는 화장실 장면이 짧게 교차 반복되고 있다. ⑤ 옥림의 세리에 대한 생각과, 세리의 옥림에 대한 생각이 어떠한지가 압축적으로 드러나 있다.

03 ⓔ은 '시와 음악의 밤' 행사의 주인공은 당연히 시를 낭송하는 자신이라는 옥림의 심리가 담긴 말로, 분명한 답이 있는 내용을 의문문으로 표현하여 자신의 생각을 강조한 것이다.

04 쿵쾅거리는 피아노 소리를 배경음으로 지시하고 있으므로, 효과음을 의미하는 'E.'가 쓰이는 것이 적절하다.

✖**오답 풀이** ② 장면 번호 ③ 대상이나 인물을 확대함 ④ 화면이 서로 겹치며 장면이 전환됨 ⑤ 화면 밖에서 들려오는 설명 형식의 대사

05 [다]에서 옥림은 '만약 박세리가 아니었다면 지금의 난 없었을지도 모른다.'라고 말한다. 즉 옥림은 세리가 자신의 성장과 발전에 도움이 되는 진정한 라이벌이었음을 깨달은 것이다. 자기 자신을 스스로의 라이벌이라고 여기는 내용은 나타나지 않는다.

✖**오답 풀이** ② 세리가 준 구취제와 함께 있던 '카드'를 통해 옥림은 자신을 좋은 친구로 여기는 세리의 진심을 알게 되고 그동안의 오해를 풀게 된다.

06 세리가 이사를 가 버린 줄 알고 옥림이 울고 있는 상황에서 갑자기 등장한 세리의 대사는 극적 반전을 일으킨다.

07 옥림은 세리의 진심을 모르고 그동안 오해한 것에 대한 미안함, 앞으로 못 볼지도 모른다는 것에 대한 슬픔, 아쉬움, 안타까움으로 눈물을 흘리는 것이다. 세리와 만나기로 약속을 하고 찾아온 것이 아니므로

⑤는 적절하지 않다.

08 [마]에서 옥림과 세리는 자신의 속마음을 솔직하고 다정하게 표현하지 못하고 새침한 태도로 말한다. 그러나 이렇게 새침하게 구는 것이 두 사람의 진심은 아니며 둘의 갈등이 완화되었으므로 ④는 적절하지 않다.

작품 한눈에 보기
p.160

> 1 라이벌 2 주인공 3 전학 4 시 5 해소 6 친구 7 미안함

03 토끼와 자라
p.163~165

> 01 ② 02 ① 03 ③, ④ 04 ⑤ 05 ② 06 ③ 07 ② 08 ②

01 이 희곡은 하나의 막으로 이루어진 단막극으로, 여러 개의 장으로 구성되어 있다. 따라서 막의 구분 없이 장의 구분만 표시되어 있다.

✖**오답 풀이** ③ 동물과 용왕이 등장하여 말을 하고, 바닷속 용궁을 배경으로 하고 있으므로 비현실적이다. ④ '지난 여섯 달간 다이어트를 하고 있어서'에서 다이어트라는 현대 용어를 사용하여 웃음을 유발하고 있다.

02 꼴뚜기는 용왕에게 어패류를 약으로 권하였는데, 이 때문에 다른 신하들에게 구박을 받고 화가 나 뱀장어를 명약으로 추천한다. 즉 꼴뚜기는 신하들 간의 갈등을 유발하는 인물로 깊이 생각하고 말하지 않는 어리석은 인물이며, 희생하는 태도와는 거리가 먼 이기적인 인물이다.

✖**오답 풀이** ② 용왕은 병 때문에 물속에 사는 온갖 약초를 다 먹어 보았지만 병을 치료하지 못했다. ④ 뱀장어는 용왕의 약이 되는 위기에서 벗어나고자 사촌 전기뱀장어를 추천한다. ⑤ 자라는 토끼의 간을 얻으려는 본래 목적을 숨긴 채, 보석과 옷이 넘치고 어여쁜 인어 공주가 있는 용궁에 구경 가자고 토끼를 유혹한다.

03 [가]에는 병이 낫지 않아 화를 내는 용왕과, 적절한 약을 찾지 못한 신하들 간의 갈등이 나타난다. 또 꼴뚜기를 비꼬는 뱀장어와 그런 뱀장어를 명약으로 추천한 꼴뚜기의 갈등이 나타난다.

04 〈보기〉에 따르면 소설 〈토끼전〉이 만들어진 당시
사회에는 신분 제도가 있어서 백성들이 지배층에 대
한 불만을 직접 드러내기 어려웠다. 〈토끼전〉에서
사람 대신 동물을 등장시킨 이유는 이 때문이라고
볼 수 있다. 인간 사회의 모습을 동물에 빗대어 나타
냄으로써 지배층에 대한 불만과 비판을 간접적으로
드러낸 것이다. 이 글에 등장하는 용왕과 신하들은
지배층으로 비판의 대상이고, 토끼는 백성을 상징하
는 인물로 이해할 수 있다.

05 용왕의 병이 깊은 것은 맞지만 이 글의 전체적인 분
위기가 슬픈 것은 아니다. 토끼가 능청스러운 거짓
말로 위기를 벗어나는 상황에 초점을 맞추어 전체적
으로 익살맞고 경쾌한 분위기를 조성하는 것이 적절
하다.

06 ㉠ '어서 저 고얀 놈 배를 갈라라. 냉큼 간을 가져오
지 못할까!', '뭐냐? 얼른 칼을 가져다 배를 쭉 갈라
보자.'에서 용왕의 권위적이고 성급한 성격을 알 수
있다. ㉡ 용왕에게 바치려고 토끼를 데려온 것과 다
시 육지에 나가 토끼 간을 받아오겠다고 나서는 것
에서 자라의 충성심과 적극성을 알 수 있다. ㉢ 생명
이 위태로운 위기 상황에서도 능청스럽고 치밀하게
거짓말을 하는 모습에서 침착하고 임기응변에 능한
성격을 확인할 수 있다.

✘ **오답 풀이** ㉣ 신하들 가운데 뱀장어와 도루묵은 토
끼의 거짓말을 눈치채고 있으므로 이들이 남의 말을
잘 믿고 아둔하다고 볼 수 없다.

07 용왕은 병을 낫게 할 약으로 토끼의 간이 필요하고,
토끼는 간을 주면 자신이 죽게 된다. 즉 토끼와 용왕
모두 자신의 목숨이 달려 있기 때문에 서로 대립하
게 된 것이다.

✘ **오답 풀이** ① 토끼가 용왕을 보고 싱싱하지 않다고
하여 용왕이 화를 낸 것은 맞지만, 이것이 두 인물이
갈등하는 근본적인 원인은 아니다. ④ 자라는 용왕에
게 충성을 다하는 인물이다.

08 자라는 토끼의 거짓말에 속아 넘어가 그를 육지로
데리고 나온다. 토끼가 자라를 놀리며 도망가는데
자라는 아무 대처도 못 하고 토끼를 놓치는 결말로
보아, 자라가 앞날을 대비하는 현명한 자세를 지녔
다고 볼 수 없다.

작품 한눈에 보기　　　　　　　p. 166

1 용궁　**2** 희곡　**3** 간　**4** 용왕　**5** 백성　**6** 충성심

MEMO

꿈틀 중학 문학 Ⅰ

대표 문학 작품 감상&문제 해결 훈련

- 중학생에게 꼭 필요한 문학 필수 개념을 빠짐없이 정리
- 중학생이 읽어야 할 대표적인 문학 작품을 제시하고 알차게 분석
- 수능형, 서술형을 포함한 다양한 유형의 문제를 풀며 실전에 대비

네이버 웹툰 인기 작가, 현직 국어 교사
이가영(seri) 선생님의 유쾌 발랄한 고전시가 학습서!

만화로 읽는 수능 고전시가

이가영(seri) 지음 | 278쪽 | 18,800원

서울대 합격생의 비법을 훔치다!

서울대 합격생 **공부법** / **노트 정리법** / **방학 공부법** / **독서법** / **내신 공부법**

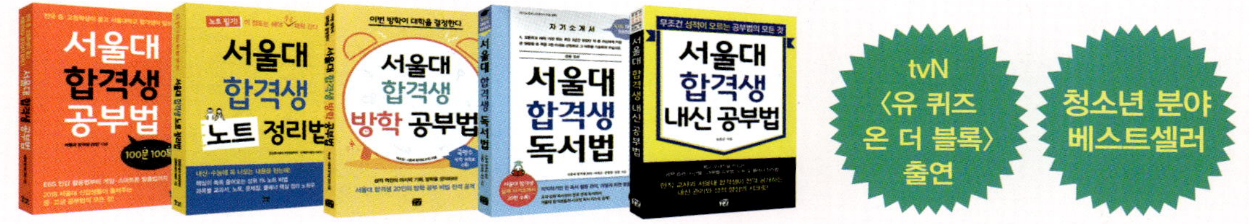

전국 중·고등학생이 묻고 서울대학교 합격생이 답하다   서울대생들이 들려주는 중·고생 공부법의 모든 것!

융합형 인재를 위한 교양서

이 정도는 알아야 하는 **최소한의 인문학**

과학 / 국제 이슈 / 날씨 / 경제 법칙

세상을 보는 눈을 키워 주는
가장 쉬운 교양서를 만나다!

★ 한국출판문화산업진흥원 이달의읽을만한책
★ 한국출판문화산업진흥원 청소년권장도서
★ 한국출판문화산업진흥원 우수출판콘텐츠 지원사업선정작

서울시 영등포구 당산로 50길 3 꿈을담는빌딩 6층 | 전화 1544-6533 | 홈페이지 dreamybook.co.kr